U0958302

普通高等院校电子商务“十二五”规划重点教材

总主编　杨坚争

信息系统工程项目管理

魏忠　张芳芳　李燕　著

立信会计出版社
LIXIN ACCOUNTING PUBLISHING HOUSE

图书在版编目(CIP)数据

信息系统工程项目管理 / 魏忠，张芳芳，李燕著. —上海：立信会计出版社，2012.9

普通高等院校电子商务“十二五”规划重点教材

ISBN 978-7-5429-3534-2

Ⅰ. ①信… Ⅱ. ①魏… ②张… ③李… Ⅲ. ①信息系统-系统工程-项目管理-高等学校-教材 Ⅳ. ①C931.6

中国版本图书馆 CIP 数据核字(2012)第 182981 号

策划编辑　窦瀚修
责任编辑　徐小霞
封面设计　周崇文

信息系统工程项目管理

出版发行	立信会计出版社		
地　　址	上海市中山西路 2230 号	邮政编码	200235
电　　话	(021)64411389	传　　真	(021)64411325
网　　址	www.lixinaph.com	电子邮箱	lxaph@sh163.net
网上书店	www.shlx.net	电　　话	(021)64411071
经　　销	各地新华书店		

印　　刷	浙江省临安市曙光印务有限公司		
开　　本	787 毫米×960 毫米	1/16	
印　　张	20.5	插　　页	2
字　　数	367 千字		
版　　次	2012 年 9 月第 1 版		
印　　次	2012 年 9 月第 1 次		
印　　数	1—3 100		
书　　号	ISBN 978-7-5429-3534-2/C		
定　　价	39.50 元		

如有印订差错，请与本社联系调换

编委会名单

主　任　杨坚争　上海理工大学管理学院副院长,教授,博士,博导

　　　　龚炳铮　华北计算机研究所教授级高级工程师

编　委　时启亮　上海理工大学管理学院教授

　　　　蔡建平　上海理工大学外语学院副院长,教授

　　　　万以娴　上海权亚智博律师事务所高级合伙人,博士

　　　　劳帼龄　上海财经大学信息管理与工程学院副教授,博士

　　　　张宝明　上海理工大学管理学院副教授

　　　　魏　忠　上海海事大学经管学院副教授

总　序

电子商务作为20世纪末出现的新兴产业，经过10余年的发展，已经成为世界经济中增长最快的行业之一。截至2011年3月31日，全球互联网用户达到20.95亿人，已经占到世界人口的30.2%①。截至2011年6月，全球网站总量已经达到3.46亿个，在经历了2008年的小幅挫折之后又有了大幅度的增长②。2009年，全球电子商务交易额达到16万亿美元，同比增长25%。我国2008年电子商务交易额达到31 427亿元，同比增长44.8%；2009年电子商务交易额达到38 251亿元，同比增长21.7%③；2010年电子商务交易额已经突破4万亿元，达到4.5万亿元。

电子商务的高速发展引起国家最高领导层的高度重视。2011年3月5日，在第十一届全国人民代表大会第四次会议上温家宝总理明确提出："积极发展电子商务、网络购物、地理信息等新型服务业。"国家电子商务发展"十二五"规划，各省市电子商务发展"十二五"规划都在积极制定中。

电子商务作为一种新兴行业，有以下4个鲜明特点：

(1) 电子商务是以重大技术突破和重大发展需求为基础的新兴行业。互联网技术的开发是20世纪影响力最大的技术突破。但在其开发的前30年，一直被禁锢在军事和研究领域，没有在社会上得到很好的推广。20世纪90年代，商业机构跻身于互联网世界，立即发现它的巨大潜力，并在短短的20年间形成了巨大的社会需求。电子商务正是以现代网络信息技术为基础而发展起来的一个新兴行业。

(2) 电子商务对经济社会全局和长远发展具有重大引领带动作用。实体市场与虚拟市场两者并行的局面造就了21世纪世界市场的新格局。电子商务是

① Internetworldstats. Com. World Internet Users and Population Stats [EB/OL]. (2011-03-31)[2011-07-07]. Internet World Stats Website: http://www.internetworldstats.com/stats.html.

② Netcraft. June 2011 Web Server Survey [EB/OL]. (2011-06-07)[2011-07-07]. Netcraft Website: http://news.netcraft.com/archives/2011/06/07/june-2011-web-server-survey.html.

③ 商务部. 中国电子商务报告[M]. 北京：清华大学出版社，2010.

以电子商务为代表，包括即时通讯、搜索引擎、网络游戏、网络广告等多种形式的互联网经济模式。电子商务正在对经济社会的全局和长远发展产生巨大的推动作用。2010年平息的腾讯和360公司的争端竟然波及10多亿网络用户，不仅影响到虚拟经济，甚至影响到整个社会的稳定①，其影响力甚至超过其他新技术。

(3) 电子商务是知识技术密集、物质资源消耗少的产业。商业活动最显著的特点就是追求高效率和低成本。20年的实践证明，最先进的信息网络技术都是首先在电子商务领域找到最好的用武之地。电子商务已经成为先进技术的聚集地和协同枢纽。特别是在交易安全领域，电子商务对技术的要求是最高的。正是因为先进技术的广泛应用，使得电子商务的交易成本远远低于传统的实体市场交易成本，从而将贝塔斯曼从中国"挤"了出去②，将最后一家传统书店从十里南京路"挤"了出去③。可以预见，未来还有更多的传统产业将步传统书店的后尘。

(4) 电子商务是成长潜力大、综合效益好的产业。相对于其他产业，电子商务的发展速度令人吃惊。淘宝网、京东商城、1号店、快钱等电子商务网站的成长历程清楚地说明了这一点。电子商务发展的同时也带来了良好的社会效益。2009年，中国邮政1/3的包裹量来自电子商务；2010年11月，淘宝网创造了167万个直接且充分就业机会，而每一人在淘宝网开店实现就业，就将带动2.85个相关产业的就业机会④。

当我们做出了上述分析之后，我们完全有理由将电子商务列为战略性新兴产业并按照战略性新兴产业的思路发展电子商务。本套教材正是从这一战略高度出发，结合电子商务发展的最新模式，为广大电子商务专业学生和电子商务从业者展现了电子商务领域的最新研究成果。

本套教材包括《电子商务原理》、《网络营销教程》、《网络信息检索与利用》、《网络营销调研技术》、《信息系统工程项目管理》、《电子商务安全与支付》、《金融电子商务》、《电子商务物流》、《移动电子商务》、《电子商务安全管理与支付》、《电子商务网站技术基础》、《电子金融学》、《电子商务统计理论与实务》、《数据挖掘

① 百度名片.腾讯360之争[EB/OL].(2011-06-18)[2011-07-07].百科百度：http://baike.baidu.com/view/4633773.html.

② 陈熙涵.贝塔斯曼将关闭在华36家门店[N].文汇报，2008-06-17(9).

③ 许明，房浩.南京路最后一家新华书店停业[N].新民晚报，2010-11-04.

④ 淘宝网数据.淘宝网：2010年11月，淘宝网创造了167万个直接且充分就业机会.[EB/OL].(2010-12-02)[2011-07-07].阿里巴巴研究中心：http://www.aliresearch.com/data/alibabag/12024/.

原理与商务应用》、《信息系统与电子商务》、《电子商务创业》等 10 多本，涵盖了电子商务学科的主要领域。

本套教材的特色主要表现在以下 4 个方面：

(1) 强调教材的先进性。针对国内外电子商务发展的最新动态，调整教材内容，使整套教材能够充分反映电子商务发展中出现的新思维、新技术和新模式；同时，揭示电子商务发展中出现的新情况和新问题，拓展读者的视野，使读者能够站在世界电子商务发展的最前沿进行电子商务发展的战略思考。

(2) 强调教材的科学性。电子商务涉及多学科知识领域的交叉，本套教材注意处理好科学性与系统性、系统性与交叉性之间的关系。结合电子商务应用性和创新性强的特点，设计科学的教学内容和实践体系，突出学生创新能力的培养。

(3) 强调理论与实践的结合。电子商务是一门实践性很强的学科，因此，在本套教材编写过程中，吸收了高校教师、理论工作者、电子商务企业家的参与。理论工作者与实际工作者思想火花的碰撞，使得理论知识与实践应用紧密结合，从而为学以致用、用以促学奠定了良好基础。

(4) 强调实践教学。在本套教材的编写过程中，笔者逐渐完善了"中国电子商务示范平台"。该平台为电子商务专业的学生提供了在线实践的机会，也为本套教材配套了多个内容密切联系的教学实验，注重形象思维和引导性操作，使学生能够在全面了解电子商务的最新发展、理解电子商务基本理论的基础上，具有电子商务应用的实际操作技能。

在组织编写本套教材的过程中，我们参考了国内外大量有关电子商务的专业文献，并得到立信会计出版社的大力支持和帮助，在此表示衷心的感谢。由于电子商务的发展迅速，本套教材从立题、撰写提纲到实际成书，虽经几番修改，仍感到许多地方还需斟酌，错误和不当之处，切望专家和读者批评指正。

杨坚争

2011 年 8 月

前　言

信息系统管理是一个综合性很强的范畴和专业，从事电子商务和信息系统工作的人才和精英也通常出身于不同的行业，比如有计算机专业、有通信和电信专业、有管理和营销专业、有经济和贸易专业，甚至有美术美工专业以及外语专业的。作为一门新兴的交叉学科，由于在起步阶段其核心竞争力就呈现出多元和创新的特点，人才需求也相应呈现出百花齐放的特点。

然而，一个行业的成熟应表现在其各种专业“各就其位”，专业化分工、融合以及工程化的成熟，电子商务和信息系统管理行业也不例外。经过20多年的高速发展，电子商务和信息系统管理，已经积累了大量成熟、稳定的商业管理模式和产业链，此时，就需要一种既能够脱胎于通信和计算机专业又具有电子商务领域特色的一般工程方法，正如化工工艺脱胎于化学，建筑工艺脱胎于机械工艺一样，信息系统和电子商务实践需要一种脱胎于网络和计算机工程的信息系统管理工艺流程。

从实践方面来说，一个信息系统管理建设项目，需要整合营销、计算机、管理、工程和软件等在内的工程师或设计师，按照标准化的流程及质量予以规范，并针对电子商务的需求去实施项目。因此，对于项目建设来说，需要一种能从首席信息官或者项目建设者的角度来考虑问题，且对各种需求非常明晰、对战略非常明确、知识非常丰富的人才。一个明显的趋势是，将营销、计算机、管理、工程和软件整合起来集中到电子商务工程的实践中，其本身正在成为一门学科。

受国家653项目（信息人才知识更新工程）的资助，作者承担了两个角色相反的课题，一个是“IT企业如何投标”，一个是“CIO（首席信息主管）视野下的商务信息系统治理”，两个课题均是以大型B2B电子商务模式为基础的原创性研究。本教材将以上两个部分结合在一起，主要目的是解决以下3个问题：作为一个CIO，如何管理电子商务工程？作为甲方、乙方及第三方，如何控制电子商务工程过程的效益、质量和安全？作为一个承建方，如何投标？

以上3个部分形成了本教材的3个篇幅：管理篇、质量篇和商务篇。笔者试图从不同的角度，在电子商务工程领域阐述和应用最新的安全管理、项目管理、工程管理、投标管理、应急管理、质量管理等理论和技术，对目前比较综合和有争议的IT治理提供一种信息技术领域的应用和借鉴，提出一种基于CIO角色的治理模式。其中,“CIO视野下的项目治理”主要围绕项目的实施目标,从CIO角度发掘项目需求,是基于CIO的项目管理的主要逻辑和控制要素,可以理解成“如何管理项目”。“项目视野下的质量”是一个信息系统工程本身的质量控制逻辑,包含安全、工程过程、成熟能力、服务质量等,是作为CIO、建设方、第三方均需要注意和遵守的工程控制要素,也可以理解成“如何控制质量”。“IT企业视野下的投标”不仅仅是企业如何展示自己和得到更多的项目,更重要的是从共赢角度通过项目努力使各方信息对称的过程,包括如何准备、如何写方案、如何沟通、如何答辩等,也可以理解成“如何去投标”。

本教材的形成还得益于作者所承担的以下课题的成果:中国国家博士后基金项目“公共服务视野下的电子政务管理模式的研究”、上海市经济与信息化委员会课题“上海市政府投资信息化项目后评估立法调研”、上海教委科技创新课题“IT治理和后评估评价体系的研究”、上海海事大学校基金项目(项目号20090152)以及20项左右上海浦东新区信息化专项验收前IT审计的经验。本书的编写参照了国际标准ISO17799、ISO13335、ISO38500、ISO20000、ISO15000等,很多成果包含了前人的经验,参照的论文作者以及文献在书后均一一列出,在此我们对原作者、起草者、翻译者表示感谢。本教材中的很多资料来自作者在上海三零卫士信息安全有限公司和上海庚商网络信息技术有限公司工作时的项目经验,在此特别对这两家公司表示感谢。

魏忠、张芳芳、李燕著,徐立利、刘冬、宋庆飞参与了本教材的统稿和案例收集以及课件和实验课程的开发,贺影、王吉霞、史一琳、李怡遐、陈莹进行了大量的资料收集和整理以及校正工作。本教材严格按照653项目的原著比例要求编写。

本教材吸收了国外实践和互动教学的最新成果,按照建构主义理论配备教学资源,提供WEBQUEST支持,配套有MOODLE和SAKAI教学系统、课件、考试系统,提供SCORM标准电子文档光盘并可以使用在线系统。

本教材在付梓之前已经在10多所高校试用,效果良好。由于作者水平有限,书中疏漏之处在所难免,敬请广大读者批评指正,以便今后进一步完善。

作　者

2012年8月

目　　录

第1篇　管理篇——CIO视野下的项目治理

第2篇 质量篇——项目视野下的质量

第 3 篇　商务篇——IT 企业视野下的投标

第 1 篇　管理篇

——CIO 视野下的项目治理

第 1 章

CIO 与 IT 治理

本章学习要求

- 掌握 CIO 的概念、CIO 的工作内容和要点、CIO 的发展和趋势
- CIO 的职责和组织要求
- 信息化对集团企业的价值以及 CIO 的作用

1.1 CIO 的背景与发展阶段

1.1.1 CIO 发展背景

“CIO”是英文“Chief Information Officer”的缩写，译为首席信息主管。美国 CIO 杂志对 CIO 的定义是：“CIO 是负责一个公司信息技术和系统所有领域的高级官员。他们通过指导对信息技术的利用来支持公司的目标。他们具备技术和业务过程两方面的知识，具有多功能的概念，常常是将组织技术调配战略与业务战略紧密结合在一起的最佳人选。他们通过沟通、集成和组织来实现信息资源整合并给企业带来平衡和利益。”

从系统论和决策论的角度看，一个企业的各项资源(包括实物资源、人力资源、资本资源以及信息资源等)构成了一个有机的整体。它们相互联系、相互作用、相互影响、相互制约，按照一定的规则和结构有序地组合成具有整体功能的复合体，现代管理的目标之一就是要实现企业资源的优势整合。信息技术的爆炸式发展，使企业基于各种资源的信息大量涌现。面对无穷无尽的信息，政府和企业内部都出现了“结构真空”，即组织中无人去协调和管理信息的选择和沟通，以至于政府饱受“拥有太多的错误信息，太少的正确信息”的苦恼。正如丁·奈斯比特所说，没有经过整理的信息不是我们的朋友，甚至是我们的敌人——当然更不是财富和资源。为了确保对信息资源的有效管理和充分开发利用，维系信息化社会的正常运转，各国政府都高度重视信息资源的重要作用和战略地位，运用法律、行政、经济等手段加强对信息资源的管理。美国政府 1980 年通过的《文书工作削减法》，明确提出“信息资源管理”

(Information Resources Management, IRM)的概念后,每年都制定IRM年度计划,这也是美国政府率先在20世纪70年代末、80年代初设立政府CIO的直接原因。

目前,世界上已有100多个国家和地区确立了CIO制度。政府CIO制度的确立,有效地改善和加强了政府部门的信息资源管理。其成功的经验促使一些大型企业和公司也将这一新的职位连同其名称和职能一起引入自身的信息资源管理中来,由此,企业CIO也应运而生。《财富》世界500强企业中全部实行了CIO体制。企业CIO虽然起源于政府CIO,但其无论在数量上还是发展速度上都已经超越了政府部门的CIO。

1.1.2 CIO发展阶段

CIO的起源和发展已经经历了萌芽、成长、成熟3个阶段,还将经历进化阶段。具体情况如表1-1所示。

表1-1

CIO发展阶段

阶段名称	时间年代	标志事件	主要特征	积极作用
萌芽阶段	20世纪70年代末80年代初	1980年,美国颁布《文书工作削减法》,提出"信息资源管理"(IRM)	信息资源的有效管理,首次引起一个国家政府的高度重视	确保信息资源的有效管理和充分开发利用,提高效率
成长阶段	20世纪80年代中期到90年代初	进入20世纪90年代,美国克林顿政府大力推动政府部门和企业设立CIO职位,甚至立法规定政府部门必须有CIO。美、英、法、加、日、韩等国家积极筹划和实施"信息高速公路"计划	政府决定从较高的层次着手抓好信息资源的管理、开发和利用,改善政府部门的信息资源管理工作	解决了政府内部出现的"结构真空"问题
成熟阶段	20世纪90年代初到21世纪前8年	CIO体制作为基础性建设受到重视,CIO体制迅速推广到其他国家	CIO制度的成功经验促使一些企业和公司也引入CIO	从战略的高度来管理信息资源,培植核心竞争力
进化阶段	20世纪90年代末开始	全球经济一体化导致战略资源整合步伐加快,CIO面临更大挑战,CIO用更高的战略眼光考虑企业管理	一方面CIO提升机会增多,另一方面被淘汰可能性增大。CIO外包普遍促使全社会对CIO的成长倾注更多关注	CIO们在挑战中不断优化、提升自己,从而推动信息资源更有效和充分利用

1.2 CIO与IT管理机制

IT管理机制是企业电子商务成功实施的最关键因素之一，它定义了IT和业务的协作方式，将IT的成本与价值紧密结合起来，确保了实施过程的一致性，实现了应用系统的快速部署。IT管理模型规定了CIO在确保电子商务成功、建立IT和业务部门之间坚固的信任伙伴关系过程中所扮演的角色和担负的职责。

1.2.1 IT管理模型的重要性

在过去的10年中，尽管互联网和电子商务的重要性不断增长，但大型企业CIO的平均任期却下滑到仅2年多一点。一些偏激的人甚至说CIO已经成了事业终结的代名词。目前，CIO被要求去加速新的电子商务战略的引入，在公司中担当变革促进者的角色以推动新技术的应用并影响公司的未来战略方向，CIO要在有限的时间内理顺多种矛盾，做出成绩，面临很大的压力。

因为企业电子商务战略涉及多种职能，跨越多个部门，越来越需要借助IT部门去协调这些复杂的团队协作力量。它们需要建立紧密的业务同盟，拥有共同的目标，明确不同业务伙伴和IT部门间的角色和职责。作为IT部门的领导，CIO必须在客户和供应商面前扮演销售人员和信息传递者的角色，有效整合客户、合作伙伴和供应商之间的业务关系。

1.2.2 IT管理职能的具体内容

在企业实施电子商务过程中，企业必须拥有强大的IT职能来满足不断变化的企业总体战略和部门电子商务战略的需求。具体可以从战略决策、管理和业务执行三个层次来加以阐述。企业IT职能中的战略决策主要通过参与企业高层决策为企业战略管理服务。由CIO带领IT团队执行，对企业的影响重大。其管理的具体内容应该有以下几个方面：

(1) 预测IT技术的发展方向，为企业电子商务在技术上指明方向，协调企业IT职能和其他各项职能之间的关系。

(2) 制定企业整体战略，为企业的电子商务发展做出整体规划，强调与企业整体战略相一致，并能够通过电子商务战略的实施，保证企业战略的实现，帮助企业管理决策层进行IT投资决策。

(3) 企业的传统商务优势通过IT在电子商务中融合、集成，使企业的优势更加明显。

企业IT职能中的管理职能包括对部门内各项活动的管理和决策。随着企业信息化程度的提高，特别是传统企业实施电子商务后，企业的运营将建立在一个以IT技术为基础的整体电子商务系统之上。企业经营管理的优势与企业电子商务系统的规划、设计、应用、维护的优势有直接的关系。同时，企业战略的制定和实施也与企业IT职能紧密相关。最后，企业的投资中IT投资所占的比重越来越大。为了保证企业的正常运行，保证企业战略的正确制定和实现，有必要将企业的IT职能作为一项企业的综合职能给予足够重视。

根据法约尔《工业管理和一般管理》中的观点，任何企业都有六种基本职能，分别是技术、商业、管理、财务、核算和安全职能。法约尔对企业职能的划分是现代企业管理理论的基础理论之一。在现代，法约尔的基本职能必须加以修正和补充。企业实施电子商务后，其正常运行除了依赖以上六种职能，还与企业的IT职能密切相关。

1.2.3 电子商务下企业IT部门的组织地位

根据组织理论，企业内部部门的组织地位是不同的。按照部门对组织的重要程度，可以将部门的组织地位划分成普通执行层和战略管理层。在传统企业没有电子商务转型前，显然IT部门处于普通执行层，主要承担上述职能中的管理和执行职能。在企业实施电子商务后，企业IT部门的作用变得重要了。作为IT部门的负责人，CIO在越来越多的企业里成为核心管理团队中的一员。

企业中市场、开发、生产和物流部门通过共同的电子商务平台完成部门的职能。企业的IT部门一方面负责技术，以支持企业电子商务平台的运行，包括系统的设计、开发、维护和员工的简单培训等传统职能，从而保证企业电子商务平台功能；另一方面要对IT信息进行收集、处理、分析、整合，提供给企业CEO进行有关IT决策之用，并在必要的时候直接通过IT负责人CIO参与到企业的决策中去。

1.3 CIO职责分析

CIO是随着信息技术和信息资源的集成而出现的信息部门的最高层管理者，是由于信息作用的放大和信息地位的提高而被一个组织的决策层吸纳的信息功能的代表，集创新、战略性思维、决策、沟通协调及资源整合于一身。CIO的职责可以从战略、执行、变革、沟通等4个层面来分析（参见图1－1）。

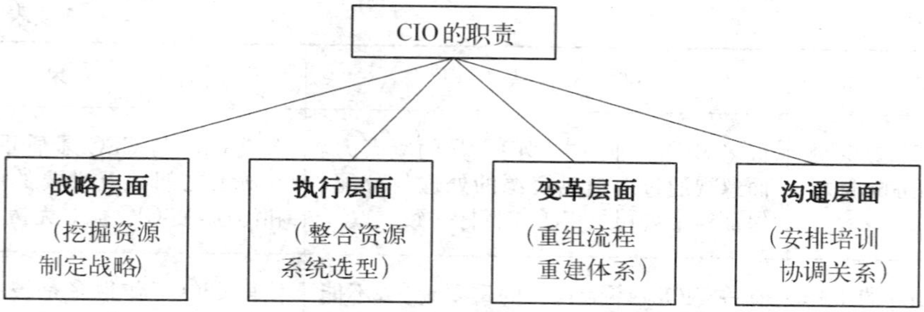

图1－1　CIO各个层面的职责图

从图1－1中可以看出：

（1）从战略层面来说，CIO的职责是挖掘企业的信息资源、制定企业信息化战略、为企业信息化合理布局、评估信息化对企业的价值等。信息资源规划是CIO的首要职责，信息化的第一步应该是信息资源规划而不是产品选型。

（2）从执行层面来说，CIO的职责是负责信息流、物流、资金流的整合，完成信息系统的选型实施，收集研究企业内外部的信息为决策提供依据。更为重要的是，要担当起电子商务管理，以及信息工程的监理工作。

（3）从变革层面来说，CIO的职责是协助企业完成业务流程重组，运用信息管理技术重建企业的决策体系和执行体系，同时要对信息编码和商务流程实行统一标准。不仅要推动企业信息化的软硬环境优化，而且要为CEO当好参谋，与各高层管理者一起促进企业内外部商务环境的改善。

（4）从沟通层面来说，CIO的职责是安排企业信息化方面的培训，发现信息运用的瓶颈，观察研究企业运作中的信息流及其作用。协调沟通上下级关系，打造优秀的团队。

在履行职责的过程中，CIO自身也存在一些问题（参见表1－2）。

表1－2

CIO自身存在的主要问题

问　　题	主　要　表　现	后　　果
1. CIO只是专才，不是全才	有些CIO只注重技术，而不能从全局看问题，在信息技术上是行家，但在管理上很多是外行	导致信息技术与管理脱节，使信息化和CIO的作用难以发挥
2. CIO缺乏商业知识和经营头脑	很多CIO只考虑信息管理系统内部的事，只考虑技术的先进性，很少考虑公司的经营环境、投资回报	使信息系统和电子商务系统成为摆设，很难产生经济效益

（续表）

问　　题	主　要　表　现	后　　果
3. CIO缺乏领导和协调能力	很多CIO仅加强本部门人员的凝聚力，而忽视通过对信息资源的处理与分配，保证整个公司员工工作目标一致	造成CIO与CEO矛盾重重，与员工之间缺乏必要的信任和沟通，使CIO孤立无援
4. CIO的工作缺乏一定的主动性、创新性和灵活性	有些CIO认不清自己的重要地位，不能积极主动地开展工作；有些CIO只会管理信息资源，而不善于开发和利用信息资源为企业的各项活动服务；还有些CIO不会适应环境的发展，理论知识无法灵活转化成实际能力	使得CIO工作很多是被动地执行领导的意图，被动地满足其他部门的意图

1.4 CIO与企业战略的制定与管理

迈克尔·波特将企业竞争优势分为成本、差异性和目标领先3种形式，企业竞争最主要体现在成本型竞争领域。威斯特认为信息战略系统给企业带来的竞争优势最主要体现在差异性领域。CIO在电子商务战略中发挥作用的差异化，直接反映出企业竞争优势的差异化，给企业带来的最深刻的变化是企业成本出现了相对收缩，进而形成了企业边界的相对扩张。CIO与企业最优边界如图1-2所示。

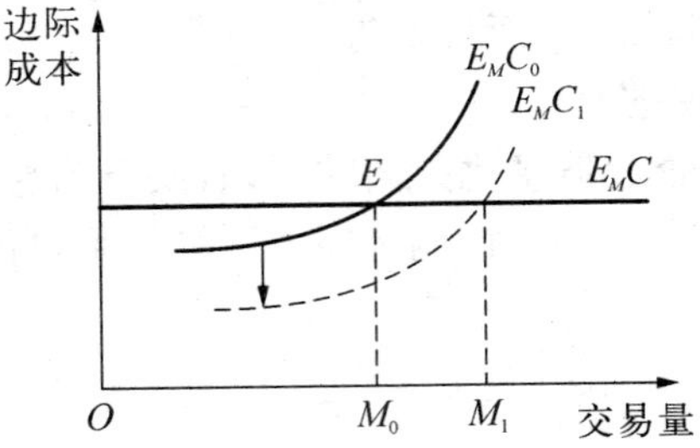

图1-2　CIO与企业最优边界图

CIO战略地位的提升，便于信息资源的合理开发和利用，在企业管理中形成规模管理就相对扩大了企业的最优边界。这里借助科斯给出的企业最优边界概念进行解释，随着企业内部交易数量的增加，管理的边际成本相应递增。当市场交易的边际成本与企业内交易的边际管理成本相等时，企业就获得了最优边界，表示为市场交易成本曲线与企业边际管理曲线E相交的点。CIO作用的有效发挥，推动了信息管理的充分应用，降低了企业的单位管理成本，提高了企业管理效率，导致企业边际管理曲线E_MC_0下沉为E_MC_1，企业替代市场组织经济活动的能力得到增强，且扩大了其替代市场组织经济活动的影响范围，从而将企业的最优边界从M_0相对扩大到M_1。

1.4.1 在认识、组织和管理上做出调整

首先在认识上要把信息管理放在企业发展战略的角度上来，充分认识到信息管理是企业全面发展和战略决策必不可少的手段之一，是支持企业成功发展的重要保证，同时CIO又是领导信息管理工作并有效地为企业服务的保证。电子商务战略是战略信息管理的延伸，是企业传统业务的信息化，其主要任务是利用信息技术手段和信息资源，实现大规模修改化服务，创造企业在网络时代的竞争优势。图1-3是企业战略资源管理模型。

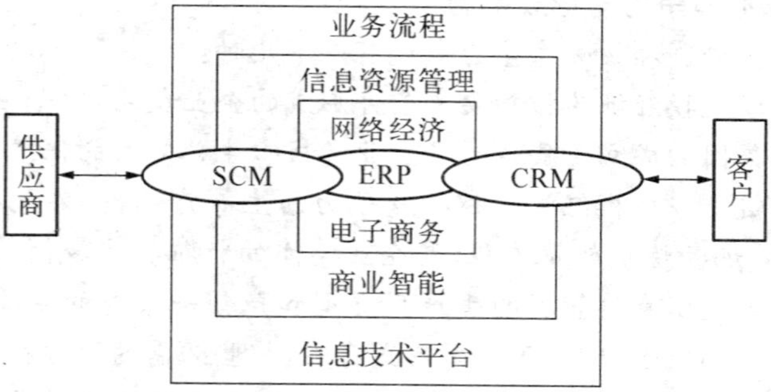

图1-3 战略资源管理模型图

从图1-3可以看出，供应链管理(SCM)、企业资源计划(ERP)和顾客关系管理(CRM)将企业和客户联系起来，构成B2B或B2C价值链。电子商务是信息技术平台、信息资源管理与企业业务活动相结合的产物，是网络经济的载体，是战略信息资源的目标，也是CIO的主要职责和活动领域。

1.4.2 规范企业信息化战略规划

CIO在规范企业信息化战略规划时，首先可以从行业先进企业找到标杆，参考它们在信息化方面的投资、在人力资源上的安排和在系统建设上的选择，进而设定自己的目标以完成自己的规划。CIO在处理企业信息化战略布局问题时，需要深入分析企业的经营模式，以及这种模式下的利润贡献点。在企业信息化战略布局中，挖掘企业利润点比挖掘管理瓶颈更为重要。

1.4.3 推动管理变革，为信息化的成功进行准备

电子商务发展战略的管理，是构筑在企业信息化战略基础上的管理行为和管理科学，是企业组织这个各不相同的系统在处理自身与环境关系过程中实现其宗旨的管理过程，它包括电子商务战略的制定(分析选择)、评价、实施和控制。

CIO应该注重把人力资源整合、业务流程整合和解决方案整合联系起来，确保战略的顺利实施。兼顾可扩充性和先进性，从当前最急需且容易产生经济效益的环节入手，集中优势，努力在较短时间内使有限的资金产生最大的经济效益，而不把战线拉得过长。

【案例】

集团企业基于信息化构建集团企业核心竞争力

1. 集团核心竞争力与形成机制

集团从形成机制和核心竞争力来说有以下几种：

第一种是以规模经济为核心要素条件形成的企业集团，比如石化、钢铁等行业。这些企业集团的成立主要是为了主业和核心生产能力的保障而形成的。集团的核心价值链是以规模经济为核心竞争力的主导产业，如石化行业的乙烯工程、钢铁行业的炼铁炼钢轧钢流程，其企业集团的特征也比较简单，那就是主生产流程更多的是集团直接管理的生产厂类型和产销一条龙的主要价值链，辅助生产和配套生产部门多以分、子公司形式存在，一些必需的资源性要素与资源方形成合资公司模式，这种集团的管控模式更多的是操作运行模式。在以规模经济为中心的集团中，分、子公司为生产中心和成本中心，集团为利润中心。

第二种是以资源和品牌为核心要素的企业集团，例如建筑业、房地产业、报业、物流业等集团。这些集团的生产要素和生产本身的规模经济性并不明显，而资金品牌和公共关系、垄断资源等成为集团的核心竞争力要素，比如建筑业的建筑总包资质、房地产业的资金和品牌以及公共关系资源、报业集团的垄断资源、物流港口业的地理资源等。由于并不具备规模经济性的核心要素条件，集团管控模式更多的是以层级管控，即集团管控资质、资源、资金和人事等核心要素，分、子公司和项目公司管控操作并进行适当的信息反馈；在资源等为核心要素的集团中，分、子公司是利润中心和成本中心，集团是成本中心和控制中心。

第三种是自下而上形成的企业群，例如温州的加工型企业、珠江三角洲的加工型企业，这些企业都是互相关联的配套型企业，企业之间也有投资和人力资源之间的关联(更多的是亲缘、血缘关系)，集团企业的产生来源于相互协同和协作、互补关系，每个企业关注于自己的核心竞争力，通常以龙头企业、销售导向企业或者领袖人物企业为核心，集团企业多以虚拟、俱乐部或者很小的规模存在。在这种情况下，集团企业为协调中心和信息中心，而成员企业独立成为成本中心和利润中心。

第四种是以行政力量为导向而形成的集团企业,一种是国有的集团企业;另外一种为企业家和投资公司形成的集团企业。这种集团企业往往表面看来行业相似,事实上业务没有多少关联,或者业务完全没有关联,其关联主要体现在具有共同的股东或者投资人,其管理和控制特点也更多地体现在人力资源和董事会控制方面。

案例表1是上述4种类型集团企业的基本情况分析。

案例表1

4种类型集团企业基本情况分析

集团类型	集团的核心作用	典型企业	集团核心力量	集团本部规模	集团控制方式	成熟度和稳定性、灵活性	成员的存在形式	信息作用
规模经济型集团	管理核心、利润中心	钢铁、石化	规模经济型	巨大	操作控制	成熟、稳定、不灵活	生产厂、分公司、控股子公司	非常重要
资源、品牌、技术型集团	资源和资质核心	服装、建筑、房产、港口	资源和品牌	小	关键点控制	成熟、亚稳定、灵活	合资公司、子公司、分公司	重要
协作型企业群	信用中心	出口加工业	领袖和商会	微小	信誉控制、进入障碍控制	不成熟、不稳定、灵活	独立公司、非控股子公司	一般
行政力量集团	人力资源核心、投资中心	地方国资企业、多元化私企	行政力量	大	行政控制、核心人控制	亚成熟、亚稳定、不灵活	复杂股权关系的子公司	不重要

2. 信息化对于集团企业的作用分析

2.1　信息化对集团的主要作用

搞清楚集团的类型和特点,就能使信息发挥好作用。信息化对于集团的主要作用有以下几点:

(1) 加强集团企业的决策速度。

(2) 通过财务、人力资源等方面的管理加强集团对于下属企业的控制力。

(3) 加强集团企业间的资源共享。

(4) 集团资源的共享有利于增强固有的集团核心竞争力和竞争优势。

(5) 资源与信息的共享和挖掘有利于集团新利润源的产生。

2.2 集团企业的信息化误区

2.2.1 控制过度

无论哪一种集团企业，其通过信息化达到集团公司竞争优势的目的都需要遵从公司法和公司法人治理的基本原则。然而，很多集团企业的控制和管理均违背了这个基本的原则。例如，上海某区属的国资委2008年在信息化投入中用了很大力量将2007年直接控制的下属20多个集团企业扩展到对100多家二级、三级企业财务直接监控，不仅造成了自身工作量巨大，给下属企业也带来了很大负担，还违背了企业运行基本的法人治理的要求。无论哪一级企业的管理，均应该遵循董事会和监事会的法人管理结构，集团层面的管理照样不能越级，信息的集中也应该本着生产和经营的实际需要分级完成。

2.2.2 非核心竞争力的控制

上海某两个传统的集团企业，一个是百货行业，另一个是纺织行业。其下属企业的品牌定位和设计、人力资源要求完全不同，企业文化也有很大不同。集团企业信息化的核心应该着重于资金的监控方面，可惜这两个集团均将集团信息化放大至生产管理、采购管理和设计管理等方面。在调查中发现，在其下属企业均运转良好的情况下，整个集团效益却越来越差，原因就是信息化绑架了企业的个性化，集团信息化成为另外一个企业的成本中心。

2.2.3 信息化推进策略出现失误

集团信息化推进应该本着"以新业务带动、以效益带动、以核心控制带动"的策略，最大限度地争取实施的成功，有些企业信息化推动不注重实效，以非紧迫、核心和非关键的信息化点入手，很难体现出信息化和信息化部门的作用，其实施也很难深入下去。例如，上海某电器企业集团，没有针对企业急需的设计中心(PDM)进行信息化投入，而将精力集中在所谓的公共服务平台演示方面；某农业科技集团没有将精力集中在农业数据的采集和数据模型分析挖掘中，而将精力集中在农业生产的三维展示方面，其效果非常差，也造成了大量的投资浪费。

2.2.4 集团信息化投入没有将组织推进、人才机制推进和信息化同步规划

传统集团企业的人力资源和IT部门所需要的IT工作模式有很大不同。IT部门在实施集团信息化的时候需要的高层支持巨大，需要的知识培训非常急迫，需要的对外交流非常频繁，需要的项目管理经验非常专业。如果不了解这一点，信息化部门就会无法适应集团的复杂的信息化推进局势，也无法取得成功。上海某机电设备公司的ERP二期实施就遇到由于信息化部门下属于行政部门而无法协调工作的难题，以及参加培训的人由于不是主业人员，他们不知道市场

行情和质量标准而造成投资浪费的案例。

2.3 上海两个国有集团企业信息化实施的对比启示

上海锦江集团在某国际知名企业的帮助下实施了其财务资金池的信息化项目。通过财务信息化的使用，使得全国数十个分支和数百个投资项目的资金实现了统一管理和调度，如仅统一资金与银行的调度这一项，就为集团企业的资金池创造了大量的利润源泉；相比之下，同为国有企业的上海某木业公司，其财务和ERP系统非常落后，集团还停留在行政控制阶段，信息化的基础薄弱，根本无法发挥出集团的优势，随着其垄断优势的逐渐丧失，在利润和资产规模相似的情况下，其影响力根本无法和锦江集团比肩。

2.4 信息化可能带来的第5种类型的集团企业

通过信息化，是否能够结合4种集团的优势，形成第5种类型的集团企业，即集团企业同时具备规模经济性集团企业的集约性、资源品牌型集团的灵活性、集团企业的微小总部的成本优势、行政型集团企业的控制力呢？

3. 中建八局的信息化战略实施

3.1 背景分析

中国建筑第八工程局（简称中建八局）是总部坐落在上海浦东的一家集团性建筑企业，其总部有200多名员工，员工总数达15 000人，常年在建工程中使用的农民工总数约10万人，年销售额近300亿元。2007—2008年，集团企业为了加强分、子公司和项目部的财物、采购、成本、项目的管理，选择了德勤公司作为项目总包进行了ERP的建设，项目建设投入2 000万元。2008年1月20日开始上线运行，对整个集团的几十个分支机构、近400个在建项目进行即时控制。

在进行ERP项目之前，企业进行了分公司和财务集中管理的组织改进，目前集团的组织层级已经变为三级，分别为局机关，分、子公司和项目组。

由于中建八局常年进行建筑方面的项目管理，积累了丰富的项目管理和质量管理经验并形成了统一的管理体系，因此，公司项目在董事长直接战略部署和总工程师的分管下实施，具体实施由信息中心操作。另外，项目后期公司还从各个分、子公司抽调20多人形成ERP推进小组，从应用效果和培训方面推动项目的进展。项目按照公司已有的项目管理规范流程和ISO9000管理进行质量和项目的控制，按期完成了3个阶段的内容。

在项目建设的初期，浦东新区信息化推进中心安排了60万元的项目资助资金，帮助企业进行软件方面的推进工作。由于是政府安排的资金，项目过程中按照政府投资信息化项目的规定，由浦东信息化推进中心进行中期检查，由上海信息安全测评中心进行信息安全和软件测评，由上海海事大学进行验收前系统审计，由浦东信息化委员会安排的专家组进行项目验收。

3.2 集团信息化实施问题

在一期试探性信息化投入之后，集团信息化也遇到了信息化发展的难题，主要表现为：在集团战略形成的基础上，没有形成信息化战略，使得信息化推进受到影响。由于信息化部门职位以及传统非主流业务的影响，不仅使信息化部门推动信息化受到阻碍，还使得信息化部门在领会集团战略思路、协调相关部门、培训和提高以及形成信息化规划和技术规划等方面受到影响。

3.3 集团核心竞争力与信息化战略

3.3.1 基于信息化的集团核心竞争力的重塑

中建八局属于大型建筑企业，目前其核心竞争力与上文分析的第二类的以资源和品牌为优势的集团一致，其主要的核心竞争力是企业的资质和品牌，其总部比例比较小，主要通过财务控制和人员控制进行管理。通过 ERP 的实施，该企业实现了财务的统一管理和资金池的统一调度，目前已经能够通过资金池余额进行集团贷款。

通过信息化战略，可以增强集团财务和资金的核心竞争力。战略实施前，集团资金散落于各个分、子公司，集团并不能统一调度和及时知晓资金情况。而战略实施后，通过资金池的使用，使得统一调度成为可能，从而获得了与银行谈判贷款的优势和资金自由调度的优势，使得集团完成了由成本中心型到创造利润型的转变。

通过信息化战略，可以增强企业的物流和统一采购以及期货对冲的集团优势。目前，已经形成的大的建材、物流集团的聚集给中建八局以机会，使得集团统一采购变为可能。另外，通过统一的用料预测和期货对冲操作，还可以大大减少集团面临的物价波动的影响。

通过信息化战略，可以使得集团原先的分布式无差异子公司模式向着构建式专业化方向发展，通过信息化的数据挖掘和管理，将核心的项目质量管理、招投标管理、资金管理集中在集团，将核心的专业化分工公司集中在集团，下放一些核心竞争力不强的施工管理等内容，在减少集团总人数的同时增强集团的核心控制能力和利润水平，从而向着国际化的总包公司的目标迈进。通过信息化，可以使集团对于子公司的控制既向着第一种钢铁类和石化类集团公司的方向发展，又能够保持建筑公司的灵活性特点。

通过信息化战略，还可以增强企业潜在的人力资源竞争力。目前集团的总部主要是管理中心和控制中心，其主要技术人员和高层次人员并不能实现向总部集中，其总部的招投标管理中心、技术中心的优势也不能够充分发挥。未来信息化战略的实施，可能产生的最大变化就是最优秀的人才、技术、商务向集团集中，使得微小的集团总部发挥出强大的力量。

3.3.2　集团信息化战略的明确

明确了信息化可能为集团带来的核心竞争力的变化后，就可以明确集团的信息化战略。目前的集团信息化有宗旨没有战略。其宗旨的主要内容为：通过信息化工具带动集团管理水平的提高；通过信息化加强对二级、三级公司和项目的控制；通过信息化减少成本和加强项目过程管理；通过信息化加强项目的提前反馈和及时统计等。

通过信息化对于集团核心竞争力提高的分析后，可以将信息化提高到另外一个层面，那就是“通过信息化可能的手段提高集团核心竞争力和塑造新的集团竞争力，进而转变集团运作模式”。

1）集团战略的分步实施

集团信息化战略明确后，可以将集团战略在信息化的支撑下进行分步实施。

第一步：通过信息化，形成一个规范的学习型集团组织和依托信息化工具的集团工作模式。

第二步：通过信息化，整合原有组织，将集团运作模式转变成围绕集团核心的以集团资源、集团品牌、集团信息和集团人才为中心的集团中心模式。

第三步：通过信息化工具，整合人才资源、技术资源和金融资源，实现集团核心竞争力的转型。

2）集团信息化分步实施

第一步：通过信息化项目的实施，将信息化部门从辅助部门转变成为管理部门。

第二步：通过信息化的推进，将信息化人才转变成为集团战略的高层次支撑人才。

第三步：通过信息化的投入，使得信息化深入新的集团核心组成的方方面面，信息化预算成为各个主要集团部门的重要支撑，信息化的实施成为支撑集团信息沟通途径的重要步骤。

4. 结论

集团与下属企业的法人治理结构在信息化环境中会带来一些新的变化，集团企业可以在集团战略、信息化战略的支撑下重新塑造集团的机制和核心竞争力，可以通过信息化手段的应用在传统的品牌中心、成本中心、控制中心的基础上增加新的模式，成为利润中心、信息中心和调度中心。

5. 案例分析思考

（1）在本案例中，信息化与集团核心竞争力有什么关联？

（2）CIO在集团信息化战略中起到什么作用？

（3）什么时候CIO可以成为企业的核心管理层和决策层？

复习思考题

1. 简述CIO的定义。
2. CIO是如何发展起来的?
3. CIO的职责有哪些?

第 2 章

IT 治理概述和发展

📖本章学习要求

- 掌握 IT 治理的含义及其发展
- 理解 IT 治理几个标准和工具：ISO27000、COBIT、ITIL、ISO38500
- 根据项目特点形成项目治理思路和方案

2.1 IT 治理

2.1.1 IT 治理的必要性

实践表明，企业信息系统规模越大、与管理联系越密切、集成度越高的系统，风险也越大，失败概率越高，用户的满意度越低。信息化项目的高风险和高失败率与企业在作出开展信息化的决策之前没有进行充分的技术经济论证，没有综合论证项目技术上的先进性和可行性、财务上的实施可能性、经济上的合理性和有效性密切相关。

由于任何企业的任务环境都要综合考虑各方关系的利益，在任何一个 IT 战略决策中都会不可避免地发生利益相关者包括部门利益之间的冲突，所以，即使管理层努力协调，仍会招致企业中某个或多个群体的不满。一些管理层在作出 IT 战略决策之前，没有仔细考虑每一个方案可能影响到哪些重要的利益相关者。那些开始看起来能为公司带来最大利益的最佳方案，也许日后将为公司带来最严重的后果。因此，管理者必须懂得信息系统可能给组织带来的各种影响。相关领导需要仔细地考虑引进信息系统在产生效益的同时还可能给企业带来什么新的问题，信息系统是否能够给组织各级领导的工作带来影响，组织的工作流程是否需要变化，会不会引起新的人员下岗等问题。

国内 IT 治理水平的好与差造成了 IT 应用层次的差异。一些单位有与其国际竞争对手一样的系统、软件，甚至其技术和设备强于对方，所以单从技术的成熟性和先进性而言，中国整体应用水平不低。但是为什么就没有对方做得好呢？

从IT治理的角度审视,企业之间的竞争早已超越了技术层面的有与无,也超越了抢夺技术最早占有权的层面,真正的竞争体现在业务和技术管理能力上的对抗。就我国信息化目前所处的阶段而言,缺乏的并不是先进的技术与设备,而是IT管理理念和方法论。IBM大中国区金融事业部总经理张烈生说:“所有把失败归咎于技术的人,都是在逃避一个事实:认识上的落后和管理上的无能。”

1999年,英国标准协会(BSI)发布了《内部控制:综合准则董事指南》(Internal Control: Guidance for Directors on the Combined Code, Turnbull Report)。该报告认为企业风险来自许多方面,而不仅是财务风险。在金融界所有过去的风险问题都是由于内部控制疏忽、信息技术失败引起的,而且与企业对信息技术基础设施的依赖和应用新技术的风险密切相关。该报告强调了IT的双重性,即:一方面信息技术支持企业的信息数据资产,帮助企业在市场竞争和商业环境中提高反应速度,降低成本;另一方面IT和IT应用也存在着风险。企业中的关键信息系统既要与企业的发展战略相匹配,确保公司治理有效、透明,同时也要规避IT自身的风险。

1999年下半年,国际信息系统审计与控制协会(ISACA)成立了IT治理研究院,专门研究IT治理理论和方法,并提供了信息及其相关技术的管理体系模型和最佳实务,帮助企业领导层认识有效实施IT治理的必要性与益处,从而保证长期的可持续的成功,并且增强利益相关者的价值。

2.1.2　IT治理的内涵

IT治理是国际IT领域中一个很新的概念,是公司治理在信息时代的重要发展。公司治理机制对世界金融市场的稳定及经济发展发挥了至关重要的作用,这直接促进了IT治理机制的形成与发展。研究与探讨IT治理,对于信息化的探索和实践有着重要的借鉴意义。

关于IT治理的定义,主要有以下3种观点。

其一,美国南加州大学教授Roberts Roussey认为,IT治理用于描述被委托治理实体的人员在监督、检查、控制和指导实体的过程中如何看待信息技术。

其二,德勤咨询公司认为,IT治理是一个含义广泛的术语,包括信息系统、技术、通讯、商业、所有利益相关者、合法性和其他问题。其主要任务是保持IT与业务目标一致,推动业务发展,促使收益最大化,合理利用IT资源,适当管理IT相关风险。

其三,ISACA认为,IT治理是一个由关系和过程所构成的体制,用于指导和控制企业,通过平衡信息技术与过程的风险以及增加价值来确保实现企业的目标。

综合国内外学者在IT治理方面的定义，本书将其定义为：IT治理用于描述企业或政府是否采用有效的机制，使得IT的应用能够完成组织赋予它的使命，同时平衡信息技术与过程的风险，确保实现组织的战略目标。

IT治理必须与企业战略目标一致，IT是企业战略规划的组成部分，将影响企业的战略竞争。IT治理的主体和其他治理主体一样，包括管理执行人员和利益相关者(以董事会为代表)。IT治理保护利益相关者的权益，使风险透明化，同时指导和控制IT投资、机遇、利益和风险。IT治理包括管理层、组织结构和过程，以确保IT维持和拓展组织战略目标。IT治理应该合理利用企业的信息资源，有效地集成与协调。IT治理确保IT及时按照目标交付，并且有合适的功能和期望的收益，是一个一致的价值传递体系，有明确的期望值和衡量手段。IT治理引导IT战略以平衡系统投资，支持企业，变革企业，或者创建一个信息基础架构，保证业务增长，并在一个新的领域竞争。IT治理对于核心IT资源做出合理的决策，进入新的市场，驱动竞争策略，创造总的收入增长，改善客户满意度。

1) IT治理的目标

IT治理是IT管理的更高阶段，围绕企业在IT应用方面的效益，实现以下几个目标：

(1) IT治理要实现IT应用与业务目标一致。IT治理要从企业目标和信息化战略中抽取信息需求和功能需求，形成总体的IT治理框架和系统整体模型，为进一步系统设计和实施奠定基础，保证信息技术跟上持续变化的业务目标。

(2) IT治理要实现有效利用信息资源。目前信息化工程超期、IT客户的需求没有满足、IT平台不支持业务应用等问题较为突出，通过IT治理可以对信息资源的管理职责进行有效管理，保证投资的回收，并支持决策。

(3) IT治理要实现IT风险管理。由于企业越来越依赖于信息技术和网络，新的风险不断涌现，如新出现的技术没有管理、不符合现有法律和规章制度、没有识别对IT服务的威胁等。IT治理强调风险管理，通过制定信息资源的保护级别，对关键的信息技术资源实施有效监控，及时进行事故处理。IT治理可以使企业适应外部环境变化，是企业内部在业务流程中实现资源的有效利用、改善管理效率和水平的重要手段。

IT治理的目标将帮助管理层树立以组织战略为导向、以外界环境为依据、以业务与IT整合为中心的观念，正确定位IT部门在整个组织中的作用，最终能够针对不同业务发展要求，整合信息资源，制定并执行推动组织发展的IT战略。

2) 公司治理和IT治理

公司治理主要关注利益相关者的权益并进行管理，包括一系列责任和规定条例，由最高管理层(董事会)和执行管理层予以实施，目的是为企业提供战略方向，保证目标能够实现，风险得到适当管理，企业的资源得到合理使用。

公司治理与IT治理的关系是：一方面，公司治理有利于驱动和调整IT治理；另一方面，IT治理也会影响公司治理和公司的战略竞争机遇。

IT治理的一个关键性问题是：公司的IT投资是否与战略目标相一致？在激烈的市场环境下，企业目标变化很快，较难保证IT治理始终与业务目标保持一致，因此需要多方面的协调。从IT治理角度而言，就是要确保信息技术的应用与企业的战略目标达到高度一致。IT治理有助于企业建立一个灵活的、具有适应性的组织，帮助企业尽快感知市场的变化，有效利用知识资产并从中学习创新产品、服务、渠道和过程。IT治理体现了"以组织战略目标为中心"的思想，通过合理配置IT资源创造价值。企业治理侧重于企业整体规划，IT治理侧重于企业中信息资源的有效利用和管理。

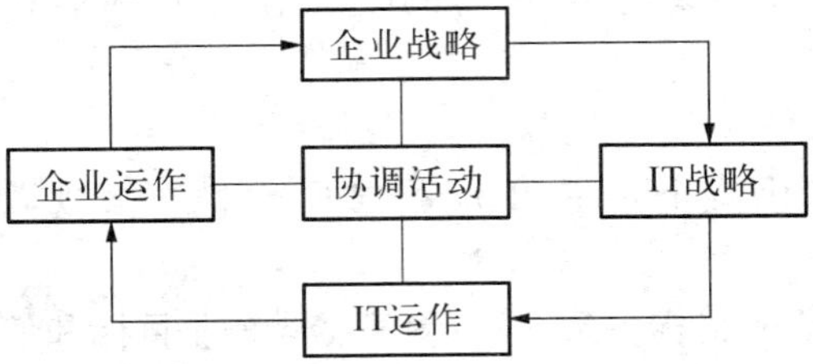

图2-1　企业目标与IT目标的关系图

企业目标在于远景和商业模式，IT目标在于商业模式的实施。企业目标与IT目标之间的关系如图2-1所示。

概括地说，公司治理和IT治理都是市场规律的机制，是如何"管好管理者"的机制，其目标也是一致的，即：达到业务永续运营，并增加企业的长期获利机会。无论大环境是好是坏，最高管理层均应以达成此目标为责任，而且管理阶层需有能力协助其达成目标，因此最高管理层必须常常监督管理部门对决策判断与政策实施的绩效。

3) IT管理和IT治理

IT管理是公司的信息及信息系统的运营，确定IT目标以及实现此目标所采取的行动；而IT治理是指最高管理层(董事会)利用它来监督管理层在IT战略上的过程、结构和联系，以确保这种运营处于正确的轨道上。简言之，IT管理是在既定的IT治理模式下，管理层为实现公司的目标而采取的行动。

IT治理规定了整个企业IT运作的基本框架，IT管理则是在这个既定的框架下驾驭企业奔向目标。缺乏良好IT治理模式的公司，即使有"很好"的IT管理体系，却仍像一座地基不牢固的大厦，有坍塌的危险。同样，没有公司IT管理体系的畅通，单纯的治理模式也只能是一个美好的蓝图，而缺乏实际的内容。就我国信息化建设目前的现状而言，无论是IT治理，还是IT管理，都是我们所迫切需要解决的难题。

2.1.3　IT治理体系及标准

IT治理的使命是保持IT与业务目标一致，推动业务发展，促使收益最大化，合理利用IT资源，适当管理与IT相关的风险。IT治理的目标将帮助管理层建立以组织战略为导向、以外界环境为依据、以业务与IT整合为中心的观念，正确定位IT部门在整个组织中的作用。这些IT治理的使命和目标的实现需要通过多种辅助手段来实现。目前国际上通行的标准主要有如下5个：ISO38500、COBIT、ITIL、ISO/IEC17799和PRINCE2。

1）ISO38500

很多业界人士认为，ISO38500：2008是第一个IT治理国际标准。它的出台不仅标志着IT治理从概念模糊的探讨阶段进入了一个正确认识的发展阶段，而且也标志着信息化正式进入IT治理代。这一标准将促使国内外一直争论不休的IT治理理论得到统一，也会促使我国在引导信息化科学方面发挥重要作用。

2）COBIT

COBIT是众多国家的政府部门、企业对IT的计划与组织、采购与实施、服务提供与服务支持、监督与控制等进行全面考核与认可的业界标准。国际信息系统审计与控制协会(ISACA)于1996推出了用于IT审计的知识体系——信息系统和技术控制目标(Control Objectives for Information and Related Technology，COBIT)。作为IT治理的核心模型，COBIT包含34个信息技术过程控制，并归集为4个控制域：IT规划和组织、系统获取和实现、分发与支持以及信息系统运行性能监控。

COBIT是为3种不同的用户而设计的：首先是管理人员，COBIT可以帮助他们在通常无法预测的IT环境中平衡对风险和控制的投资；其次是用户，COBIT可以帮助用户获得由内部或第三方提供的对IT安全和控制服务的保证；再次是IT审计人员，COBIT可以证实他们就内部控制问题向管理部门提出的意见和建议。目前，COBIT已成为国际上公认的IT管理与控制标准。相应地，注册信息系统审计师(CISA)日益成为世界各国在发展信息化过程中争相发展的新兴职业。

3）ITIL

1980年以来，英国商务部为解决IT服务质量不佳的问题，逐步提出和完善了一整套对IT服务的质量进行评估的方法体系——信息技术基础构架库(Information Technology Infrastructure Library，ITIL)，这是一套被广泛采用的IT服务管理的实践准则。2001年，英国标准协会在国际IT服务管理论坛上正式发布了以ITIL为核心的英国国家标准BS15000。

4) ISO/IEC17799

2000年12月,国际标准化组织正式发布了有关信息安全的国际标准ISO/IEC17799,这个标准包括信息系统安全管理和安全认证两大部分,是参照英国国家标准BS7799而形成的。它是一个详细的安全标准,包括安全内容的所有准则,由10个独立的部分组成,每一节都覆盖了不同的主题和区域。

由英国标准协会编写的信息安全管理体系标准BS7799的内容及信息为各种机构、企业进行信息安全管理提供了一个完整的管理框架。这一套标准有利于引导机构、企业建立一个完整的信息安全管理体系,从而对信息安全进行动态的管理。

ISO17799以分析机构及企业面临的安全风险为起点,对企业的信息安全风险进行动态的、全面的、有效的、不断改进的管理,并强调信息安全管理的目的是保持机构及企业业务的连续性,不受信息安全事件的破坏。要以机构或企业现有的资源和管理基础为出发点,建立信息安全管理体系,不断改进信息安全管理的水平,使机构或企业的信息安全以最小代价达到所需要的水准。它以“计划”(plan)、“实施”(do)、“检查”(check)、“行动”(action)为模式,将管理体系规范导入机构或企业内,以达到持续改进的目的。

5) PRINCEs

受控环境中的项目(Projects In Controlled Environments,PRINCEs)是一种对项目管理的某些特定方面提供支持的方法。PRINCEs描述了一个项目如何被切分成一些可供管理的阶段,以便高效地控制资源的使用和在整个项目周期执行常规的监督流程。PRINCEs的视野并不仅仅限于对具体项目的管理,还涵盖了在组织范围内对项目的管理。

图2-2为IT治理体系结构图。

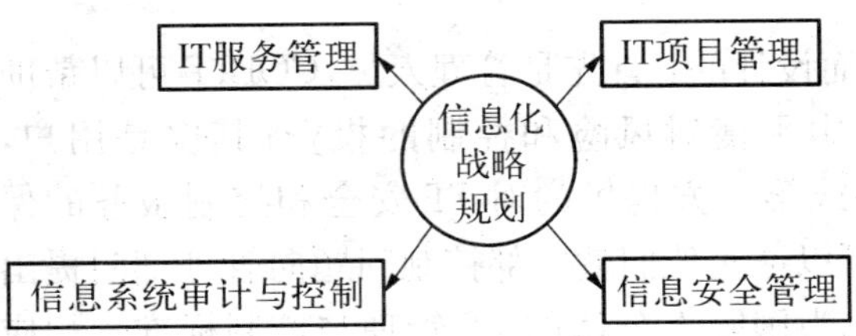

图2-2　IT治理体系结构图

2.2　IT治理的标准及对比

2.2.1　IT治理内涵和标准的发展

IT治理的概念从安全管理、IT审计延展而来,因此有人把ISO17799

(BS7799)作为第一个 IT 治理的工具。IT 治理牵涉到 IT 服务的管理(ITIL),时间上出现得比 COBIT 要晚,概念上更接近安全管理一些。

1) IT 治理,从 BS7799 到 COBIT

IT 治理标准的发展经历了如下发展过程:首先是 BS7799 标准(后来发展为 ISO17799,再后来发展到 ISO27000 系列标准),其核心内容为 11 个大类的安全最佳实践、133 个安全控制措施;其次是 ITIL 标准(信息系统基础设施库,目前已发展到 ISO20000 标准),是针对 IT 服务而制定的标准,其核心内容是 IT 服务中的问题管理、事故管理、配置管理和连续性服务,ITIL 过程中加入了服务台管理的内容,而 ISO20000 标准中没有服务台管理而加入了持续改进的内容;再次是 COBIT 标准,为 IT 审计管理,目前已经发展到 COBIT4.1 标准,其核心内容为控制目标与指标,采用规划与组织、输入与采集、运营与服务、监控 4 个大类,34 个内部控制流程,工具上推荐使用平衡计分卡。在 COBIT 之后,人们又提出了不同的 IT 治理工具,很多人还综合了不少其他的标准,其目的是希望产生一个更加全面、宏观,适合管理角度的标准来控制和管理整个 IT 的过程。其中,CMM、ISO9000 等更加基础的概念也被引入,直到第一个国际治理的标准 ISO38500 出现,这种探索仍然在继续。

图 2-3 展示了 IT 治理标准的一个发展过程。

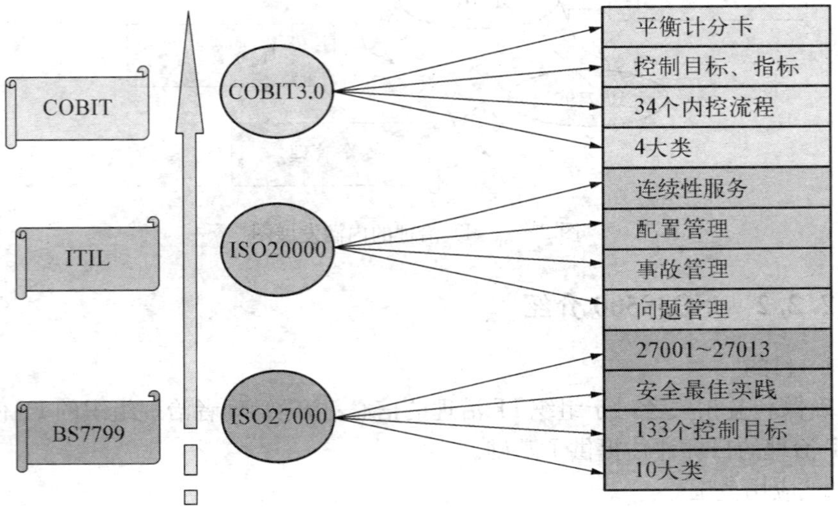

图 2-3　IT 治理标准的发展图

2) IT 治理道路,从单向到全过程

从安全管理出发,IT 治理的概念和道路由单向走向全过程。在 BS7799

(ISO17799)标准阶段,主要的关注内容为安全管理;到了ITIL标准阶段关注的是动态服务的安全,内容转向服务管理;COBIT标准的角度是内部控制,与BS7799和ITIL一并关系到的是效率管理;ISO38500标准的内容核心转向业务目标的管理,关心的是效能问题。另外,像TIVOLI、上海IT治理试点等行业和企业标准,则更加适合行业应用,以行业、地域和应用为特色。CIO视野下的安全与治理,则更加关注角色的治理。结合以上标准和其他项目管理和质量管理的相关知识,从CIO的角度来关心和关注IT项目和组织的管理和控制,并扩展至全过程。图2-4为IT治理的内涵发展图,展示了IT治理概念的发展过程。

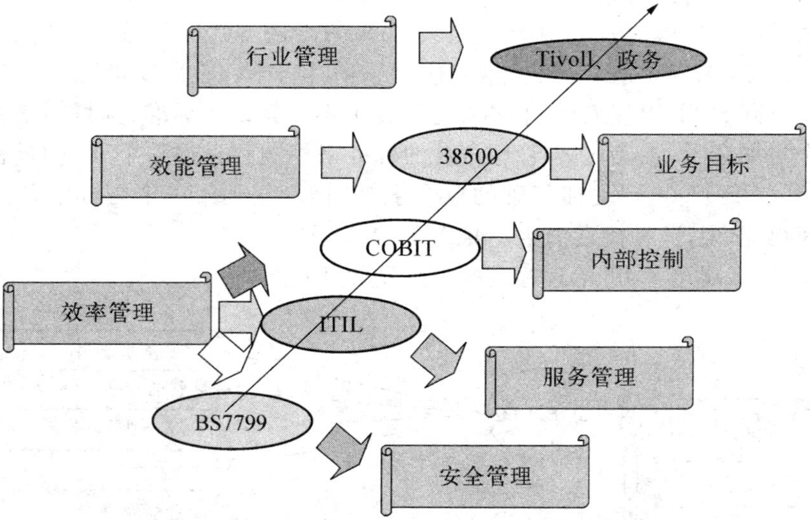

图2-4 IT治理的内涵发展图

2.2.2 ISO38500介绍

1) 目的

确保利益相关者对于组织IT治理的信心;指导管理者治理组织的IT使用;为IT治理的目标评估提供了基础。

2) 应用范围

可以用于任何规模的组织,包括公/私有性质的公司、政府机构以及非营利组织。这一标准提供了一个IT治理的框架,以协助组织高层管理者理解并履行他们对于其组织IT使用的既定职责,实现IT治理的有效性、可用性及效率。

3）来源

ISO（国际标准化组织）和IEC（国际电工委员会）是世界范围的标准化组织。各国的相关标准化组织都是其成员，并通过各种技术委员会参与相关标准的制定。其他国际组织、政府机构及非政府机构也协同工作。国际标准的草案，需得到所有会员75%以上的赞成票，该标准才可被公布为国际标准。在信息技术领域，ISO和IEC成立了一个联合技术委员会ISO/IECJTC1。该委员会以澳大利亚标准AS8015为蓝本，并结合AS8000：20030良好的治理原则和AS3806：20060合规性程序，制定了IT治理的国际标准ISO/IEC38500：2008。

ISO/IEC29382，信息和通讯技术治理标准，作为现有澳大利亚标准AS8015的快速跟随者，于2007年首次发布。2008年4月，该标准官方正式更名为ISO/IEC38500，原ISO/IEC29382放弃使用。

2.2.3　ISO/IEC 38500：2008和COBIT

表2-1从不同方面比较了ISO/IEC38500：2008和COBIT的区别。

表2-1

ISO/IEC38500：2008和COBIT的区别

	ISO/IEC38500：2008	COBIT
发布者	国际标号化组织	国际信息系统控制与审计协会
全称	ISO/IEC38500：2008	COBIT4.1
特点	指导、评价与监控	基于控制、面向业务、流程导向、度量驱动
认证情况	暂无	COBIT Foundation
侧重点	有效的信息治理范围、技术与业务沟通的相关术语表	信息化全生命周期管理
主要用途	信息治理的测评	信息风险管理与内控

ISO/IEC38500是第一个IT治理国际标准，先出的部分给出了一个框架，并没有给出评估的过程。这个标准简短、易读，但相关概念十分复杂。其基本特征如下：该标准提供了一个有效的、易实施的框架，有利于更好地将组织决策与IT治理联系起来。该标准中的建议与指南适用于任何形式规模的组织；不仅可供管理者使用，还可面向其下属职员，使组织中各个层面人都能读懂。该标准介绍了良好的治理所需要具备的一些特征及其治理流程，但是离真正的实施还有距离，需要其他标准的补充。

2.3　CIO视野下的治理思考

2.3.1　CIO视野下的安全治理与IT治理的需求

ISO/IEC38500出现以前，人们已经开始有很多IT治理的实践和思索了，每个人和每个组织的定义都很不同，也没有业内一致的看法，ISO/IEC38500的出现，给出了一个很好的IT治理参考模型，然而这种参考模型也只是一个框架，更适合于组织的宏观管理，再加上还没有通过评估和认证机构的认定，只能算是一种很重要的尝试。并且，对一个CIO来说，其面对的很多所谓"治理"是一个集合的概念，拥有大量的内涵，因此，ISO/IEC38500不可能代替以往的标准和控制，CIO视野下的IT治理需要融合其他标准和实践。

作为一个企业CIO，需要将安全管理的内容、审计的内容、IT治理的内容融合起来，而ISO/IEC38500与基于CIO角色的IT治理方面的项目并不重合，尚欠缺基于项目视角的管理内容。

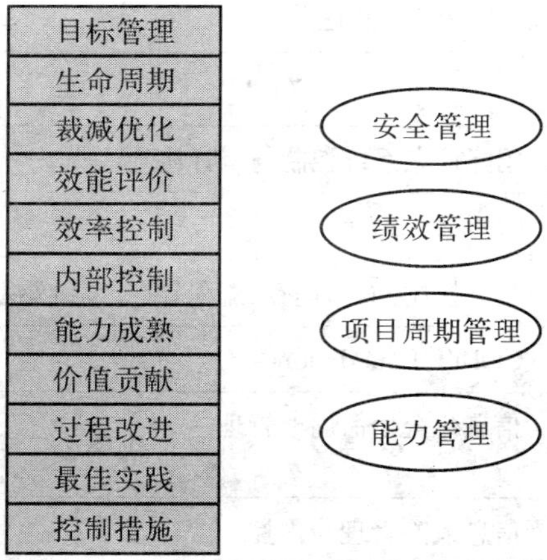

图2-5　CIO视野下的治理准则和内容图

总的来说，CIO视野下的IT治理需要综合4个方面的主要内容和11个方面的融合治理准则，即安全管理、绩效管理、项目周期管理和能力管理的4个方面的主要内容，以及目标管理、生命周期、裁减优化、效能评价、效率控制、内部控制、能力成熟、价值贡献、过程改进、最佳实践、控制措施等11个方面的融合治理准则。这些概念或有交叉，然而出于标准来源的模块完整性和概念的延续性考虑，还是不合并或者拆分这些概念为好。图2-5为CIO视野下的治理准则和内容。

2.3.2　CIO视野下的安全与治理关键点

CIO视野下的安全与治理关键点包括以下几个方面的内容。

1）项目视角

管理项目有两个视角：项目成功和能力成熟。前者着眼于项目，后者着眼于组织和人员。CIO的成长其实是项目和组织相辅相成在发展。假设组织设立

CIO是最合适的选择，那么，项目视角就非常重要。CIO只有通过在项目过程中的不断锻炼，自身的能力和组织的成熟度才会不断提高。常言道“大项目培养人”，往往经过一个真正项目的洗礼，CIO本人及其团队的能力也会得到很大提高。

2）生命周期控制

在项目进展的过程中，最早出现并最容易接受和实施的概念就是项目生命周期控制，在此就需要用到ISO9000的一些原则和PDCA的基本概念。只有掌握了项目生命周期中的关键要素，配合持续改进的观念，项目才能够获得基本的保障。

3）效率和效能管理

传统的目标管理比较重视效能管理，其实效率管理和效能管理同样重要，就像过程管理和目标管理在IT管理中的作用一样重要。

4）CIO职能应用和行业职能应用

CIO不但要面对技术上的创新和管理、外包的管理，更重要的是，要注重组织的目标和IT的战略。因此，IT治理非常注重应用。

（1）融合标准在行业中的应用。CIO的治理要求对各种标准的位置以及需要解决的问题及关键措施要有充分和综合的认识，要善于吸取不同标准的核心，为我所用。

（2）状态管理和能力管理并举。较好的组织成熟能力会带来较好的项目结果，较好的项目经验又会训练出更好的组织成熟能力。对CIO来说，重复采购和不断的项目管理是必然的。因此，在注意状态管理、成功度管理的同时，能力管理不仅仅是CIO为项目而使用的手段，同时也是CIO存在的重要目标。

（3）充分吸收最新的国际成果。各国的标准、概念以及行业标准和国家标准发展很快，每个标准、概念都会有自己的使用场所，都会声称自己的重要性。对于一个成熟的CIO来讲，要客观和谦虚地掌握和吸收最新的标准，又不能被新标准或其推广者所声称的表象所迷惑。

（4）充分融合已有的有益经验和标准。CIO掌握各种标准之后，要有机地融合到自己的实践当中，只有有效才是衡量最终成果的唯一标准，不要怕概念不严谨，只要坚持实践，其实任何一种方式都会走到最终的系统化解决之路的。

（5）充分关注其他CIO多年最佳实践成果和项目管理沉淀。对于项目管理，欧洲、美国的思路也很不同，由于行业特点和地域特色的存在，具有浓厚的特点不但不是项目管理能力差的表现，反而是必然的事情。关键在于除了吸收不同国家和行业高度概括和浓缩的标准、概念之外，更应该重视同行业、其他类似项目或者组织、环境中CIO的成功经验，以及采纳和使用最新标准的经验。一般标准的发展也有一个从实践、总结、学者提炼、再实践、变革和变化、再改进和总结、新标准产生的过程。

【案例】

某区电子政务系统的综合审计自动生成系统的概念设计

1. 项目建设的背景

某区电子政务建设经过多年的发展,已经成为政务系统服务法人、服务公务员、服务自然人的重要技术支撑服务平台,多年来电子政务、公共服务信息化、企业信息化资助项目为某区的信息化推进起到了关键的作用。随着推进的深入和基础性工作的完成,项目的实效性和深入开展以及评价显得非常重要。目前申请的和资助的项目多数已经成为持续性和后续项目,在项目管理的关键环节加入反馈环节,是非常必要的。

此外,某区作为上海信息化项目管理的试点,多年来进行了项目审批、预算、运行维护、信息安全测评等多方位的试点工作。这些项目管理的规范性为精简的办事模式起到了基础性的作用。2007年和2008年,某区先后进行了IT治理(国务院信息化办公室试点)和信息化资助项目的IT审计试点工作,积累了大量的经验,通过试点发现存在无标准、难管理和无章可循的尴尬,迫切需要在政务系统运行维护过程中必须用到的甲方管理流程、知识体系、技术指南等可操作的一系列指南性手册,同时也特别需要规范性文件和标准化的评估细则。

虽然国外已经具有成熟的针对治理和审计的一系列标准和技术手册,然而中国电子政务的特性以及其组织结构、流程职责具有较大的特殊性。如何吸收国外先进理论和理念的知识成果,以某区电子政务系统的实际需求为导向,整合国内外不同方向的成果、标准、规范为我所用并形成体系,是值得探讨和具备重大意义的事情。

目前软件测评、信息安全测评已经形成体系并成熟运营,对保证软件质量起到了很重要的作用。而国内IT治理却没有相关的权威评估机构进行评估,只有一些国外的评估机构积极展开这些评估。然而,出于法律和政策要求国外评估机构不太合适进行评估政府项目,其评估内容也不适用于此类项目。某区每年有一定规模的信息化投资项目200多项,其所属城市更是有上千项。巨大的投资和巨大的市场需求使具有项目建设基础的某区能够更加成熟地规范运行和形成体系。

2. 项目建设的意义

2.1　对政府效率的意义

(1) 充分利用有效的评估工具，提高政府电子政务系统使用水平和软硬件运营效率，为政府科学决策作出基础贡献。

(2) 提供不间断的项目管理全程服务，为向服务型政府转型提供效率保证。

(3) 将企业人员的主要精力转移到开发决策支持和规划管理的功能，充分发挥专业性机构和专业管理的高效性，为政府高效解决问题和节省费用提供支撑。

2.2　对电子政务的意义

(1) 充分利用已有的研究和试点成果，提高某区政府投资信息化项目的效果评价和提升项目成功率，提高政府电子政务系统使用水平和软硬件运营效率，为政府科学决策作出贡献。

(2) 在电子政务之间进行横向比较，比较结果在再次申报项目和持续支持方面进行关联管理。同时在不同的电子政务之间进行经验传承，提高政务项目的效率、效益、效能。

(3) 规范和流程化已有的研究和试点成果，为某市政府投资信息化项目的审计作支撑。

(4) 为电子政务系统提供标准化和菜单化的项目管理服务，转移和转化政务系统负责人的非技术因素责任风险，提高政务管理部门领导人的管理和决策的专业化水平。

(5) 形成政务系统管理的专业化和精细化，减少外行管理和腐败行为。

2.3　对行业发展的意义

(1) 政府投资信息化项目有很多是投资企业和服务企业类项目，通过项目的审计可以提高企业使用信息化系统的水平和实际效果，减少虚假申报，提升资助资金的使用效果。

(2) 在项目之间共享资源和经验，提升整体企业信息化的规范性。

(3) 政务系统往往是其他系统的风向标，电子政务系统将原本属于市场应为和所为的事情交还市场去做并首先在政务中实行，有利于行业形成完整的产业链和社会化分工，有利于发展现代服务业。

(4) 中国的IT特点与美国的高技术输出为主及印度的软件外包为主的产业特色完全不同，中国具有巨大的IT应用和高素质的人才，非常适合树立自己的IT服务业的项目管理的特点和优势，上海在这方面更加具备先发优势。因此，规范IT服务的技术、管理和流程，对于产业发展具备示范效应。

3. 项目特色与优势

项目特色与优势包括如下几个方面。

(1) 与一般的各种IT项目管理的标准和指南不同,本项目站在投资管理方的立场上提出甲方的项目性能指标、功能指标、项目运行效果评价、持续性情况、运行维护情况、操作流程和规范,建立一系列指南、流程、列表的体系,针对性强,范围广,可操作性强。

(2) 本项目是针对政府CIO特点和知识体系及价值倾向而设计的,是综合和整合了美国、欧盟和国内多种标准中有价值的部分而设计的,适合政府CIO,综合性和实用性强。

(3) 本项目服务的全生命周期为:从项目的立项、指标、过程管理,效果等管理,技术人员所需的知识技能等,到服务准备的需求建议,再到质量管理、项目管理、过程管理等。

(4) 除了提供一系列的细则之外,本项目还提供程序化的流程以及自动化的评估报告生成工具。

4. 关键技术和架构

IT治理和审计管理支撑体系分为4个层次,体系分为19个工作内容。

各层次的提供内容主要为:

(1) 信息治理和审计调研。主要包括国内外治理和审计的现状、趋势、规模,以及对外包存在的问题、困惑、出路等的调研。

(2) 治理和审计法律、法规知识指南。主要包括IT治理和审计方面的法律、法规整理和分析报告等。

(3) 信息管理人员项目管理基础知识指南。主要包括各类需要政府信息管理人员知道的项目管理、安全管理、质量管理指南等。

(4) 信息管理人员管理技能指南。主要包括各种需要政府信息管理人员知道的管理技能、沟通技能、质量管理技能、需求管理技能要求等。

(5) 项目文档和质量管理指南。主要包括如下内容:对建立工作文档、事件文档、成果文档进行详细的要求;对服务满意度、客户签收单、服务记录进行有形化的详细要求;对于服务计划、服务总结、服务标准提出具体指标。

(6) 治理和审计项目评标评分管理办法。主要包括对服务的性能、价格进行综合评分的规范和要求,以及对服务质量、服务禁忌、服务价格核定进行指导。

(7) 治理和审计人员管理办法。主要包括对服务企业、服务人员和被服务对象进行分级管理,详细规定出分级原则和操作办法。

(8) 评估技术标准指南。主要内容为针对不同类型的服务整合国际国内标准,分为电子政务、公共服务、企业等类型,并将评估细化,详细规定不同种类的评估应该遵照的标准和细则,做到服务管理精细化。

(9) 项目审计治理管理办法。主要包括对服务项目的投资效果、过程管理、质量管理提出可行的各种办法及应用场合指南。

(10) 多标准的采标与评估量表的设计。

(11) 治理审计的权重体系的调查与设计。

(12) 治理审计的图形化展示的设计和标准化。

(13) 项目计划任务书的分解办法设计。

(14) 效果认同度、成功度、运行成功度的设计以及权重体系的设计。

(15) 现场分值计算依据的管理办法细则。

(16) 评估系统软件的研制。

(17) 评估报告自动生成系统的研制。

(18) 评估流程与专家管理体系的研究。

(19) 评估的培训、配套和收费、运作模式管理的研究。

5. 案例分析思考

(1) 该项目建设的意义有哪些?

(2) IT治理和审计管理的技术和架构是什么?

复习思考题

1. 简述IT治理的必要性和IT治理的内涵。
2. 描述IT治理的发展概况以及最新标准。

第 3 章

信息系统工程监理

📖本章学习要求

- 掌握信息系统工程监理的定义及其特点
- 理解信息系统工程监理的内容与作用
- 深入理解信息系统工程监理的方法体系
- 了解信息系统工程监理的参考物理模型与综合措施

3.1 信息系统工程监理概述

3.1.1 “信息系统工程”与“工程监理”

研究信息系统工程的监理问题，首先需要明确信息系统工程这个概念所定义的范围。

关于“信息系统工程”最有说服力的定义可参考信息产业部《关于计算机系统集成商资质管理有关办法》中的解释，该办法将“信息系统工程”定义为“信息网络系统、信息应用系统和信息资源开发等项目的新建、改建和扩建工程”。

“工程监理”首先用于建设工程，取得成功并积累经验后，逐步向其他各个工程领域推广。“监”一般是监视、督察的意思，它有视察、检查、评价、控制等从旁纠偏、督促实现目标的意思；“理”通常指“条理、准则”或者“管理”的意思。所以，“监理”可以理解为：以某项条理或准则为依据，对一个项目、业务、活动与行为进行监视、督察、控制和评价。

信息系统工程监理实质上是对信息系统工程领域有关建设项目及其活动的“监理”，但它不同于一般意义的监督管理，而是以一个严密的制度构成为显著特征的综合管理行为。

在国内，适合我国国情的工程建设监理制度已经建立，经过近 20 年实践与发展，总结经验，不断完善，取得了一定的成绩，形成了一支相当规模的专门从事各个领域建设的监理工程师队伍。可以把信息系统工程监理看作是整个工程建设监理事业的一个特殊领域的分支。

在国际上，“工程监理”的业务是作为项目全过程“工程咨询”服务中的一项业务。根据国际咨询工程师联合会(FIDIC)相关的指南，在工程实施阶段中，将进行工程建设监理(包括施工、安装、调试等监理)作为工程咨询的主要服务业务内容，把“工程监理”看作是“工程咨询”中保障工程项目实施成功的一项重要业务。在我国，由于已经建立了工程建设监理的制度，因此把“工程监理”与“工程咨询”看作两项并行的工作，而且在两者之间划了一条不很严格的界线，“工程咨询”主要负责项目建议书、可行性研究的编制(评审)、招投标咨询等内容，“工程监理”主要负责项目招标后的实施阶段的监督与管理，两者既有分工，又有一定的业务重叠。

在层次结构上，监理又可以划分为两类，即政府监理与社会监理。政府部门(及其委托的中介机构)对于各类建设工程从立项起直到投入使用止进行的监督管理、制定各种政策法规约束与规范正在进行的工程建设活动以及对社会上从事工程监理的企业与单位进行监管属于政府监理范畴。而由社会的专业团体——监理企业或单位在接受业主委托后对工程建设进行的监督与管理属于社会监理。政府监理早已存在，并在不断改善，主要是抓大放小。本书主要涉及的是作为社会监理的企业与专业团体进行的工程监理活动及其体系结构。

3.1.2　信息系统工程监理的定义

信息系统工程监理是指对信息系统工程建设参与者的行为所进行的监控、督导和评价，并采取相应的管理措施，保证信息系统工程建设行为符合国家法律、法规和有关政策，制止建设行为的随意性和盲目性，促使建设质量、进度、造价按计划(合同)实现，确保建设行为的合法性、科学性、合理性和经济性。

信息系统工程监理是信息系统工程领域的一种社会治理结构，是独立第三方机构为信息系统工程提供的规划与组织、协调与沟通、控制与管理、监督与评价方面的服务，其目的是支持与保证信息系统工程的成功。

本定义包括如下3个方面的内涵：

(1) 信息系统工程监理是信息系统工程领域的一种社会治理结构，具有制衡与监督作用。

(2) 信息系统工程监理是独立第三方机构为信息系统工程提供的规划与组织、协调与沟通、控制与管理、监督与评价方面的服务，体现了信息系统工程监理的角色与任务。

(3) 信息系统工程监理的目的是支持与保证信息系统工程的成功，体现了信息系统工程监理的目标。

3.1.3 信息系统工程监理的内容与作用

信息系统工程监理的内容可概括为三监理、三控制、二管理、一协调。

(1) 三监理包括事前监理、事中监理、事后监理。

(2) 三控制包括质量控制、投资控制和进度控制。质量控制包括采购进货、网络施工、软件开发、测试和验收等的控制。投资控制包括硬件投资、软件投资、附属设备投资等的控制。进度控制包括施工工期、软件开发工期等的控制。

(3) 二管理包括合同管理和信息管理。合同管理包括采购、系统集成、软件开发等。信息管理包括投资控制、设备控制、施工、软件等。所有的合同和表格均纳入管理范围内。

(4) 一协调即组织协调,包括甲方、乙方和监理的3方协调制度。

信息系统工程的监理机制能为客户带来许多方面的经济效益和社会效益,主要表现为:

(1) 弥补建设单位在信息系统技术力量、项目管理水平和经验方面的不足,有效减轻建设单位管理信息系统项目实施的工作量。

(2) 有效改善建设单位和系统集成公司之间的技术沟通。

(3) 客观公正处理甲、乙双方在技术和合同管理上的争议,维护双方的合法权益,促进工程的顺利进展。

(4) 利用监理方法体系(即五控制,包括质量控制、进度控制、成本控制、信息安全控制以及知识产权保护控制;两管理包括合同管理和信息文档管理;一协调,即组织协调)来积极推进项目实施,降低项目实施的技术风险和管理风险,保证信息系统工程的顺利开展与完成。

(5) 促使建成的信息系统在有效性、效率、机密性、完整性、适用性、适应性与可靠性等方面满足合同的要求并使得用户满意。

3.1.4 信息系统工程监理的特点

由于目前国内已有的“工程监理”理论大多是针对建筑工程的,所以,在研究“信息系统工程监理”的特点时,必须认清两者之间的诸多不同之处。与一般建筑工程监理相比,信息系统工程监理具有如下特点:

(1) 信息系统工程中传统意义上的“隐蔽工程”较少,系统可修复性也较好,一般不需要现场监督,只要巡检即可。

(2) 信息系统工程工期管理较为复杂,涉及内容比较多,包括方案设计、建设单位确认、设备和商品软件订货、软件开发、配套工程施工、测试验收等,而且实施过程中有多个小循环,必须经过多个反复的需求变更、方案调整、编程、试用等，环环相扣，容易造成难辨责任的工程延期。

(3) 信息技术软硬件产品的市场价格变化大，同类产品价格差异大，出现设计变更或者工期延误时造成的影响较大。为了公正地界定责任，维护建设单位和承包单位的合法权益，监理单位必须时刻关注软硬件产品的市场价格。

(4) 信息系统工程实施过程中的变更很多，这些变更会引起设备和软件型号的变化，而由于此时的软硬件采购没有竞争，所以监理单位必须依据对市场行情的把握帮助建设单位评估变更后的价款。

(5) 信息系统具有技术含量高、发展快等特点，这些特点决定了对监理人员的理论素质、专业能力要求较高。从层次结构上看，对中高层次人员需求量较多，因此信息系统工程监理的取费标准相应也较高。

(6) 在许多信息系统工程的实施中，对建设单位的项目可行性研究不充分，需求分析不够清晰，所以监理单位最好是在项目策划阶段就介入工作，在前期承担一些工程咨询工作。

(7) 由于信息系统工程实施单位既负责系统设计又负责系统实施，所以监理单位也就需要既进行设计监理工作又实施监理工作。

(8) 信息系统工程质量控制不能像建设监理那样主要依靠肉眼观察和简单的度量工具测量，而应该依靠仪器设备、测试软件等测试复杂的性能指标，进而才能判定工程的质量。

3.2 信息系统工程监理的方法体系

如图 3-1 所示，信息系统工程监理已经形成一个完整的方法体系，包括目标规划、动态控制、组织协调、信息管理和合同管理。

3.2.1 目标规划

目标规划是以现实目标控制为目的的规划和计划，它是围绕信息系统工程项目质量、进度、投资、安全、知识产权保护等目标进行的研究确定、分解综合、安排计划、风险管理、制定措施等多项工作的集合。目标规划是目标控制的基础和前提，只有做好目标规划的各项工作才能有效实施目标控制。目标规划得越好，目标控制的基础就越牢靠，目标控制的前提条件也就越充分。

信息系统工程监理项目目标规划的过程是一个由粗入细的过程，它随着信息系统工程的进展，分阶段地根据可能获得的工程信息对前一阶段的规划进行细化、补充、修改和完善。

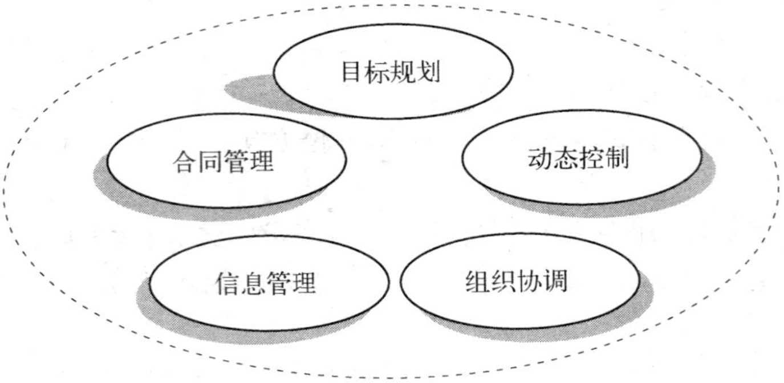

图 3-1 信息系统工程监理的方法体系图

信息系统工程监理目标规划工作包括：正确地确定质量、进度、投资、安全、知识产权保护目标或对已经初步确定的目标进行论证；按照目标控制的需要将各种目标进行分解，使每个目标都形成一个既能分解又能综合地满足控制要求的目标规划分系统，以便实施控制；把工程项目实施的过程、目标和活动编制成计划，用动态的计划体系来协调和规范工程项目的实施，为实现预期目标构筑一座桥梁，使项目协调有序地达到预期目标；对计划目标的实现进行风险分析和管理，以便采取针对性的有效措施实施主动控制；制定单项目标的综合控制措施，力保项目目标的实现。监理规划与监理实施细则在总体上及其编制方法和主要的内容上都体现了目标规划这一基本方法。

3.2.2 动态控制

所谓控制，是在实现对象目标的过程中，通过对未来行为状态的预测，事先拟定行为准则控制计划与措施。在实施中，行为主体不断检查收集实施状态的信息，与原计划进行对比，从中发现偏差，然后采取纠正措施，从而保证计划的实施，实现预定的目标。

动态控制是开展信息系统工程监理活动时所采取的基本方法。动态控制工作贯穿于信息系统工程项目的整个监理过程中。这种控制是一种不断循环的动态过程，直至项目建成投入运行。信息系统工程在不同的空间展开，控制就要针对不同的空间来实施。信息系统工程的实施分不同的阶段，控制也就分成不同阶段的控制。信息系统工程项目的实现总要受到外部环境和内部因素的各种干扰，因此，必须采取应变性的控制措施。计划的不变是相对的，计划总是在调整中运行，控制就要不断地适应计划的变化，从而达到有效的控制。信息系统监理工程师只有把握住工程项目运动的脉搏，才能做好目标控制工作。

动态控制是在目标规划的基础上针对各级分目标实施的控制，以期实现计划总目标。一般来说，一项好的计划应当首先是可行、合理的，它要经过可行性分析来保证计划在技术上可行、资源上可行、财务上可行、经济上合理。同时，要通过必要的反复完善过程，力求达到最优。因此，对信息系统工程的监理应提倡主动控制，即在偏离发生之前预先分析偏离的可能性，采取预防措施，避免出现大的偏差。

3.2.3　组织协调

在信息系统工程项目的实施过程中，信息系统监理工程师要不断进行组织协调。组织协调是实现项目目标控制不可或缺的方法和手段。

组织协调与目标控制是密不可分的。协调的目的就是为了实现项目目标。在信息系统工程监理过程中，当设计概算超过投资估算时，监理工程师要与设计单位进行协调，既要满足业主对项目的功能和使用要求，又要力求使费用不超过限定的投资额度；当施工进度影响到项目预定的投入运行时间时，监理工程师就要与施工单位进行协调，或增加人员投入，或修改实施计划，或调整进度目标，直到制定出一个较理想的方案为止；当发现承包单位的管理人员不称职，给信息系统工程控制目标造成影响时，信息系统监理工程师要与承包单位进行协调，加强力量或更换人员，确保工程项目控制目标的实现。

组织协调包括项目监理单位或机构内部的人与人、机构与机构之间的协调。例如，总监理工程师与各专业监理工程师之间、各专业监理工程师之间的人际关系，监理机构与监理单位之间的协调，监理机构与工程承包单位、业主单位之间的协调等。组织协调还存在于项目监理组织与外部环境组织之间，包括与相关的政府部门、社会团体、咨询单位、科学研究、工程毗邻单位之间的协调。协调的问题集中在与它们的结合部位上，组织协调的目的是在这些结合部位上做好调和、联合和连接的工作，以使大家在实现工程项目总目标上做到步调一致，协调运行。

为了开展好信息系统工程监理工作，项目监理机构内部所有监理人员都应主动地在自己负责的范围内进行协调，并采取科学有效的方法。组织协调的方法包括工程例会、工程通知与回复等。只有进行有效的组织协调，项目系统内各子系统、各专业、各项资源在时间、空间等方面才能实现有机的配合，使工程项目成为一体化运行的整体。

3.2.4　信息管理

信息系统工程监理离不开工程信息。在实施监理的过程中，信息系统监理工程师要对所需要的信息进行收集、整理、处理、储存、传递、应用等一系列工作，这些工作的总称为信息管理,信息管理包括对于文档的管理。

信息管理对信息系统工程监理具有重要意义。信息系统监理工程师在开展监理工作中要不断预测或发现问题,要不断地进行规划、决策、执行和检查,而每项工作都离不开对相应信息的掌握。信息系统监理工程师在监理过程中的主要任务就是目标控制,而控制的基础就是信息。任何控制只有在信息的支持下才能有效地进行。

信息系统工程监理机构各专业为完成各项监理任务需要哪些信息,完全取决于实际工作的需要。因此,对信息的要求是与各专业监理任务和工作直接相联系的。不同的项目,所需要的信息也有所不同。

控制与多方面的因素发生联系,如设计变更、计划变更、进度报告、费用报告、变更通知等都是通过信息传递将它们与控制部门联系起来的。信息系统工程监理的控制部门(如总监理工程师)必须随时掌握项目实施过程中的反馈信息,以便在必要时采取纠正措施。例如,当某设备供应推迟,承包单位不能满足相关子系统的施工工期要求时,有可能修改工程计划(如先做其他子系统,等这批设备到货后再做该子系统)。而修改的工程计划通常采用变更通知的形式传递给有关方面,然后对相关要素采取措施,才能起到控制的作用。可见,控制使工程项目的各个要素相关联,每个要素必须通过适当的信息流通渠道与控制功能发生联系。

为了有效地进行控制,全面、准确、及时地获得工程信息是十分重要的。这就需要建立一个科学的报告系统,通过这个报告系统来传递经过核实的准确、及时、完整的工程信息。信息系统监理机构中总监理工程师、各专业的监理工程师和监理员在工程监理的同时还应承担收集、加工、处理、传递各类工程信息的任务。虽然我们可以通过计算机网络协助做好这项工作,但人的作用仍然是主要的,信息的收集工作主要由人来完成,信息的及时性需要相关人员对信息管理持主动积极的态度,信息的准确性要求相关人员认真负责地对待信息管理工作。这就要求信息系统监理工程师能够事先了解存在的问题并对工程状况事先进行预测。只有熟悉并研究工程项目的实际情况,才能对来自各方面的信息进行分析、判断,去伪存真,掌握可用信息。

在信息系统工程监理过程中,信息管理的基础工作是:设计一个以监理为中心的信息流结构、确定信息目录和编码、建立信息管理制度以及会议制度等。

信息管理还应该包括文档管理。在监理工作开始与进行的过程中,将会产生许多文档资料,这些资料有的是工程监理实施的依据,有的是对工程项目实施过程中所发生事件及采取的措施的记录。它既是指导正在进行中的监理工作的依据,又对今后将开展的监理项目有重要的参考价值。监理机构对这些文档资料要高度重视,指定专人管理,项目结束后要整理归档。

3.2.5　合同管理

信息系统工程监理单位在工程监理工作中的合同管理主要是根据监理合同的要求对工程承包合同的签订、履行、变更和解除进行监督和检查，对合同双方的争议进行调解和处理，以保证合同的依法签订和全面履行。

合同管理对信息系统工程监理单位完成信息系统工程监理任务是非常重要的。根据国内外工程项目管理经验，合同管理产生的经济效益往往大于技术优化所产生的经济效益。一项工程合同应当对参与建设项目的行为起到控制作用，同时具体指导一项工程如何实施完成。所以，从这个意义上讲，合同管理起着控制整个项目实施的作用。为确保在工程实施过程发生纠纷时有据可查，信息系统工程承包合同应包括设计、设备、材料、开工、停工、复工、延误、变更、风险、索赔、支付、争议、违约等内容。《设计采购施工(EPC)/交钥匙工程合同条件》(银皮书)是一个内容完整而详细、值得参考的合同范本。国家建设部和国家工商行政管理局制定的《建设工程委托监理合同(示范文本)》和《建设工程施工合同(示范文本)》也参照了 FIDIC 的条款，是根据多年建设工程承包合同管理经验而制定的，也值得参考。

信息系统监理工程师在合同管理中应当着重于以下几个方面的工作：

(1) 合同分析。合同分析就是将合同各类条款进行分门别类的认真研究和解释，并找出合同的缺陷和弱点，以发现和提出需要解决的问题。同时，更为重要的是，应对引起合同变化的事件进行分析研究，以便采取相应措施。合同分析对于促进合同各方履行义务和正确行使合同赋予的权利，对于监理工程的实施、解决合同争议、预防索赔和处理索赔等项工作都是必要的。

(2) 建立合同目录、编码和档案。合同目录和编码是采用图表方式进行合同管理的很好的工具，它为合同管理自动化提供了方便条件，使计算机辅助合同管理成为可能。合同档案的建立、合同资料的管理应起到为合同管理提供整体性服务的作用。

(3) 合同履行的监督、检查。通过检查发现合同执行中存在的问题，并根据法律、法规和合同的规定加以解决，以提高合同的履约率，使工程项目能够顺利地完成。合同监督还包括经常性地对合同条款进行解释，常念“合同经”，以促使承包方能够严格地按照合同要求实现工程进度、工程质量和费用要求。按合同的有关条款制作出工作流程图、质量检查表和协调关系图等，可以有效地进行合同监督。合同监督需要经常检查合同双方往来的文件、信函、记录、业主指示等，以确认它们是否符合合同的要求和对合同的影响，以便采取相应对策。根据合同的监督、检查所获得的信息进行综合统计分析，以发现费用金额、履约率、违约原因、纠纷数量、变更情况等问题，向总监理工程师提供情况信息，为目标控制和信息管理服务。

(4) 索赔。索赔是合同管理中的重要工作，又是关系合同双方切身利益的问题，同时牵扯到信息系统工程监理机构的目标控制工作，是参与项目建设的各方都应高度关注的问题。信息系统工程监理机构应该首先协助业主制定并采取防止索赔的措施，以便最大限度地减少无理索赔的数量和索赔影响。其次要处理好索赔事件，对于索赔，监理工程师应当以公正的态度对待，同时按照事先规定的索赔程序做好处理索赔的工作。

合同管理直接关系着目标控制，是信息系统工程监理方法系统中不可分割的组成部分。做好合同管理的关键在于如下几个方面：

(1) 参加合同制定和谈判。这对了解签订合同的双方和合同内容都有好处，它为今后的合同管理奠定了良好基础，是掌握合同管理第一手资料的最好办法。

(2) 认真弄清每一个合同的各项内容。只有这样才能进行合同管理，才能管理好每个合同。

(3) 切记不用口头协议。

(4) 恰当地使用自己的权利，当好“公正的第三方”。这种严格按合同办事的精神对于做好合同管理工作是必不可少的。它可以促使合同双方当事人履行各自的义务和恰当地行使各自的权利。

(5) 全面、细致、准确、具体地拟定各种工程文件、记录、指示、报告和信件。因为这些是合同管理，尤其是索赔的基本依据。

(6) 在拟定合同文件时应当写清细节，力求达到可操作的程度，以防止日后双方在细节上纠缠不清。

(7) 应特别注意工程变更对合同的影响，对每一项变更进行经济分析，防止由此而引起的索赔。

(8) 拟定合同条款时应当在文字语言方面做到清楚明白，避免含糊不清、词不达意的现象发生。这既有利于合同的执行，又有利于监理机构实施合同管理。

(9) 在合同谈判的过程中注意风险的合理分担和转移。

3.3　信息系统工程监理的参考模型与综合措施

3.3.1　参考模型

信息系统工程监理可用图 3-2 所示模型来表示。

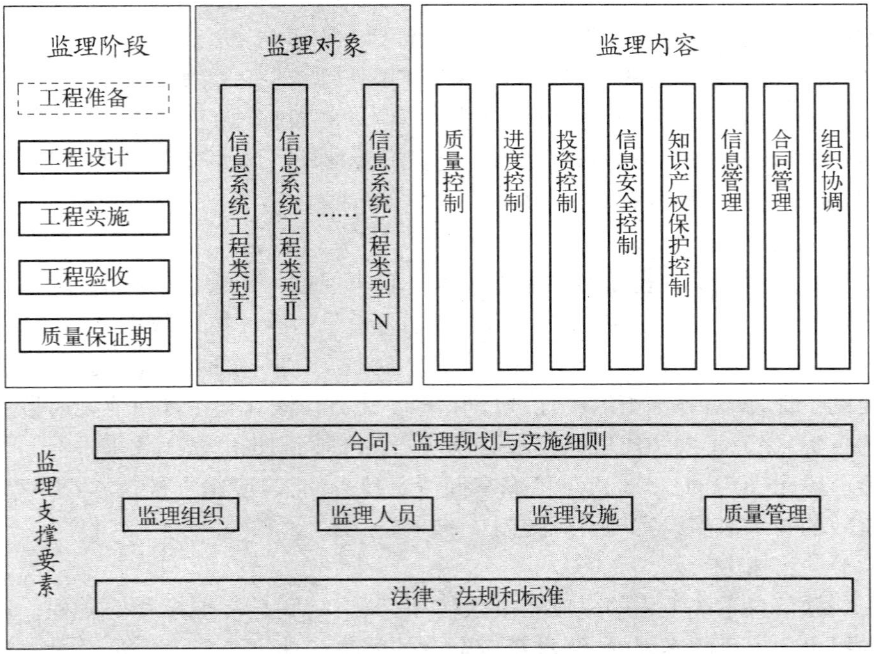

图 3-2　信息系统工程监理参考模型图

图 3-2 中包含的几个大方块中，分别对应整个信息系统工程监理的主要组成要素。其中最基本的是监理的支撑要素。它又可以分成 3 个层次：最基础的作为监理依据的法律、法规和标准，以监理组织、人员、设施以及以质量管理体系为代表的支持监理工作的软环境，以及最接近具体任务的合同、监理规划及实施细则。

3.3.2　综合措施

在实施工程监理时，尤其在进行目标控制时，为了取得理想的结果，应当从多方面采取措施加以控制。通常可以将这些措施归纳为组织措施、技术措施、经济措施以及合同措施等。

1）组织措施

正如前面所论述的，如果不落实投资控制、进度控制、质量控制的部门人员，不确定其目标控制的任务和管理职能，不制定各项目标控制的工作流程，那么目标控制就无法进行。控制是由人来执行的。组织措施包括：监督按计划要求投入人力、设备、工具(如软件开发工具)、材料，巡视、检查工程运行情况，对工程信息的收集、加工、整理、反馈，发现和预测目标偏差，采取纠正行动等。这些任务都需要事先委任执行人员，授予相应职权，确定职责，制定工作考核标准，并力求使之一体化运行。除此之外，组织措施还包括：如何充实控制机构，挑选与其工作相称的人员；对工作进行考评，以便评估工作、改进工作、挖掘潜在工作能力、加强互相沟通；在控制过程中激励人们，以调动和发挥他们实现目标的积极性、创造性；培训人员；等等。采取适当的组织措施，保证目标控制的组织工作明确、完善，才能使目标控制有效发挥作用。

2）技术措施

项目控制在很大程度上要通过技术来解决问题。实施有效控制，如果不对多个可能的主要技术方案作技术可行性分析，不对各种技术数据进行审核、比较，不对设计方案评选事先确定原则，不对各投标文件中的主要施工技术方案作必要的论证，不对施工组织设计进行审查，不想方设法在整个项目实施阶段寻求节约投资、保障工期和质量的技术措施，那么目标控制也就毫无效果可谈。使计划能够输出期望的目标，正是依靠掌握特定技术的人，应用工程技术，采取一系列有效的技术措施以实现目标控制。

3）经济措施

一项信息系统工程的建成及投入使用，归根结底是一项投资的实现。从项目的提出到项目的实现，始终贯穿着资金的筹集和使用工作。无论对投资实施控制，还是对进度，质量实施控制，都离不开经济措施。为了理想地实现工程项目，监理工程师要收集、加工、整理工程经济信息和数据，要对各种实现目标的计划进行资源、经济、财务等诸方面的可行性分析，要对经常出现的各种设计变更和其他工程变更方案进行技术经济分析以力求减少其对实现计划目标的影响，要对工程概况、预算进行审核，要编制资金使用计划，要对工程付款进行审查等。如果监理工程师在目标控制时忽视了经济措施，那么不但投资目标难以实现，而且进度目标和质量目标也同样难以实现。

4）合同措施

信息系统工程项目建设的方案设计和工程实施均由同一单位完成，但也可能由设计单位、开发实施单位分别承担设计和实施工作。在市场经济条件下，这些承建单位根据与建设单位签订的设计合同或工程实施合同来参与该信息系统工程的建设，它们与项目建设单位构成了工程承包关系。信息系统工程监理单位就是根据这些信息系统工程设计合同、信息系统工程实施合同及信息系统工程监理合同来实施监督管理活动的。依靠合同进行目标控制是监理目标控制的重要手段。因此，协助业主确定对目标控制有利的承发包模式和合同结构、拟定合同条款、参加合同谈判、处理合同执行过程中的问题、做好防止和处理索赔的工作等，都是监理工程师重要的目标控制措施。所以，目标控制离不开合同措施。

【案例】

某政府税务部门企业信用管理平台监理规划

1. 信用体系专业性要求

企业信用管理平台是某市社会信用体系建设的一个组成部分，它与一般的电子政务办公系统与业务系统不同，主要处理的不是日常的办公业务，而是作为支撑政府部门、社会信用中介机构、金融机构、企业与公众等社会主体对企业信用信息需求的平台。从根本上来说，它是支撑信用体系中征信环节的一个基础设施。因此，企业信用信息系统的规划与建设不仅仅需要相关建设部门的参与，还需要相关信用行业专家的参与，这样才能对本系统的建设目标、定位、服务内容与手段等提出更合理的规划。

针对信用体系建设的专业性要求，本公司在咨询与需求分析阶段组织的专家队伍中特聘了上海市信用服务行业专家，以便更好地为某市信用体系建设提供服务。

1.1　协调能力与技巧要求

企业信用管理平台建设的重点在两个方面：一是信用信息整合；二是信用信息服务。其中信用信息整合是本系统的基础，它需要涉及某市十几个相关部门，甚至还有上级部门需要协调，这些部门中又不乏税务、质监等相对强势的业务部门。因此，如何协调和处理企业信用信息系统与各业务部门的关系，保障系统的信息持续、有效供应，是本项目成败的一个关键因素。

针对协调需求，监理公司特聘了某知名企业信用体系建设相关负责人作为专家组成员，通过他们的实际协调经验，为本项目提供借鉴。

1.2　信息管理需求特点

企业信用管理平台不像OA系统、业务系统，相对来说它还是一个比较新的需求。由于信用信息本身具有时效性、模糊性、敏感性等特性，且从信息如何应用来说目前并不十分明确，这就需要在建设中寻找有较多相应项目成功案例的专业公司来搭建本系统，以使其在管理和需求方面少走弯路，提高建设效率与应用成效。

在招标组织中，监理公司将对各参与投标公司的已有案例作充分的考察，提供相应的考察报告，以保障最终承建单位不论从技术能力还是业务能力方面都足够满足本项目需求。

2. 某市自身的特点与建设需求

2.1　某市对企业信用监管的要求

企业信用信息系统建设的一个重要目标是实现政府部门对企业的信用监

管。这就要求梳理某市工商局、国税局、地税局等现有的业务监管模式，基于企业信用信息系统设计新的监管策略，并制定相应的制度。这同样需要相关政府部门人员参与本系统的相关制度建设，并且在系统推广阶段需要各部门的主管负责人的支持。

2.2 上级地区的试点要求

某市是浙江省金华地区的重要经济发达城市，本次企业信用信息系统建设也是上级地区的重要试点。这就要求某市关于企业信用信息系统的规划与建设不仅仅从本地出发，还需要考虑从上级地区总体出发，如何应用、如何推广，为上级地区总体建设地区级的大平台提供依据。

2.3 企业信用管理平台建设目标分析

企业信用管理平台的总体建设目标是：通过某市企业信用信息系统平台的建设与应用，逐步形成分层次、梯级式的企业信用信息管理网络，通过信用监管手段的实施，实现“信用某市”的建设，汇集政府有关部门的信用监管信息，实现企业信用信息在政府内部、企业与公众之间的有效共享与充分利用。

基于总体目标分解，本项目主要包含以下几个方面的建设：

(1) 政府有关部门企业信用监管信息整合。这一目标重点要落实的内容包括：信息来源、信息内容、信息分布现状。这些内容，可以形成相应的信息整合方案。

(2) 企业信用信息管理。这一目标重点要落实的内容包括：信息敏感性、信息时效性、其他信用相关属性。这些内容，可以形成相应的信用信息管理方案。

(3) 企业信用信息监管服务。这一目标重点要落实的内容包括：监管目标、监管要求、长效机制。这些内容，可以形成相应的企业信用信息监管服务方案。

(4) 企业信用信息公众服务。这一目标重点要落实的内容包括：服务对象、服务要求、服务模式。这些内容，可以形成相应的企业信用信息公众服务方案。

3. 工作开展指导思想

(1) 统一规划、分步实施。本系统建设需要从某市信用体系建设出发总体规划，充分利用现有基础网络、基础软硬件设施、设备和人员，根据系统中涉及的具体功能分步实施。

(2) 规范标准、资源共享。规范信用数据标准、统一管理制度是本次咨询与规划工作的重点之一。只有通过明确各行政部门、各政府机构的信息管理发布职能，促进形成相关标准与制度，才能有效保障系统的顺利建设和运行。

(3) 确定协调机制、保障长远运行。信用体系的建设涉及多个政府职能部门，因此，需要协助某市确定各个单位在整个系统设计、开发、运行、维护过程当中的协调机制，制定协调策略，并形成相应制度，以保障系统能够长效运行。

4. 工作目标

本项目的总体目标是：自项目开始至2006年7月20日前，通过前期咨询与规划工作，形成项目需求方案初稿；7月30日前，通过专家论证形成项目需求方案定稿；8月10日前，编写好硬件采购需求文本；8月31日前，完成供应商招投标和硬件供应商招投标；9月5日前，签订中标开发合同和系统集成合同。

具体工作目标包括如下几个方面：

(1) 了解用户业务目标和业务模式，与某市企业信用管理平台业主单位共同确定系统需求。

(2) 协助业主单位进行软件工程项目的招标准备工作，编制适宜的招标文件。

(3) 协助业主单位做好软件工程项目的招标工作，选定合适的承建单位。

(4) 促使业主单位与承建单位执行有序和稳妥的合同签订过程，促使软件工程项目承建合同的合理性和有效性。

5. 工作内容

1) 需求认定阶段

需求认定阶段工作内容包括如下几方面：

(1) 了解业主单位的业务目标、系统建设目标、现行和预期的业务模式，并将其作为咨询与规划工作的依据之一。

(2) 取得必要的工程资料，并对其进行熟悉和确认，需明确的内容包括：软件工程的可行性分析，业主单位的业务现状、业务流程和业务模型，目标系统的功能和性能指标，实现系统建设目标必需的资源，对企业信用信息资源进行规划，配合制定信用监管业务流程再造策略，配合制定信用监管业务持续改进策略，建立信用监管指标评价体系，确定风险分析及风险管理办法。

(3) 协助业主单位初步定义系统建设范围、系统需求和约束条件。系统需求的内容包括：信用监管业务、政府部门、企业与公众需求，企业信用管理平台安全性、保密安全性要求，企业信用管理平台测试有关的要求，应遵循的标准、规程等。

(4) 协助业主单位确定系统整合与数据规范化需求。系统整合与数据规范化需求的内容包括：相关部门系统整合目标，需提供的整合手段，系统整合性能要求，数据规范化目标，应遵循的标准、规程等。

(5) 在了解业主单位的业务目标和系统需求的基础上，确定企业信用管理平台总体建设目标，并根据如下准则编制下一步工作开展规划。主要包括：与信用监管目标的符合性，与双方合同的可追溯性、一致性，工作方法和措施的适宜性，组织及人员的适宜性，设施和工作制度的适宜性。

2）招标准备阶段

招标准备阶段的工作内容包括如下几方面：

（1）了解业主单位确定的工程总体进度、工作量评估、评价标准。

（2）了解业主单位估算的工程总投资。

（3）了解业主单位确定的初步验收策略和验收条件。

（4）协助业主编制单位招标书，并应要求在招标书中初步确定合同执行的步骤，作为监督承建单位进度的要素之一。

（5）审查业主单位对现货软件产品的要求是否包含如下内容，并形成监理意见，具体包括：满足对系统建设目标和系统需求、对文档的要求、对知识产权的要求、对此软件产品的服务和支持要求、对供货单位提供此软件产品能力的要求。

3）招标过程

招标过程工作内容包括如下：

（1）协助业主单位建立选择承建单位的规程，包括标书的评价准则和符合需求的程度。

（2）协助业主单位对投标单位资质进行审查，审查内容包括：资质文件应该真实、齐全，投标单位的技术资质及等级应与本工程需要的工程技术相符合，并符合相关特殊要求，参与工程的人员资格应与本工程的需要相符合。

（3）如果工程涉及分包，协助业主单位对承建单位选择的分包单位进行审查。

（4）协助评标，协助业主单位根据投标单位的标书、能力评价和其他需要考虑的因素选择合格的承建单位。

4）合同准备、签订阶段

合同准备、签订阶段工作内容包括如下几方面：

（1）要求在承建合同中明确承建单位应接受监理机构的监理。

（2）如果工程涉及分包，要求承建单位对分包单位进行管理，并承担责任。

（3）参与业主单位与承建单位的合同签订过程，合同内容包括：功能要求、技术要求、测试标准和验收要求、质量责任、工程阶段划分、质量和进度要求。

（4）协助业主单位对准备签订的合同进行验证。验证时考虑如下准则，形成监理意见，并协调工程各方对合同予以修订。具体内容包括：合同中的系统需求覆盖用户的系统建设目标，合同中的系统需求描述的一致性，为处理变更问题规定适当的处理方法，如适用，对于其他相关系统的接口关系与合作，应规定规程及其范围，包括所有权、批准权、版权和机密，按照系统需求规定验收准则和规程，明确监理机构在工程付款中的权利。

对工程的步骤进行划分和界定,并作为工程阶段性付款依据。

(5) 要求业主单位组织与合同执行、管理相关的部门参与合同见证工作。

(6) 要求工程各方启动合同管理机制及其配套的文档管理和配置管理措施。

6. 案例分析思考

(1) 结合材料分析为什么监理方案中要进行比较细致的需求和现状分析。

(2) 这个案例中的各个阶段监理要做的主要工作有哪些?

(3) 能否用一句话结合案例说明监理是干什么的?

复习思考题

1. 信息系统工程监理的定义及其特点是什么?
2. 信息系统工程监理包括哪些内容?
3. 简要分析信息系统工程监理的作用。
4. 论述信息系统工程监理的方法体系。
5. 简要分析信息系统工程监理的参考物理模型。
6. 分析在实施信息系统工程监理时,可采取的综合措施有哪些?

第 4 章

信息化项目后评估

📖本章学习要求

- 掌握后评估的含义及其分类内容
- 理解后评估成功度的组成和评价方法
- 掌握专家打分和评价的方法及流程

4.1 后评估和 IT 治理

在现代管理科学中，评估技术是指主体(管理者)对客体(管理对象)，以确认的某些标准为度量尺度，采用相应的科学方法进行衡量，将所得结果与原先预定目标进行比较，从而获得最佳结果的一种方法。

信息化项目与工程类项目从开始到完成都经历了相似的阶段，包括从项目立项开始，经历项目定义、组织和管理人员确定、资源分配、工作计划、组织实施和投入运行，直到结束。信息化项目经历的每一阶段都应涉及评估问题，每一阶段的管理和实施也应作为项目评估内容。显然，不同阶段的评估都应有相应的评估理论和评估方法，这些理论与方法的集合构成了完整的项目评估理论与方法体系。然而从我国实际情况看，信息化项目评估主要集中在前评估，对中评估和后评估的方法和原则的研究较少。

从传统定义上讲，信息化项目评估是在可行性研究的基础上，从宏观和微观角度对项目进行全面的技术经济预测、论证和评估，确定项目投资经济效果和未来应用的前景，主要包括技术评估、财务评估、国民经济评估、社会评估、不确定性评估、风险评估等。

项目管理对应于项目生命周期全过程，因此信息化项目评估也对应于项目生命周期的全过程。对此，本书的信息化项目评估是指广义的信息化项目评估，即：在项目生命周期全过程中，为了更好地进行项目管理，针对项目生命周期每阶段特点应用科学的评估理论和方法，采用适当的评估尺度进行“根据确定的目的来测定对象系统属性，并将这种属性变为客观定量的计值或者主观效用行为”。

从国外发展状况来看，美国等西方发达国家十分重视项目后评估，自 20 世纪初即开始相关实践和立法工作，已经制定了后评估的法律和法规，建立了明确的后评估管理机构、系统的方法和可行的程序。目前的发展趋势是将资金预算监测、审计和评估结合在一起，形成一个有效的和完整的管理循环和评价体系。项目后评估同时也被许多发展中国家和国际金融组织广泛地使用。国外的项目后评估制度设计主要针对建设工程项目的后评估，但对信息化项目的后评估一般也纳入统一的项目后评估制度体系。同时，国际上也涌现了一批适应信息化项目的特点的管理框架、方法和标准，其中对后评估也有相关考虑和设计。

从国内发展状况看，自 20 世纪 80 年代后期开始，国家发改委（原国家计委）、财政部等管理部门也开始重视后评估制度的研究和实践。2004 年 7 月，国务院下发的《关于投资体制改革的决定》一文中更是明确指出：要建立政府投资项目后评估制度和社会监督机制。国家发展改革委、财政部、北京市等部委、省市已经制定发布了政府投资建设项目后评估相关的管理办法，国务院国资委、哈尔滨市等部委和地方政府更是制定了政府投资信息化项目后评估相关的管理办法。

4.1.1　信息化项目前评估、中评估、后评估的定义及特点

根据上述定义和项目生命周期各阶段的不同特点，信息化项目评估分为 3 部分内容，即信息化项目前评估（项目评估）、信息化项目中评估、信息化项目后评估。

（1）信息化项目前评估是指传统定义的项目评估，通常是在项目生命周期的初始立项阶段（概念及论证阶段）进行的。它通过预测、论证和评估，从正反两方面提出意见和建议，为项目决策者提供项目取舍及实施方案的多方面参考，并通过客观、准确地将与项目有关的资金、资源、技术、信息、市场、财务、经济、社会等各方面的基本数据资料和实际环境，完整地汇集、预测，呈现于项目决策者面前，使其能够实事求是地做出正确的决策。

（2）信息化项目中评估是指在项目立项以后，在项目实施时期，对项目状态和项目进展情况进行衡量与监测，对已完成的工作做出评估，为项目管理和决策提供所需的信息，指出以后项目管理的努力方向。信息化项目中评估历经项目的发展、实施、竣工三个阶段，其目的在于检测项目实施的实际状态与目标（计划目标）状态的偏差，分析其原因和可能影响因素，及时反馈信息，以便做出决策，采取必要的管理措施来实现或达到既定目标（计划目标），改进项目管理，以便有利于项目业主以及其他利害相关者及时了解和把握项目现状，加强对项目的监

督和控制。

(3) 信息化项目后评估通常在项目竣工以后的项目运作阶段和项目结束之后进行。它的内容包括项目效益后评估、项目运维后评估、项目影响后评估。项目效益后评估主要是对应于项目前评估而言的，是指项目竣工后对项目投资经济效果的再评估，它以项目建成运行后的实际数据资料为基础，重新计算项目的各项经济数据，得到相关的投资效果指标，然后将它们同项目前评估时预测的有关的经济效果值（如净现值NPV、内部收益率IRR、投资回收期等）进行纵向对比，评估和分析其偏差情况及其原因，吸收经验教训，从而为提高项目的实际投资效果和制定有关的投资计划服务，为以后相关项目的决策提供借鉴和反馈信息。

信息化项目后评估的目的是对已完成的信息化项目的目的、执行过程、效益、作用和影响进行系统的、客观的分析，确定项目预期的目标是否达到，项目或规划是否合理有效，项目的主要效益指标是否实现，并通过分析评估找出成功或失败的原因，总结经验教训，通过及时有效的信息反馈，为未来新项目的决策和提高完善投资决策管理水平提出建议，同时也为后评估项目实施运营中出现的问题提供改进意见，从而达到提高投资效益的目的。

4.1.2 信息化项目前评估和后评估的区别

信息化项目后评估不同于前评估。前评估是指在项目决策之前，在深入细致的调查研究、科学预测和技术经济论证的基础上，分析评估项目的技术适用性、经济合理性和建设可能性，其目的是为项目投资决策提供依据。两者区别主要表现在以下几个方面，如表4-1所示。

表4-1

信息化项目前评估和后评估的区别

比较项目	信息化项目前评估	信息化项目后评估
所处阶段	项目前期工作，决定项目是否可以实施	是在项目竣工投产并达到设计生产能力后对项目进行的再评估，是项目管理的延伸
比较标准	依靠国家、部门颁布的定额标准，国家参数来衡量项目的必要性、合理性和可行性	直接与项目前评估的预测情况或国内外其他同类项目的有关情况进行对比，比较项目实际情况与预测情况间差距，分析产生原因，提出改进措施
作用	直接作用于项目投资决策，结论作为项目取舍依据	间接作用于项目投资决策，是投资决策的信息反馈

（续表）

比较项目	信息化项目前评估	信息化项目后评估
评估内容	项目建设条件、项目实施计划以及项目经济社会效果	包括针对前评估内容进行再评估，对项目决策、项目实施效率进行评估，以及对项目实施运营情况进行分析
实施单位	投资主体或投资计划部门组织实施	由与项目没有利益关系的投资运营监督管理机关或第三方后评估机构进行

4.1.3　信息化项目后评估与绩效评估的区别

绩效评估也称绩效考评或绩效考核，是对组织行为活动的效能进行科学测量与评定的程序、方式、方法之总称，既包括对整个组织行为活动成果的测量与评价，又包括对组织内各个群体和组织成员个体的评价。绩效评估与后评估有一定联系，但两者在评估客体、评估目标和评估指标上存在明显差异。

表 4 - 2 从评估主体、评估客体、评估目标、评估指标、评估标准、评估方法等方面对信息化项目后评估与绩效评估进行比较。

表 4 - 2

绩效评估与后评估的联系与区别

	信息化项目绩效评估	信息化项目后评估
评估主体	包括所有者、经营管理者、政府、债权人及其他相关利益者	包括所有者、经营管理者、政府、债权人及其他相关利益者
评估客体	包括企业、部门、管理者或员工等	信息化项目本身
评估目标	由评估主体根据需求确定，是系统设计指南，受外部环境影响	为提高项目实际投资效果和制定相关投资计划服务，为今后相关项目决策提供借鉴
评估指标	分为财务指标和非财务指标、定性指标和定量指标、相对指标和绝对指标、驱动指标和结果指标等	定性指标和定量指标、相对指标和绝对指标
评估标准	常用的评价标准有历史标准、行业标准、预算标准等	常用的评价标准有历史标准、行业标准等
评估方法	包括主成分分析法、功效系数法、层次分析法、模糊综合评价法等	主要包括对比法、逻辑框架法、层次分析法和成功度法

通过分析可知，政府投资信息化项目后评估是一个控制过程，而绩效评估是一个考核过程。

首先，后评估是在项目投资完成以后，通过对项目目的、执行过程、效益、作用和影响所进行的全面系统的分析，总结正反两方面的经验教训，使项目决策者、管理者和建设者学习到更加科学合理的方法和策略，以提高决策、管理和建设水平。

其次，后评估具有透明性和公开性，通过客观分析投资项目成功和失败的原因，找出投资决策者、管理者和建设者在工作中存在的问题，从而提高其责任心和工作水平。

再次，后评估作为一种管理手段，主要为投资决策服务。后评估不仅对完善已建项目、改进再建项目和指导待建项目有重要意义。更为重要的是，它可为投资决策服务，即：通过后评估反馈建议，完善和调整相关方针、政策和管理程序，提高决策者的能力和水平。

为了不把范围和边界扩大，在后评估阶段应把重点放在信息化项目后评估而非绩效评估。

4.1.4 信息化项目后评估与IT审计及IT治理的区别

IT治理和IT审计这个概念虽被广泛引用和推广，但业界对其概念和内涵有不同的理解。总体来说，IT治理来源于信息安全的管理评估，很多学者把ISO17799(ISO27001)当作IT治理工具之一。IT审计扩展了IT治理的内容，COBIT被当作最重要的IT治理工具。

2008年发布的ISO38500被当作IT治理国际标准，其目的是确保利益相关者对组织IT治理的信心，指导管理者治理组织IT使用，为IT治理的目标评估提供基础。ISO38500规定了6项内容：职责、策略、采购、绩效、符合、人员行为。在模型方面，ISO38500规定了3个过程，即评估、领导和监视。但截至目前，还未出台相关评估准则。

从上述分析可知，IT治理是一个站在组织角度对IT应用水平进行管理的工具。而后评估主要站在项目角度对项目应用效果进行评估。

为了不把范围扩大，本书主要把边界和重点放在项目成功与否及项目应用效果好坏两方面，对有关IT治理内容不进行深入研究。

4.2 后评估中的项目成功度

基于成功度评估的政府投资信息化项目后评估是依靠评价专家或专家组的

经验，综合后评估各项指标的评估结果，对项目的成功程度做出定性的结论。成功度评估以逻辑框架法分析的项目目标的实现程度和经济效益法分析的评估结论为基础，以项目的目标和效益为核心进行全面系统的评估。项目评估的成功度可分为5个等级：完全成功、成功、部分成功、不成功、失败，如表4-3所示。

表4-3

基于成功度评估的政府投资信息化项目后评估模型

等级	说明
完全成功	信息化项目的各项目标全面实现或超过，项目取得了巨大的社会和政治效益，项目大大体现了信息化提高效率的作用，项目投入产出巨大，直接带来后续项目并已经在使用且效果良好，项目当初的立项、评标、验收过程中的咨询建议均在以后运行中得到充分体现，同类项目建议大力推广
成功	项目的大部分目标已经实现，项目投入产出合理，取得了必要的社会和政治效益，项目的运行效果明显，项目体现出信息化提高效率的作用，具有后续项目或者后续项目需求迫切，当初立项、评标、验收过程中的咨询建议均在以后的运行过程中得到基本体现，同类项目建议继续进行
部分成功	实现了原定的部分目标，相对成本而言，项目只取得了一定的效益和影响，项目部分发挥了信息化的效率促进作用，当初立项、评标、验收过程中的咨询建议原则上得到体现，同类项目建议修正后再实施
不成功	项目实现的目标非常有限，相对成本而言，项目几乎没有产生什么正效益和影响，没有发挥信息化提高效率的作用，资金和设备、软件使用不尽合理，当初立项、评标、验收过程中的咨询建议没有或者很少得到体现，同类项目建议实施时谨慎
失败	项目的目标无法实现或没有实现，相对成本而言，项目不得不终止；项目产生负面的政治和社会效益，项目软件、设备和产品不得不废弃或者移作他用，当初立项、评标、验收过程中的咨询建议基本上没有得到体现，同类项目建议实施时以此为教训

4.3 多目标多层次模糊综合评价模型

4.3.1 评估指标

IT项目的后评估范围包括从决策到使用运营的全过程中适合后评估进行评估的内容，根据前面分析，可以包括以下内容。

(1) 目标评估：主要评估项目确定的目标是否按计划要求实现，有无变化及其原因等。

(2) 项目效益评估：主要评估项目设计所确定的技术经济指标的实现程度，根据项目特点，可采用财务评价、国民经济评价、社会效益评价、环境影响评价等手段。综合分析、评价建设项目的盈利能力、投资偿还能力、相关产业带动的间接经济效益、项目的社会效益是否达到预期效益等。

(3) 项目影响评价：项目的影响包括经济影响、社会影响、政治影响。

(4) 项目可持续性评估：项目的建设资金投入完成后，项目的既定目标是否还能继续，项目是否可以持续地发展下去。

(5) 对各阶段咨询评估单位评估意见的采纳情况：主要评估在项目建议和可行性研究报告阶段咨询单位提出的评审意见，以及各部门、单位的采纳、执行情况。

评估模型如图4-1所示。

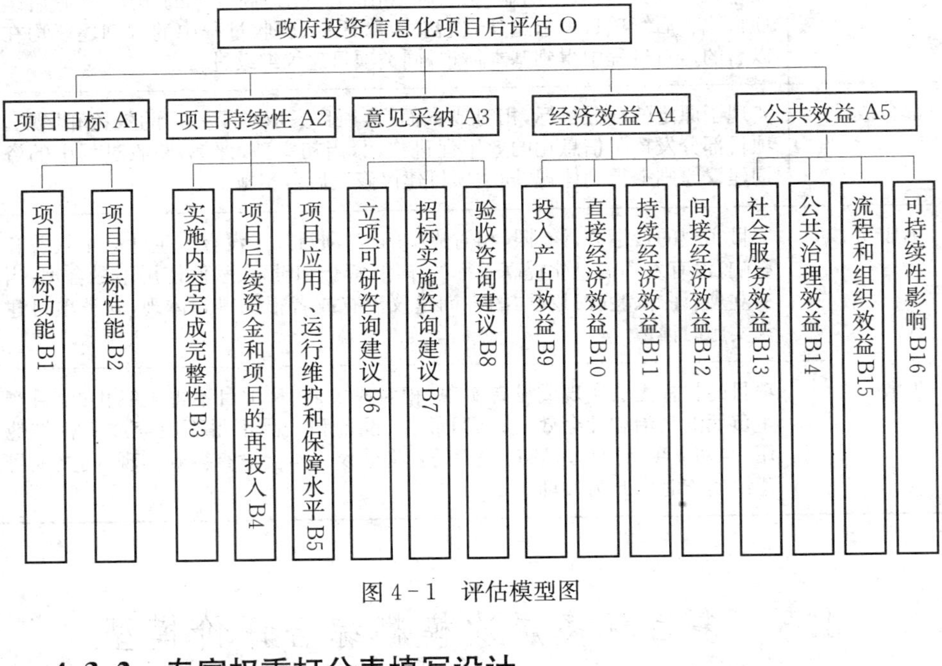

图4-1　评估模型图

4.3.2　专家权重打分表填写设计

打分表以成对比较矩阵形式出现，矩阵中 a_{ij} 的取值按下述标度进行赋值。a_{ij} 在1～9及其倒数中间取值。

$a_{ij}=1$，则元素 i 与元素 j 对上一层次因素的重要性相同。

$a_{ij}=3$,则元素 i 比元素 j 略重要。

$a_{ij}=5$,则元素 i 比元素 j 重要。

$a_{ij}=7$,则元素 i 比元素 j 重要得多。

$a_{ij}=9$,则元素 i 比元素 j 极其重要。

$a_{ij}=2n$, $n=1, 2, 3, 4$,则元素 i 与 j 的重要性介于 $a_{ij}=2n-1$ 与 $a_{ij}=2n+1$ 之间。

$a_{ij}=1/n$, $n=1, 2, \cdots, 9$,当且仅当 $a_{ji}=n$。

打分时,按照纵向与横向元素比较的思路进行(即:若认为纵向元素比横向元素重要,则选择5),如表4-4至表4-15所示。

表4-4

目标二级指标专家权重打分表

A1	B1	B2	权　重
B1	1		
B2		1	

表4-5

专家权重打分表指标说明

一般性指标名称		指 标 简 要 说 明
项目目标评估A1	项目目标功能性评估B1	该指标是考核当初目标中所承诺的功能性指标是否完成和恰当:投资额、投资投向、投资和理性、网络架构、应用功能、时间节点、接入单位和系统上线信息等
	项目目标功能性评估B2	该指标是考核项目实施完成后,当初预计或者承诺的性能指标是否符合,包括接入数量、数据量、网络流量、使用周期和时间、使用者数量、访问量等

表4-6

项目持续性评估二级指标权重表

A2	B3	B4	B5	权　重
B3	1			
B4		1		
B5			1	

表 4－7

表 4－6 的指标说明

一般性指标名称		指 标 简 要 说 明
项目持续性评估 A2	实施内容完成完整性 B3	该指标是将考核的实际功能与项目立项计划应完成的工作量进行对比，考核其实现程度，考核当初投资资金比例和目前正在运行的系统比例是否对称，考核哪些系统没有上线运行及其原因。着重考核项目技术方案、项目实施方案、项目招标文件、中标单位投标文件、中标通知书、项目建设施工合同、项目监理合同、政府采购合同、系统测试报告或检测报告、工程监理报告等 10 种文档及其完成的规范性
	项目后续资金和项目的再投入 B4	主要考核项目结束后是否具有完整的规划和改进措施，是否值得再投入研究，是否具有项目延伸及其拓展，项目上线后所引起的继续项目的迫切程度
	项目应用、培训、运行维护和保障水平 B5	该指标主要是评估项目产生的应用情况，考核项目产生的必要的数据量，考核项目运行维护机制和保障保护水平是否恰当；测试项目使用和维护人员对分管业务的熟练程度

表 4－8

意见采纳评估二级指标权重表

A3	B6	B7	B8	权　重
B6	1			
B7		1		
B8			1	

表 4－9

表 4－8 的指标说明

一般性指标名称		指 标 简 要 说 明
意见采纳评估 A3	立项科研咨询建议评估 B6	该指标主要是考核项目是否按照当初可行性报告和立项的框架进行，当初建设的不同意见是否记录回复并且恰当处理
	招标实施咨询建议评估 B7	该指标主要是考核项目是否按照合适的招投标流程进行并且准确完整记录不同的意见，招标和实施咨询、监理过程的主要意见是否恰当处理
	验收咨询建议评估 B8	该指标主要考核项目完成后，是否实施恰当的验收流程，对于验收过程中的意见是否恰当处理和执行

表 4-10

经济效益评估二级指标权重表

A4	B9	B10	B11	B12	权 重
B9	1				
B10		1			
B11			1		
B12				1	

表 4-11

表 4-10 的指标说明

一般性指标名称		指 标 简 要 说 明
经济效益后评估 A4	投入产出效益 B9	该指标是考核成本费用效益的高低、投入产出等经济合理性，并与其立项目标相比较，考核其实现程度
	直接经济效益 B10	该指标是考核项目实施所产生的直接经济效益，并与立项目标的直接经济效益相比较，考核其实现程度
	持续经济效益 B11	该指标是考核项目实施后在未来年度里持续性发挥作用所产生的经济效益的能力。对于一些项目可考核其建成后的使用价值，并与立项目标相比较，考核其未来实现能力
	间接经济效益 B12	该指标是考核项目实施所产生的间接经济效益，主要是指投资对经济发展的拉动作用，并与立项目标的间接经济预测相比较，考核其实现程度

表 4-12

公共效益评估二级指标权重表

A5	B13	B14	B15	B16	权 重
B13	1				
B14		1			
B15			1		
B16				1	

表 4-13

表 4-12 的指标说明

一般性指标名称		指 标 简 要 说 明
公共效益后评估 A5	社会服务效益 B13	该指标是考评项目实施所产生的社会综合效益，考评项目服务于法人、服务于公务员、服务于自然人是否起到正向的作用，并与立项计划社会效益目标相对比，考核其实现程度
	公共治理效益 B14	该指标是考评项目实施对加强监管、提高效率是否起到了应有的作用，是否起到了正向的化解矛盾、提高沟通和政策治理的作用
	流程和组织效益 B15	该指标是根据不同类型建设项目的特点，考核其实施后在管理上、流程上、组织上是否能够顺利替代或者升级原先的系统，配套措施是否完善，能否使信息系统的上线得到充分的组织保障和顺利运行
	可持续性影响 B16	该指标是考评项目实施后，对法人、自然人、公务员等方面办事模式和流程的可持续影响，并与立项计划可持续发展目标作对比，考核其实现程度

表 4-14

一级指标专家权重评分表

O	A1	A2	A3	A4	A5	权 重
A1	1					
A2		1				
A3			1			
A4				1		
A5					1	

表 4-15

表 4-14 的指标说明

O	A1	A2	A3	A4	A5
上海市政府投资信息化项目后评估	项目目标评估	项目持续性评估	意见采纳评估	经济效益后评估	公共效益后评估

4.3.3 问卷回收及处理结论

通过对30份上海市政府采购专家(1/3)、信息化用户单位(1/3)、信息化投资单位(1/3)的问卷调查，按照AHP方法进行处理，中间结论如表4-16所示。

表4-16

一级指标一致性检验和指标权重结论

	A1	A2	A3	A4	A5
CI	0	0.017 300 9	0.052 163	0.022 383	0.022 383
RI	0	0.58	0.58	0.9	0.9
特征向量	0.2	0.2	0.2	0.2	0.2

该专家判断矩阵一致性检验，如表4-17所示。

表4-17

总的一致性检验

CI(总)	0.022 845 9
RI(总)	0.592
CR(总)	0.038 591

二级指标结论如表4-18所示。

表4-18

一级、二级指标结论

		B1	B2	B3	B4	B5	B6	B7	B8	B9	B10	B11	B12	B13	B14	B15	B16
A1	0.32	0.67	0.33														
A2	0.14			0.31	0.41	0.27											
A3	0.12						0.35	0.35	0.30								
A4	0.32									0.17	0.24	0.34	0.24				
A5	0.12													0.23	0.24	0.38	0.15
	最终权重	0.21	0.11	0.04	0.06	0.04	0.04	0.04	0.03	0.05	0.08	0.11	0.08	0.03	0.03	0.04	0.02

表4-19是根据某种专家群得到的初步的权重值，根据行业特点、可操作性和取整，按照百分制调整如下，其中经济效益可以理解成节省费用、提高效益或者增加产出。

表4-19

指标体系表

指标名称	权重	建议分值	二级指标名称	权重	分值
A1项目目标评估	0.32	30	B1项目目标功能性评估	0.67	20
			B2项目目标性能性评估	0.33	10
A2项目持续性评估	0.14	15	B3实施内容的完整性	0.31	5
			B4项目后续资金和项目的再投入	0.41	6
			B5项目应用、运行维护和保障水平	0.27	4
A3项目意见采纳后评估	0.12	10	B6立项可研咨询建议评估	0.35	3
			B7招标实施咨询建议评估	0.35	3
			B8验收咨询建议评估	0.30	4
A4经济效益后评估	0.32	30	B9投入产出效益	0.17	6
			B10直接经济效益	0.24	6
			B11持续经济效益	0.34	12
			B12间接经济效益	0.24	6
A5公共效益后评估	0.12	15	B13社会效益	0.23	3
			B14公共治理效益	0.24	4
			B15流程和组织效益	0.38	6
			B16可持续性影响	0.15	2

表4-19提出了一种多权重的IT后评估进行量化分析的方法，并基于成功度方法和AHP模型着重对权重确定进行了研究。该方法通过进行项目成功度测评，使用在项目验收前审计(试运行阶段后)和再次申请项目作为评审依据，以减少项目的主观性评价，增加项目全程的控制，通过对随后进行的上海浦东新区政府资助信息化项目验收前审计的20个被审计单位的实证研究，获得了较好的效果。

【案例】

某市信息系统的后评估调研

1. 项目介绍

《某市政府投资信息化项目后评估管理办法立法调研》项目是2008年某市原信息委课题，启动于2008年6月，完成于2009年1月。整个调研分为文献调研、现场访谈调研、问卷调研、试测调研、专家和部门评审调研5种调研形式。调研结束后，项目组综合调研结果，撰写了本调研报告。虽然主要针对的是电子政务项目（其中也包含一些政府资助的电子商务和企业信息化项目），但对电子商务项目也有很大的借鉴意义。

本调研是针对发改委立项和财政出资的政府投资信息化项目验收进行的后评估立法调研，其成果为调研报告及附件、管理办法和起草说明。

2. 项目调研成果

报告调研了政府投资项目及投资信息化项目作为项目管理侧重点的后评估发展现状及其趋势，针对后评估、政府项目后评估、信息化项目后评估等相关概念的发展和趋势进行了文献分析，分析了上海市已有的信息化管理中的后评估与前评估、中评估的联系，分析了绩效评估和IT审计、IT治理的边界与联系。通过对以上内涵和背景的调研和分析，明确了后评估的边界和目标。

报告分析了政府投资、项目后评估、信息化、立法等几个关键词所涵盖的领域的评估相关立法基础，分析了政府投资信息化项目后评估的必要性和时机，分析了投资信息化项目后评估的难点、重点和障碍。

报告分析了后评估的主体、客体和参与方在后评估中的作用，分析了后评估过程中的评估原则、内容和评估思路，明确了市级发改委专项资金和财政预算审批的信息化项目，明确了非经营类公共服务和电子政务类项目作为评估客体。从可操作性来说，后评估主体和发起单位为发改委、财政局、经信委比较合适。从专业性角度来说，经信委接受委托和牵头并负责具体实施也比较合适。通过调研明确了第三方评估单位、项目建设方、厂商及项目主管单位在后评估中的作用。

报告通过对一般的政府投资项目后绩效评估的国内外理论模式和我国政府投资信息化后项目评估相关的指标模式的调研，明确了上海市政府投资信息化项目后评估指标的思路，分析了上海市政府投资信息化项目后评估的指标内容，给出了包括项目目标、项目持续使用情况、项目意见采纳情况、经济效益和公共效益等在内的一级指标及其二级指标体系。

报告对比了逻辑框架法、层次分析法和模糊层次综合评价法在内的各种评估评价模型方法，建立了基于成功度评估的政府投资信息化项目后评估模型。

报告通过对评估的时间和资金的预算、评估的管理机构和启动流程、一般评估和重点评估、常态评估和应急评估、后评估的培训和人员管理、评估的分类管理、评估的奖励和惩罚（财政监督、后续项目、支撑材料）、评估报告结果和决策咨询建议的编制和处置、工作流程和程序研究等内容进行资料收集和调研，详细分析了后评估的流程和机制。

项目组针对调研发放了调研问卷和权重打分表，对回收的问卷进行了详细的分析并计算了初始参照的基础权重指标，撰写了问卷调查分析报告。

项目组对10家政府投资信息化项目进行了现场实际试测，给出了某电子政务系统评估报告的初始范本，给出了后评估指标体系附件，给出了自评估报告、重点评估报告的范本和案例。

本次调查发放200份问卷，回收75份单独分析问卷和32份专家权重问卷，根据统计的调查表结果，分析关键问题中反映的政府投资信息化项目后评估状况。调查结论如下：

(1) 在调查的75份样本中，软件、硬件、服务和综合各占一定比例，其中服务项目略少，符合目前的政府投资信息化项目实际情况；调查对象中76%任职5年以上，平均负责项目100万元人民币以上；信息化专家、市级机构、区级机构各占1/3左右，调查对象多担任信息委或信息化规划部门职务，所经历项目大多没有后评估机制。以上情况说明调查具有代表性，能够说明一定问题。

(2) “调查发起方”和“评估机构的调查看法”这两项调查的回馈结果显示：投资管理部门最应该发起后评估项目评估；中立机构最适合进行评估实施；专家的构成应该是后评估专用专家库和专职评估人员；后评估过程中应该分为一般评估和重点评估，对于重要和重点评估应采用详细评估；后评估权力机构类似专家咨询的方式，以提供建议为主；常设机构专门负责后评估事宜。

(3) 对“被评估对象”的调查显示：应当对重点和重大项目以及具有后续项目的工程政府投资信息化项目进行后评估；行政监管类项目和公共服务类项目最应该接受评估；对于重要的系统评估要按照重要性和财政来源，由市和区县分级实施；进行项目后评估应该按照资金额度和项目影响范围划分等级；软件和服务项目总投资额划分，应该以100万元以上为标准划分其重要性，硬件和网络项目以500万元人民币以上为标准划分其重要性；被评估项目应该重视行业或区域影响大、领导重视程度高、效益影响大、公众影响大的项目。

(4) 在“后评估目标和原则”的调查中，被调查者认为后评估最大的意义在于为决策服务；最容易出现的负面作用是走形式，最后的考核结果基本上都合格；普遍认为后评估有必要，但很难做好；要申请后续项目的单位必须进行后评估，时间在项目结束1年后比较合适；一般项目评估不超过5个工作日，费用不超过9 000元，重点项目不超过10个工作日，费用不超过15 000元比较合适；后评估机构采用按照项目周期段申请办理比较合适；后评估报告或分数不应该附加其他功能。在信息化项目后评估过程中，客观公正原则、独立性原则、成本效益性原则这3种原则最为重要。

(5) 在"后评估机制"的调查中，调查结果显示：被调查者认为评估机制的设立首先应授权已有的信息化事业单位或专业机构，且应具有后评估的评估职能；信息化管理部门只需要受理和组织专家评估，不需要专门机构；后评估首要的是出资部门按照项目的金额对重点和重大项目进行抽查；后评估最大的难点是评估标准很难统一。

(6) 在"后评估指标"的调查中，结论是：被调查者认为后评估最应该参照的标准是当初的验收报告和合同目标；后评估结论最应该采用的办法是5分制；后评估各种指标之间采用加权平均法计算总分比较合适；一般项目和重点项目进行信息化项目后评估的形式都必须包括现场考评和非现场考评；有必要对政府投资信息化项目立法进行后评估；在进行的信息化项目后评估过程中，主要参照的规范性文件有当初的合同和技术标准、地方性法规等；后评估管理上没有文件和标准，需要出台相关文件的问题比较严重；目前参照的后评估规范性文件或者相关政策中可操作性不强、指标计算复杂等因素影响执行效力。

(7) 在回答"后评估结果和建议"的调查中，调查结果显示：被调查者认为虽然有一定难度，但自己负责的信息化项目应该能够经得起后评估；如果后评估正式开始，70%以上的项目应该可以及格；信息化建设本身在不断发展，后评估是一件比较难的事情，不建议对一般项目实施过于严格的评估措施。但是，对超过1 000万元的市级项目和500万元的区级项目必须进行评估，而且这个评估还应增加前评估、过程评估和后评估3个环节。评估组既要有专业的机构负责组织，还要包括专家、同行和项目相关方代表。

3. 结论

某政府投资信息化项目后评估管理办法(草案)

第一条　为加强政府投资信息化建设项目管理，提高信息化项目投资决策水平和投资效益，根据《本市本级信息化项目支出预算管理办法》和《本市市级机关信息系统项目建设和管理指南》，参照国家有关规定，结合本市实际情况，制定本办法。

第二条　由市发展改革委审批使用市建设财力的信息化项目和由市财政局安排预算的信息化项目，适用本办法。

第三条　政府投资信息化项目后评估(以下简称后评估)应当在项目建设完

成并投入使用或运行一段时间后，对项目的建设过程和实际运行效果进行整体评价，总结经验教训，提出相应对策建议，以不断提高信息化项目建设和管理水平。

第四条　项目后评估应遵循客观、公正、科学、规范原则，并建立反馈机制。

第五条　项目后评估分为自评估和第三方评估。各项目单位应按照本办法对承担的项目进行自评估，重点项目还须经第三方评估。

第六条　市发展改革委、市财政局、市经济信息化委建立工作协同机制，负责项目后评估的组织管理工作，指导、监督、检查自评估和第三方评估工作。使用市建设财力的信息化项目以及使用市财政预算的信息化项目中，须经第三方评估的项目，由市发展改革委和市财政局分别确定，并委托市经济信息化委负责开展第三方评估工作。

市经济信息化委应当组织制定后评估的相关技术规范和实施细则，做好发布、培训、更新等工作，并建立后评估信息库和做好信息的保存工作，形成项目后评估结果的总结分析、通报交流等长效管理机制。

第七条　项目单位应在规定期限内提交后评估自评报告。自评报告按《后评估自评报告》的要求编写，格式见附件。

第八条　市经济信息化委在收到项目单位后评估自评报告的基础上，根据市发展改革委和市财政局的意见，对于自评项目进行指导、监督和检查；对于须经第三方评估的项目选择和委托专业评估机构开展第三方评估。评估费用由市财政局安排专项资金支出。

第九条　承担第三方评估的专业评估机构及其人员应具有相应的专业技术及管理能力，第三方评估机构应配备专职人员，应具有良好的信誉和业绩，多年从事信息化咨询和评估工作。市发展改革委、市财政局、市经济信息化委不得委托参加过同一项目前期工作和建设实施工作的机构承担该项目的第三方评估任务。

第十条　第三方评估机构应在接受委托后的规定时限内完成评估工作。第三方评估机构应针对所评估项目的特点，按照实施细则规定的评估类别和要求，制定具体的后评估方案，包括工作步骤、程序、方法、指标体系和现场调研方式、方法等。

第十一条　评估内容应按照导向性、经济性、可操作性等原则，主要包括项目目标、项目持续使用情况、项目意见采纳情况、经济性情况、公共效益等方面，着重考察项目目标功能、项目目标性能、实施内容完成完整性、项目后续资金和项目的再投入、项目应用、运行维护和保障水平、立项可研、评审、实施验收阶段的咨询建议采纳情况、投入产出效果经济性、直接效果经济性、持续效果经济性、间接效果经济性、社会服务效益、公共治理效益、流程和组织效益、可持续性影响等因素。市经济信息化委按照以上指标在实施细则中明确项目产品、工程、服务等技术类型和经济性公益性类型的评估版本并根据项目类型裁减使用，使用过程中应注意与已有项目管理过程中的评估、检查错位和减少重复、冲突，应注意认定和采用已有的评估结论以及结论采用的优先次序。

第十二条　评估过程中，第三方评估机构应综合使用文档查阅、现场勘查、专家咨询等方式；就材料准备、结果反馈等和项目单位做好沟通。

第十三条　项目后评估工作完成后，第三方评估机构应按照规定格式及时撰写《上海市政府投资信息化项目后评估报告》，并在后评估工作完成后按照规定时限提交市经济信息化委。

第十四条　自评估和第三方评估都必须给出评估结论。用综合成功度评估的项目，其评估结论可以用成功、基本成功、部分成功、不成功、失败5种等级评价项目的效果。对于重点项目，优先采用第三方评估结论。

第十五条　项目单位以及与项目相关的咨询、集成、监理、测试、软件开发、运维服务等机构，均有义务提供必要的资料配合后评估工作。

第十六条　为做好后评估工作，项目单位应准备的文档材料包括：

（一）业务规划和信息化规划。

（二）项目建议书、可行性研究报告、预算申报书、计划任务书等项目申请及审批文件。

（三）需求分析报告、招投标文件、主要合同、监理文档等项目过程文档和技术资料。

（四）竣工验收报告、测评测试报告、财务决算和审计报告、专家意见等项目验收文档。

（五）项目运维合同、运维记录等运行管理文档。

（六）其他相关资料。

第十七条　第三方评估机构依据评估技术规范和实施细则进入项目现场和系统、访谈项目用户、查阅项目资料、测试项目功能和性能，不得干预和影响项目单位的正常工作秩序，不得谋求不正当利益，不得违规泄露项目机密和结论。第三方评估机构应对项目后评估报告质量及相关结论负责，如有弄虚作假行为或评估结论严重失实等情形的，根据情节和后果，依法追究相关单位和人员的行政和法律责任。

第十八条　项目单位应当认真编写项目自评估报告，积极配合第三方评估机构开展调查工作，对于自评估结果，市经济信息委负责组织第三方评估机构按照重点项目标准进行抽查和评估，项目单位如有虚报瞒报有关情况和数据资料等弄虚作假行为，根据情节和后果，依法追究相关单位和人员的行政和法律责任。

第十九条 项目单位应当通过后评估工作认真总结经验教训，对需要改进的工作及时制定并落实相应的措施。市发展改革委、市财政局、市经济信息委应当将项目后评估结果（包括自评估结果、自评估抽查结果、第三方评估结果）进行统计分析和比较并作为被评估项目的后续项目和同类项目的审批、预算安排、规划编制、标准制定、项目审核的主要依据，评估结论和对比结论资料可以应要求提交给项目相关上级管理和考核单位。对后评估发现的共性问题，要认真分析原因提出改进意见，对项目后评估总结出来的成功经验和做法，进行推广。

第二十条 区级财政投资信息化项目、其他政府专项资金支出的电子政务和公共服务类信息化项目和非财政性资金投资的信息化项目后评估工作参照本办法施行。

第二十一条 本办法由市发展改革委、市财政局、市经济信息委根据各自职责分别负责解释。

第二十二条 本办法自发布之日起施行。

4. 案例分析思考

（1）结合材料，分析该市后评估是针对什么项目进行的？为什么项目范围如此锁定？

（2）后评估过程中各种相关部门的角色和定位如何？彼此之间如何协调？

（3）在后评估过程中第三方的管理至关重要，为什么？

复习思考题

1. 什么是后评估？它与IT治理的关系如何？

2. 后评估中的项目成功度是如何衡量的？

第 5 章

运维与外包管理

本章学习要求

● 掌握服务外包、运维管理、IT 管理、变更管理、知识经济的概念

● 熟悉 IT 资产管理的特点、运维服务管理流程、IT 管理流程

● 掌握信息系统运维管理体系、服务外包管理，能够分析企业进行外包管理的流程及效益

5.1 信息系统运维管理体系

5.1.1 IT 资产管理

1) IT 资产

电子商务信息系统所涉及的 IT 资产指应用于信息技术(IT)的所有资产，包括硬件、软件、信息资源 3 大类。硬件是指像小型机、PC 机、网络交换机等以实物形式存在且具有一定重量的 IT 设备，它是 IT 应用的硬件基础。软件是指像系统软件、应用软件等依赖于硬件才能运行的用于完成数据的输入、处理、输出、存储及控制信息系统活动的程序。信息资源是指经过加工后的对业务活动具有价值的数据。

IT 资产具有的特点：硬件资产的磨损遵循摩尔定理，更新速度快；采购成本一般高于软件和服务；资产更新基本上采用新型更新；具有固定资产的特征。软件资产具有可复制性；软件采购的是使用权；具有无形资产的特征；可升级性。IT 信息资源具有可复制性，介质依赖性。

2) IT 资产管理

IT 资产管理的目标是提高 IT 资产综合效益和实现 IT 资产寿命周期费用最小，从对 IT 资产全过程的管理看，即：对 IT 资产全生命周期的管理，包括 IT 资产的购置、合同、登记入账、安装、使用、资产事故管理、问题管理、维护、升级、变更、迁移、转让、备件管理和报废等全过程的管理。从对 IT 资产全方位的管理

看，即：IT资产的管理有技术、经济和组织3个方面的内容，三者有机联系、相互影响。

IT资产管理具有的特点：IT硬件资产管理包括硬件的全生命周期的管理，如购置、安装、调试、运行、更新改造和报废的管理；异构系统集成的管理；折旧方法一般采用直线折旧。IT软件资产包括软件的全生命周期管理，如购置、安装、调试和运行的管理；版权的管理；许可证管理；补丁管理；升级管理。IT信息资源包括信息全生命周期的管理，如信息要求、获得、服务和退出；信息备份、复制、存储和检索等。

5.1.2 运维需求管理

运维需求管理就是要非常清楚电子商务信息系统服务对象的需求是什么以及如何去满足。在驱动IT系统向服务型体系转变的过程中，运维需求管理将从应用的“源头”上帮助企业和政府实现对整体电子商务信息系统IT服务质量的控制和把握。

1）建立管理机制

建立需求管理机制，有效地缩短电子商务信息系统需求变更周期，制定业务需求管理流程，并建立一个统一的机构来完成需求的汇总、分析、评估、实施和验收，这样才能缩短开发时间，更加高效地解决系统运行中出现的问题。

2）明确服务对象

服务对象主要包括以下4个方面：电子商务信息系统业务部门、电子商务信息系统用户、电子商务信息系统上级管理者、业务价值链中的合作伙伴。

5.1.3 运维预算管理

根据相关标准（例如《中华人民共和国预算法》、《中华人民共和国预算法实施条例》、《上海市市本级项目支出预算管理暂行办法（试行）》、《上海市市本级信息化项目支出预算管理办法（试行）》）的要求，按照预算编制和管理的一般程序，结合信息化项目建设和运维的特点，供各预算主管部门和单位在编制信息化项目支出预算时参考。

1）科学界定项目类别

运维项目是指为了保障已建信息系统软、硬件和业务服务功能的正常运行，进行运行维护的项目。建设项目包括新建信息系统的项目或对已有信息系统进行升级改造的项目。新建项目是指从无到有，根据业务需求，建设一个新的信息系统的项目；升级改造项目是指为了满足新的业务需求或解决影响业务开展的各种系统问题，对已建信息系统进行改造或优化的项目。

2）运维项目预算构成

运维项目预算是指预算单位为了实现运维项目目标，确保系统正常运转所必须支出的设备维护、通信服务、软件维护、信息安全服务以及数据采集等系统运维方面的费用。在运维项目预算中，新增软硬件费用超过原项目软硬件设备购置费8%（含）的，应列入升级改造项目。

3）运维预算管理流程

运维预算管理流程主要环节如下：发布通知——编制预算——筛选排序——专项评审——结果反馈——预算安排。

5.1.4 运维实施(外包)管理

1）运维服务（外包）的原因

信息化项目运维方式有单位自管、集中运维、外包运维3种方式。运维服务外包是IT责任部门将部分的信息系统运维工作外包给企业外的运维服务提供商。其动机是关注核心业务、获得专业服务、降低运维风险；后者通过提供信息系统运维外包服务，支撑前者履行运维保障职责。

2）运维服务（外包）的内容

信息系统日常运维保障包括机房、网络、终端、服务器、存储设备、安全设备、应用系统等；还包括其他扩展的IT运维管理，如IT资产管理、供应商服务管理、信息安全管理、IT培训、IT采购咨询等。

3）运维服务（外包）的管理

IT责任部门对运维服务外包实行以下阶段管理：准备——选择——确定——过渡——实施——验收。运维服务提供商的运维服务核心流程包括：

（1）服务台：主要目标是协调用户和IT部门之间的关系，为IT服务运作提供支持，并提高用户的满意度。

（2）事故管理：目标是在尽可能小地影响客户和用户业务的情况下使IT系统尽快恢复到服务级别协议所定义的服务级别，同时记录事故以便为其他流程提供支持。

（3）问题管理：问题管理的责任是调查和分析IT基础架构和查找事故产生的根本原因。

（4）配置管理：配置管理流程专门负责提供有关IT基础架构的配置情况的信息。

（5）变更管理：目标是确保在变更实施过程中使用标准的方法和步骤，并尽快实施变更，以便将由变更所导致的业务中断对业务的影响减小到最低。

（6）发布管理：负责将经测试无误的软硬件版本发布到目的变更地点，并保证相应的服务级别。

(7) 服务级别管理：旨在确保组织所需的 IT 服务质量在成本合理的范围内得以维持并逐渐提高。

(8) IT 服务财务管理：考虑 IT 资源的效率及经济价值，旨在将基于预算的 IT 组织转变为类似于商业组织的具有成本意识的组织，为用户提供成本合理的 IT 服务。

(9) 能力管理：根据组织当前及未来的业务需求以合理的成本为 IT 服务运作配备所需的 IT 资源。

(10) IT 服务持续性管理：目标是确保业务运作所需的 IT 基础架构和 IT 服务在灾难发生后的限定时间内能够得到恢复，从而对组织的总体业务持续性管理提供支持。

4) 计算运维(外包)费用

在电子商务信息系统运维外包管理中，需要根据产品和服务等类别以不同的方法计算运维外包费，具体示例如表 5－1 所示。

表 5－1

运维项目预算计算表

序号	支出项目	估 算 方 法
$P1$	设备维护费	$Prep = \sum PiQiDi(i = 1, 2, 3, \cdots, n)$
$P2$	软件维护费	改正类、适应类软件维护：系数估算法功能调整类维护参照软件开发估算法
$P3$	通信服务费	根据租用传输链路的合同价格直接取得
$P4$	安全服务费	$Psec = \sum PiQiDi(i = 1, 2, 3, \cdots, n)$
$P5$	数据采集费	根据购买数据的价格直接取得
P	预算总额	$P = P1 + P2 + P3 + P4 + P5$

5.1.5 运维成熟度管理

1) 运维成熟度评估指标

(1) 意识性：这里有服务台的提供，服务台根据业务的需求给予明确的定义，高层管理者将服务台作为一个战略性的岗位，服务台的作用和价值已经在组织内部形成概念，员工培训能够指导用户使用服务台进行咨询，为客户提供信息，有相应的规章制度来规范和管理运维服务。

（2）可用性：指电子商务信息系统和关键应用程序在特定使用环境下为特定用户用于特定用途时所具有的有效性(effectiveness)、效率(efficiency)和用户主观满意度(satisfaction)，对电子商务信息系统的网络、主机、数据库、应用软件等 IT 资产进行的初步运维服务，运维内容涵盖了平台和系统管理以及部分核心业务支撑系统应用。

（3）流程性：建立电子商务信息系统稳定的运维服务管理流程，结合有效的结果和有效的产出，在完成对传统的平台和系统的管理之外，实现服务支持的事件、问题、配置、变更流程和服务提供中的可用性管理流程。

（4）集成性：指运维服务流程的输出应产品化和规范化。

（5）适应性：实现对业务支撑系统基础架构和应用的“集中维护、集中监控、集中管理”，建立符合组织运维体制的管理工具与管理手段，提高对业务支撑系统的可视性和可控性，有效地保障业务系统顺利运转并保持竞争优势。

2）运维成熟度等级

表 5－2 描述了运维成熟度等级划分。

表 5－2

运维成熟度等级

级　别	管理方式	已实施的管理流程描述
4. 持续优化级（不断改进）	IT 独立业务	IT 绩效合理的考评，提供 KPI，完善相应的考核机制
3. 深化应用级（辅助决策）	面向服务	支持能力计划、服务等级管理
2. 集成运维级（建立平台）	基于流程	性能、变更、问题管理，配置、可用性管理，自动化与工作调度
1. 零散运维级（小有基础）	面向应用	事件发生/解决，控制台，故障记录，备份，拓扑，资产清单
0. 初始级（基本空白）	面向基础架构	对 IT 资产的分散运维

第零级：运维管理处于发展初期阶段，主要特点是 IT 资产的分散性，缺少服务管理，存在一些对网络、主机、数据库、应用软件等个体分散资产的运维系统，无法进行综合运维的状况分析。

第一级：这个阶段是基本实现集中运维管理的阶段，电子商务信息系统性能日益完善，运维内容涵盖了平台和系统管理以及部分核心业务支撑系统应用。

这个时期的运维服务主要是处于事件响应的被动式服务阶段。

第二级：主要是以实现对电子商务信息系统的主动式运维服务为标志。这个阶段强调运维服务管理，主要包括事件管理、问题管理、配置管理、变更管理等服务流程管理。

第三级：这个阶段的运维系统能够帮助管理者根据业务支撑系统所需的IT服务，提供服务管理方案并加以实施，即能够对业务支撑系统所能为客户提供的服务计划、服务等级等进行管理，初具智能化。

第四级：这是运维管理所达到的最为理想的阶段，在这个阶段运维服务提供商能够根据IT责任部门的战略目标制定业务支撑系统流程，帮助IT责任部门根据业务流程确定所需的IT服务。

5.1.6　信息安全管理

根据客户信息系统的实际需求，通过规范的服务流程，向用户提供快速响应、准确诊断的处理措施，使系统迅速回复业务的能力，提高客户关键业务系统的可用性和可靠性，降低客户IT系统的风险。

信息安全管理包括信息系统状态检测、信息系统安全审计、信息系统应急响应、数据修复与保全服务等。交付物包括安全监测（安全监测月度报告、安全监测季度报告、安全监测年报、安全态势分析报告）、安全审计（安全审计计划、安全审计报告）、应急响应管理计划（应急响应预案、应急事件预演、应急响应分析报告）、关键数据（分析报告、数据保全及恢复计划、数据保全及恢复预案）等。

5.2　电子商务信息系统运维外包管理

电子商务IT责任部门将部分的信息系统运维工作外包给外面的运维服务提供商，并对电子商务信息系统运维外包进行有效的管理；后者通过提供信息系统运维外包服务，支撑前者履行运维保障职责。

5.2.1　服务资质

1）系统集成资质

目前，在我国由信息产业部管理的信息系统集成资质属于非信息安全类，它依据《计算机信息系统集成资质管理办法》，主要是对从事计算机信息系统集成厂商的综合能力的资质管理，包括技术水平、管理水平、服务水平、质量保证能力、技术装备、系统建设质量、人员构成与素质、经营业绩、资产状况等要素，级别从高到低分为一级、二级、三级、四级，证书有效期为 4 年。该管理办法较早涉及信息安全服务资质管理问题。

2）等级保护

在信息安全越来越被重视的今天，对信息安全服务资质的管理范围也在加大。当前正在推行的等级保护，即：国家通过制定统一的信息安全等级保护管理办法和技术标准，组织公民、法人和其他组织对信息系统分等级实施安全保护，也很关心信息安全服务能力和资质问题。由公安部、国家保密局、国家密码管理局、国信办联合签发的《信息安全等级保护管理办法》（公通字[2007]43号），提到第三级以上信息系统应当选择符合特定条件的等级保护测评机构进行测评，相当于对从事第三级以上信息系统等级保护测评的服务机构提出了要求，等级保护从低到高分为一级、二级、三级、四级、五级。

3）国家保密局涉密系统集成资质

涉密系统集成资质指从事涉密系统集成工程所需要具备的综合能力，包括人员构成、技术水平、管理水平、技术装备、服务保障能力和安全保密保障设施等要素。国家保密局的涉密系统集成资质评估依据《涉及国家秘密的计算机信息系统集成资质管理办法》，级别按服务范围分为甲、乙、丙 3 级，证书有效期 3 年。

4）信息产业部——国家应急处理技术协调中心应急服务资质

应急服务资质是指服务提供单位在处置网络安全事件过程中所提供的各项服务的能力，其评审依据的是内部规范《网络安全事件处理服务规范》。应急服务资质按规模分为国家级与省级，证书有效期为 2 年。

5.2.2 服务内容

在运维服务过程中，采用项目管理方式对运维服务进行整体的规划与管理，进而规范日常运维与服务流程，其中实施的部分关键服务内容包括：实施职能机构——服务台、实施服务支持——事件管理流程、实施服务支持——配置管理流程、实施服务支持——问题管理、实施服务支持——变更、发布管理。

5.2.3 服务流程

1）外包前期工作

进行外包前，电子商务信息系统运维单位要完成需求分析，明确外包任务、预期目标、经费来源、考核指标、对外包服务商的要求，明确项目产权等法律关系，严禁在需求不清的情况下选择外包服务商。建立外包管理机制，运维单位应明确内部负责部门，制定外包中业务、技术、资金、风险管理、合同等协同管理机制，保证单位内部的协调顺畅和对外包服务商的有效监督和管理。

2）选择服务提供商

规范外包服务商准入，外包服务商选择条件要公开、公正，要逐步建立规范化的资质管理和公平竞争的准入制度；要综合评估外包服务商的技术能力、经营管理能力、财务状况和责任承担的能力，确认其具备的资金实力和从事相关业务的经历。严格执行采购及招投标的有关规定，外包服务商的选择要依法进行招投标或采购，优先考虑信用程度高的外包服务商。项目建设单位要做好采购、招投标等相关文档的管理。

3）服务级别管理

在瞬息万变的外部商业环境中，随着技术的不断进步和组织自身业务需求的调整，运维服务提供商也必须相应地调整其提供的运维服务的级别，使之符合企业的业务需求并将成本控制在合理的范围之内。因此从某种程度上讲，服务级别管理应围绕组织业务需求和运维服务级别展开，主要任务是在服务质量需求和供给以及客户满意度和IT服务成本之间寻求一个合理的平衡点。其中，服务级别是运维提供商与运维部门就服务提供与支持过程中关键的服务目标及双方的责任等问题协商一致后所达成的服务等级，运维服务提供人员应当使用业务部门和IT服务提供方双方都能理解的语言，而不宜采用技术化的语言，以便于业务部门和IT服务提供方的沟通，减少双方的摩擦，同时也有利于后期的评审与修改。运作级别是指运维服务提供商和部门内部某个具体的职能部门或岗位就运维服务项目（如邮件系统的可用性、传真服务的可用性等）的服务提供和支持所达成的服务。支持合同则是指运维服务提供商与外部第三方供应商就某一特定运维服务项目的提供与支持所签订的合同。

4）运维服务监控

加强运维状态的监控，电子商务信息系统运维单位必须全面掌握应用系统实际运行状况，要定期组织进行项目系统运行状况及风险评估，分析应用效果、效益和成本情况，会同外包服务商制定切实可行的应急预案并组织演练。外包服务商应做好定期巡检和安全事件预警、应急等工作，对硬件设备及时更新、检修，对软件系统及时检测、升级，对数据库进行定期清理和备份。外包服务商应配合电子商务信息系统运维单位提供相关资料和制订方案。外包服务商和电子商务信息系统运维单位均应做好相关报告和总结。

5）考核和激励机制

完善预算资金机制，外包合同周期、费用评审要与年度预算同步，电子商务信息系统运维单位根据项目特点可以探索有利于调动外包服务商积极性并保证外包服务商利益的资金支付模式；完善考核机制，电子商务信息系统运维单位对外包的组织管理和监督指导工作情况将纳入部门信息化水平年度考核范围，要依据外包合同中明确的阶段性考核指标和最终考核指标，对外包服务商进行考核，考核结果与资金拨款挂钩并与退出机制挂钩。积极发挥第三方机构作用，鼓励电子商务信息系统运维单位聘请第三方机构，积极发挥外包服务评价、监理等第三方机构在规范和推进电子商务信息系统运维服务外包中的作用。

5.2.4　服务方式

服务外包主要有两种服务方式：人力外包指外购人力，供应商提供持续性人力服务；流程外包指外购服务流程，供应商提供完整的服务过程保障。

5.2.5　服务定价

人力外包的服务定价以年为周期，可按专业技能水平、工作量、服务频度等折算成“标准/人/日”计算预算费用；流程外包的服务定价以年为周期或以具体任务为目标，可根据系统规模、建设时间、应用数量、保障指标、服务频度等制定“外包工作方案”，计算预算费用。

5.2.6　服务效果

通过对电子商务信息系统实施的运维服务管理，逐步变被动的救火式 IT 管理为主动式 IT 服务管理，保证电子商务信息系统的稳定性、可用性。结合业务功能及流程进行重新设计以降低成本、缩短周转时间、提高质量和增进客户满意度，具体表现包括增进资源利用率，提升竞争力，降低返工率，消除重复劳动，提高项目的可交付性并保证按期交付，提高 IT 服务关键任务的可用性、可靠性及安全性，评估服务质量成本，提供满足业务、客户及用户需求的服务，集成主要流程，描述和沟通在提供服务过程中涉及的角色与责任，从以前的经验中学习，提供可证明的绩效指标等。

5.2.7　IT 外包服务案例

IT 外包服务类型如表 5－3、表 5－4 和表 5－5 所示。

表 5－3

整体外包：标准型

设备范围	● 10 台 PC、5 台笔记本电脑、2 台苹果机、2 台服务器（文件服务器、邮件服务器等）、2 台网络交换机、1 台具备防火墙功能路由器、1 台西门子 315 电话交换机 ● 打印机、传真机的维护、维修 ● 涉及电脑软硬件维护、网络安全防范、病毒防治等各个技术细节 ● 按市场价，免费提供办公产品代购

（续表）

服务方式	● 7×24 小时电话报修服务，市区半个小时内到达现场，郊区 2 个小时内到达现场 ● 24 小时应急服务，每月 2 次免费 ● 5×8×8 服务，固定上门巡查维护，每月 1 次 ● 每季度故障分析和培训 1 次
服务内容	日常服务＋安全服务＋巡检服务＋咨询服务＋培训服务＋特别服务
参考费用	人民币 300 元/月；3 个月起，3 000 元/年

表 5－4

协助 IT 服务：单次服务型

服务内容	● 数据库恢复，硬盘数据恢复，软件美工，软件二次开发升级 ● 网络优化，网络安全检测 ● 办公电脑单次检查，财务软件安装、维护、调试，各种办公软件安装 ● 网络布线，系统集成
服务方式	● 按需提请，根据工作量计费 ● 每月巡检 1 次 ● 每季度故障分析和培训 1 次
服务内容	日常服务 ＋ 安全服务 ＋ 巡检服务 ＋ 咨询服务 ＋培训服务 ＋ 特别服务
参考费用	施工时 150 元/小时；也可按单次故障排除，固定收费

表 5－5

IT 外包按次服务

设备范围	● 6 台 PC、2 台笔记本电脑、1 台网络交换机、1 台具备防火墙功能路由器、1 台国产电话交换机 ● 打印机等外设齐全 ● 涉及电脑软硬件维护、病毒防治、内网安全等各个技术细节
服务方式	● 每月上门巡检 1 次（含积压故障处理），年度总计 12 次 ● 另购买 12 次 4 小时上门应急反应
服务内容	巡检服务＋有限次数上门服务
参考费用	年度 12 次巡检，3 000 元/年（平均每月 250 元人民币） 12 次应急服务，2 000 元（如果 1 年没用完次数，可以延长时间，直至 12 次服务用完）

【案例】

某信息安全服务外包管理办法

第一章　总　则

1. 为加强信息安全服务外包(以下简称服务外包)的管理,根据国家有关规定,结合本市实际情况,制定本办法。

2. 本办法所称的信息安全服务是指以提高客户信息系统安全保障水平为目标的以人为主要租用客体的服务活动,不包括有形的产品和集成类型的有形部分或者有形无形综合在一起服务无法单独列出管理的类型;本办法重点在于管理在信息安全服务过程中委托方与服务方所进行的定期或不定期、驻场或者应急类信息安全服务(包括业务连续性和信息可用性的运维服务),以及评估服务、测试服务、解决方案服务、管理咨询服务、监理和项目管理服务。其他类型的服务外包可以参照执行。

3. 本办法旨在规范、鼓励信息安全服务外包管理,是在国家信息安全相关法律、法规基础上的管理办法,有关涉密、密码、产品许可、资质管理、政府强制或独家授权的测试或评估服务并有价格许可的类型等相关具有法律、法规约束的服务行为,首先要符合相关规定要求。

4. 本市信息安全服务外包的委托方和服务方应当做好信息安全服务外包工作,保障网络与信息系统安全可靠运营;各单位在符合相关法律、法规规定基础上,要充分发挥市场配置资源的作用,尽量采用专业的外包方法进行专业化服务。

5. 各单位应该在信息系统建设的整个生命周期中全面考虑外包服务,在预算中明确服务和安全服务的比重;各单位可以根据自身情况选择外包方式和外包种类,鼓励全面考虑和整体考虑。

第二章　服务分类管理

1. 服务方与委托方具有对等和公允的权利与义务;服务方有权利要求以公允的价格收取服务费和额外的服务补偿,有义务遵守合同要求和按照技术标准和技术指南根据不同类型的服务提供细致和科学的工作文档和工作成果;委托方和管理方有权利按照国家有关规定以及技术标准对服务内容进行严格管理,有义务按照合同支付服务费用和补偿额外的服务支出。

2. 对于服务外包管理应采用专业和精细的分类管理,能够纳入评估服务、测试服务、解决方案服务、管理咨询服务、监理和项目管理服务、运维服务、应急服务类型的应纳入这些类型分别进行管理并根据上述分类中已有的成熟国际国家标准以及《北京市信息安全服务外包技术管理指南》进行管理；对于不在上述范围的外包服务，也应制定明确的服务成果要求；委托方笼统地提出服务要求并采购，造成财政损失的，造成合同纠纷的，造成事故的，造成腐败后果的，应追究委托方及责任人的行政和法律责任。

3. 对于不同分类的服务应根据类型提出进行不同过程工作文档和最终成果文档的最低要求，对于评估服务应要求提供评估过程文档和评估报告；测试服务应提供测试过程文档、测试工具说明、测试流程、测试标准及测试报告；解决方案服务应提出客观的现状、问题、技术可能选项、产品对比选项及解决方案；管理咨询服务应提供调查表、调查报告、咨询报告和建议书的内容；监理和项目管理服务应提供监理计划、监理会议记录、监理报告、质量报告；运维和应急服务应提供运维计划、实施指南、中间过程文档、服务记录、事故记录、定期报告、验收报告、移交报告等齐全的过程和最终成果。

4. 对于混合类型的服务应拆分、分类并提出细致的过程和成果要求；招投标过程中和项目预算、决算过程也应按照分类原则进行管理。

5. 服务管理中应充分考虑到信息安全服务中特殊的成本、规模、运营效率、人员使用效率、管理难度、诚信要求，在预算、招标上予以体现，鼓励规模性服务、连锁服务和整体性服务外包以降低综合成本。

6. 对于涉密和敏感内容的服务应严格按照有关涉密和相关法律、法规进行管理，在预算和成本上应充分考虑到规模的不经济性和要求的严格性，原则上保证安全的情况下尽量缩小涉密的服务范围，涉密服务的单位服务预算为普通信息安全外包服务的 2 倍，管理上应更加严格；对于其他不经济规模的外包服务也应充分考虑到成本因素在预算上给予倾斜或者在其他服务中给予综合补偿，以公允的价格维护服务的持续性和质量。

第三章　服务资格和服务等级

1. 服务方应具备相应的资质条件，服务复杂性与服务的规模应与服务方的能力、水平、资质、案例、人才和财务状况相吻合。

2. 服务人员应具备相关的专业知识和经过相关的专业训练，所派驻的服务人员应与所服务的内容一致，委托方可以从相关学历、证书、培训等方面按照水平和能力架构进行与服务相吻合的要求。

3. 委托方应按照《北京市信息安全服务外包企业和人员服务资质管理办法》所规定的对服务企业和人员进行等级管理，对不同类型的服务进行不同等级和不同颗粒度的管理和要求。

4. 委托方应按照服务方的一般 IT 服务的技术要求以及信息安全外包服务中安全的核心属性全面地要求服务方，应要求服务方对信息的保密性、完整性、可用性的服务能力以及系统的可核查性、真实性、可靠性和可控性的综合水平。

5. 委托方可以要求服务方具备与服务规模和类型相当的案例和财务的资格要求，但不得以此屏蔽大多数具备服务能力的服务方；原则上服务方注册资金不超过服务金额或预算金额的2倍，案例也控制在与预期服务规模大体相当的范围内；不得采用地区或者其他歧视性排斥条款。在资质条款中，不得要求无关的资质，不得以某种偏僻或者非强制资质排斥拥有其他认证而同样具备资格的人员和服务方。

6. 不可要求或标明某一特定服务的专利、商标、名称、设计、原产地或生产供应商，不可含有倾向或者排斥潜在投标人的其他内容；不能出现"指定、暂定、参考、备选"品牌，但可以指定符合项目要求的通用服务工具要求。

第四章　招投标管理

1. 外包服务的招投标应符合相关的招投标法律、法规和流程的规定，除去具备经过相关管理部门明确授权涉密、敏感项目或者相关法律明确规定的不能公开的招标项目外，服务项目招标必须在相关的媒体或者政务公开网站上公示，公示期原则上不少于10个工作日。

2. 招标书可以就技术和商务部分进行要求，也可以公示预算金额。

3. 外包服务招标可以采用价格竞标、续标、征求建议书、邀请建议书、两阶段招标、竞争性谈判、设计竞赛等适合不同情况的服务招标类型。

4. 价格竞标必须具备详细的技术说明和技术细节以及明确而详细的人员要求以及依据成熟的和通用的技术标准进行，并要求应标者进行详细报价；续标仅限于合同小于原先合同1/10和周期间隔小于半年。

5. 服务项目涉密或者不适于公开招标以及符合服务能力的服务方非常少可以采用征求意见书方式招标，选择的候选方不得排斥符合条件的候选方，也不得少于3家。

6. 对于服务需求很难明确、一次招标投标方工程浩大以及需要与投标单位互动促进的服务招标，可以采用两阶段招标。

7. 对于应急事件所引起的或者急需的服务招标，可以采用竞争性谈判；补充合同不超过原先合同50%且金额较低的招标也可以采用此方法；竞争性谈判不得少于3家。

8. 当候选的应标方各有明显的优势，委托方的服务项目需要集中各方优势的招标时，可以采用设计竞赛，竞赛应选出不低于前3名的候选人给予奖励，奖励金额不低于弥补投标直接成本和人员成本的4倍，获奖而没有中标的服务方有义务将方案的成果给委托方使用。

9. 对于服务招标需要明确到个人的，可以采用聘请顾问和服务专家作为服务招标的方式，聘请服务专家原则上以工时或工作量为计算单位，可以采用差额或者竞标等方式进行公示和专家评审。

10. 无论哪种评审，都应邀请独立和专业人士组成的评标委员会进行评审，评标委员会专家中甲方不得多于人数的1/3，总人数为基数，不得少于3人。

11. 评标专家和服务外包招标公司由政府在每年的人员和单位列表中选择，没有符合列表的人员时，应选择与服务类型相匹配的专业人士并且与评标项目无关联的第三方人士担任。

12. 评标过程专家只能对技术范畴打分，商务范畴应制定明确硬性的比例和明确的指标，专家可以进行审查；技术部分专家应按照《北京市信息安全服务外包技术指南》中相关部分或者权威的国际国家标准对不同类型服务分别进行打分，打分过程中应充分考虑到服务方一般IT的外包服务能力和水平以及信息安全服务外包的保密性、完整性、可用性、可核查性、真实性、可靠性和可控性特性，并结合项目的需求和特点进行综合选择。

13. 应标书的商务部分不得超过总得分40%，商务部分可以综合考虑资质、案例、人员、价格等，考虑到服务项目的特殊性，不宜采用最低价分数最高，可以采用价格占一定权重或者以平均价为最高分进行评价。

14. 采购多种服务时要合理划分合同包，不得把不同性质、类别的服务作为一个合同包进行采购；对供应商在提交的投标文件中列出的赠送条款，不予唱标，也不能作为评标加分或调整评标价的依据；除国家部委行政主管部门以及国家质量测评机构的评奖外，鼓励自主知识产权和创新，和服务项目相关的可以适当，但不得超过2%；地域性的评奖不作为加分条件；投标人提出的技术、商务需求，优于招标文件的可适当加分，但每项不得超过3%。

第五章 合同管理

1. 委托方和服务方应签订保密协议、相关法律和隐私条款以及知识产权和版权协议条款，明确责任和权利。

2. 委托方应按照招标范围对合同内容进行规范、对服务方所操作的内容进行描述、对服务方允许的访问方法进行明确、对硬件和软件安装和维护的职责进行明确。

3. 合同应对用户和管理者在方法、规程和安全方面的培训、报告、通知和调查安全事故和安全违规的安排进行明确。

4. 服务方未经允许不得进行在线攻击性检测，合同对损失应该明确；合同中还应明确报告结构和报告格式，以及规定的变更管理过程。

5. 合同中应明确工作文档、服务确认、服务验收和服务保障相应条款；发生网络与信息系统安全事件后，服务方应当迅速采取措施降低损害程度，防止事件扩大,保存相关记录,并按规定要求及时向委托方或者用户报告;用户发生信息安全事件时无论合同规定与否都应为用户单位提供救援服务;合同中应对所产生的不可预计服务进行说明并要求服务方首先负责解决,委托方对不在服务范围的服务加以补偿。

6. 委托方应尽力提供服务方服务活动的便利,服务方应按照规范进行服务;委托方不得任意终止或者干涉服务方正常的服务授权,服务方应积极配合委托方的建议和要求,不得干涉和抵制委托方与其他服务方的正常服务活动。

7. 服务外包应基本按照服务项目周期付款,首付款不应超过40%,合同没有结束,不应超过总计80%的付款,遇到财物预算等问题可以作相应调整,但要有其他补偿措施进行质量控制。

第六章　服务过程和质量管理

1. 服务方和委托方应明确服务过程的质量标准、检查方法,应对服务质量制定奖励和惩罚措施。

2. 服务方应在服务的过程文档和工作文档、服务及时性、服务改进、服务计划等方面进行服务有形化的资料准备和收集,服务委托方或服务用户应对上述方面进行检查和评估。

3. 服务委托方或服务用户可以对服务态度、服务及时性、礼仪等服务满意度方面进行评估,作为服务质量的组成部分。

4. 服务方应遵守用户方安全管理责任制,制定管理制度和操作规程,用户方应并定期检查情况。

5. 服务记录和服务文档以及服务确认单等过程文档应作为服务主要的内容定期向服务委托方或服务用户提交保存。

6. 安全事件要形成完成报告和文档,服务方应定期或按照合同要求提供分析和总结报告。

7. 服务委托方可以采用外聘监理公司、调查公司或者具备经验的专家进行监理或咨询,对服务质量和服务改进进行建议。

8. 在服务过程中和服务结束时,服务方应完整地移交所有项目文档和对客户进行培训,移交资料包括纸质文档和电子文档,项目文档中包括配置清单、服务过程、服务报告、服务事件、软件工具、使用报告等后续服务方能够顺利交接的所有资料;委托方或者客户应确保服务方的知识产权;服务方要积极配合后续服务方的顺利交接。

9. 服务外包项目必须经过验收环节,对于总服务项目金额超过20万元的项目必须采用专家评审并进行验收,验收时对服务合同内容、服务移交、服务培训、质量规范、服务过程管理、服务文档、服务效果、服务满意度等进行验收。

10. 质量管理应按照相关规定和标准执行，没有标准的，应按照实施效果和文档报告进行评审。

案例分析思考

(1) 在案例管理办法中，是如何定义外包的？对外包的要求包含哪些方面？

(2) 案例中哪些安全措施是针对安全外包的？哪些措施是通用外包可以借鉴的？

(3) 在外包项目中为什么过程管理比较重要？案例中从哪些角度分析了过程管理？

复习思考题

1. 信息系统运维管理包括哪几个方面的管理？请分别简述之。

2. 电子商务信息系统运维外包管理的服务流程是什么？

第 6 章

IT 工程项目综合风险控制过程

本章学习要求

- 掌握项目综合风险控制的含义及其过程
- 了解项目风险管理的具体控制关键点

6.1 信息系统风险概述

6.1.1 风险管理

风险管理始于 20 世纪 30 年代，到 50 年代发展成为一门学科。所谓“风险”，从主观角度看，是指损失的不确定性；从客观角度看，风险是给定情况下一定时期可能发生的各种结果间的差异。因此，不确定性和损失是风险的两个基本特征。

自然界中存在着大量的不确定性因素，在这种条件下进行的决策，称之为风险决策，对其进行的管理就是风险管理。因而，风险管理是指为了使系统安全而进行的投资，为使收益最大、损失最小而对系统的不确定性事件所进行的识别、评估和控制。

在系统项目实施过程中，风险管理已被普遍认为是避免项目失败的一种重要手段。当不能清晰地预测系统项目发展趋势时，可以采用风险管理方法来发现计划中的缺陷，并采取对应措施减少潜在问题发生的可能性和影响。

风险管理贯穿在系统项目的整个实施过程中，通过一系列管理步骤使项目风险得到合理控制。风险管理主要包括编制风险管理计划、风险识别、风险分析、风险应对计划编制、风险解决和风险监控等几个步骤。

1）编制风险管理计划

风险管理计划是开展信息系统风险管理活动的依据，其内容决定了如何开始和实施项目风险管理，在整个过程中起指导作用。在信息系统项目实施中，风险管理由专门的小组或人员负责，制定风险管理政策、标准、时间安排、与信息系统实施进度的关系等内容，并将这些信息明确地写入风险管理计划。随着项目的不断推进，风险管理计划需要及时做出调整修改，使之更加合理、完整、切实可行。

风险管理计划的编制依据包括项目章程、组织的风险管理总体策略及要求、项目组织管理架构中的风险管理组织体系、项目干系人的承受程度、项目的工作分解结构（WBS）等。项目风险管理计划一般包括下列内容：① 风险管理方法：对可能用于项目风险管理的方法、工具和信息来源进行明确定义。② 岗位和职责：对涉及风险管理人员的岗位和职责进行定义。③ 预算：建立项目风险管理的预算。④ 时间：对在项目实施过程中，实施风险管理有关活动的频率及确切时间进行定义。⑤ 评分和解释：对风险管理中的各种情况，进行定性定量分析，并用解释说明方法进行定义。⑥ 风险承受度：对与项目有关的各方风险承受能力进行定义。⑦ 报告格式：对风险管理过程中所形成的各种文件格式及各方面信息沟通方式进行定义。⑧ 追踪：对建立文档资料、方便今后对风险管理的审计和回顾方式进行定义。

2）风险识别

项目风险识别包括确定可能会影响项目的风险，并记录每个风险事件的特征。风险识别是一项贯穿于项目实施全过程的项目风险管理工作。风险识别在项目开始时就要进行，并在项目执行中不断进行。进行风险识别需要足够的信息，可以是历史信息、专家经验、内部数据库、行业风险事件数据库及标准和规范等。识别风险的手段包括：① 从历史或其他的相似信息系统实施中寻找线索。② 对照风险的分类，找出该信息系统所具有的风险。③ 在信息系统实施计划的基础上进行估计，对可能阻碍实施进度或超出预算的因素进行分析，确定风险。风险识别的方法、技术和工具有系统分解法、流程图法、头脑风暴法、SWOT、Delphi 法、因果图、情景分析法等。风险识别的结果是确定该信息系统开发项目的风险源、风险概率以及潜在的风险事件。对于该信息系统开发项目，需要识别影响项目的技术风险、进度风险、资源风险、成本风险等。

3）风险分析

在风险识别的基础上，对风险存在及发生的可能性以及将会给信息系统造成的损失范围与程度进行分析，做出估计和衡量。经分析后确定各风险的重要性，并对其排序，从而使信息系统实施人员可以将主要精力集中于主要风险上，使项目整体风险得到有效控制。风险分析分为定性分析和定量分析。

（1）定性风险分析是指评估已识别风险出现的概率和影响后果的严重性，根据对信息系统实施的影响程度进行排序。一般采用定性术语进行综合描述，分为极高、较高、一般、较低、极低 5 档，或者使用二维或三维图形方式表示（横轴表示风险严重程度，纵轴表示风险概率），有时用第三轴表示风险事件。

（2）定量风险分析是量化分析每一风险概率及其对信息系统的目标造成的后果。基本内容为运用概率统计方法对风险的发生及其后果加以估计，得出比较准确的概率水平，为风险管理奠定可靠的数学基础。常使用的方法有访谈、蒙特卡罗模拟技术、敏感性分析、决策树分析等。

4）风险应对计划编制

风险应对计划，就是针对已识别的项目风险制定行动策略、确定执行方案，使信息系统实施能够按照预定的计划执行。一旦发生已识别的风险，风险应对计划将是信息系统实施者的行动指南，使出现的风险所造成的损失消失或者减少。因此，风险应对计划编制的全面、合理、有效性将直接决定项目风险管理的成败。

风险应对计划可从改变风险后果的性质、风险发生的概率或风险后果大小3个方面提出多种策略。主要有：① 规避策略，是指通过变更项目计划，消除风险或产生风险的条件或保护项目目标免受风险的影响的策略。② 转移策略，是指将风险结果连同对风险进行应对的权利转移给第三方。③ 控制策略，是指将某一负面风险事件的概率或其后果降低到一种可以接受的程度。此外，还包括接受策略等。风险应对计划一般应包括如下内容：① 已识别的风险及其描述。② 风险承担人和分派的责任。③ 定性和定量风险分析过程及结果。④ 每一项风险的应对措施。⑤ 应对战略实施后，期望的残留风险水平。⑥ 实施选定的应对战略所需的具体行动。⑦ 风险应对预算和时间。⑧ 应急计划和退却计划。

5）风险解决

风险解决，是当风险将要发生或已经发生时，按照预编的风险计划，采取相应的风险应对策略，使信息系统实施的总体风险降到最低的活动。通常，采用应对风险的策略有规避风险、转移风险、缓解风险和接受风险4种。

（1）规避风险，是指通过变更项目计划从而消除风险或消除产生风险的条件，以达到保护项目目标免受风险影响。例如，在信息系统项目实施过程中，对于识别出的部分技术风险，可以通过规避风险来消除。

（2）转移风险，是指设法将风险的结果连同应对风险的权利转移给第三方。也就是说，转移风险只是将管理风险的责任转移给另一方，并不能消除风险。对于信息系统实施中的财产风险，转移风险责任是最有效的应对办法。

（3）缓解风险，是指针对风险事件的两个方面，即发生概率和产生后果采取一定措施，将风险的负面后果降低到可以承受的限度。缓解风险的手段包括进行更多的试验、反复论证、建立备份系统等。例如信息系统实施中对系统的反复测试就是缓解风险的方法。

(4) 接受风险，是指当风险的影响在可承受的范围内，或者项目团队没有能够找到其他合适的方法而采取直接应对风险的策略。接受风险分为积极接受和消极接受两种：积极接受，包括制订应急计划，以备风险发生之用；消极接受，不采取任何行动，当信息系统实施过程中，该风险发生时再去应对，这种方法只适用于风险发生概率较小，或者即使发生对信息系统项目造成的损失也不大的情况。

6) 风险监控

风险监控是指在信息系统实施过程中，对风险发生情况的控制和对风险管理过程的监督。这一活动包括几方面的内容：① 跟踪已识别的风险、监视残余风险和不断识别新的风险。② 保证风险管理计划和风险应对计划的执行。③ 评估这些计划对降低风险的有效性。④ 对突发的风险或使用消极接受策略的风险采取适当的权变措施。

6.1.2 信息系统风险

现代企业面临着生产、环境、技术、人员、财务、经营等一系列风险，任何重要风险的处理失当都可能给企业带来巨大的经济损失。在企业信息化建设的过程中，信息系统的应用普遍提高了企业经营管理效率，同时也给企业带来了巨大的风险。如何主动认识企业管理信息系统的风险，积极管理风险，有效地控制风险，把风险减至最低程度，以保证企业信息系统的正常运行是十分重要的。

风险作为一种客观存在是不可避免的，它在一定的条件下还有某些规律性。人们只能把风险降到最低程度而不可能将其完全消除。信息系统的风险管理是识别信息系统风险、评估风险以及采取步骤降低风险到可接受范围内的过程。

信息系统风险管理的最主要目标是控制与处置风险以防止和减少损失，保障组织的各项活动顺利地进行，通常可分为损失前的管理目标和损失后的管理目标。损失前的管理目标是避免或减少损失的发生，损失后的管理目标是尽快恢复到损失前的状态，两者构成了风险管理的完整目标。

信息系统的建立是信息化建设的重要组成部分，如果能够正确认识它的实施风险，建立有效的保障措施和制度，企业就会少走很多弯路。有效的风险管理措施可以使企业面临的风险损失减少到最低限度，并能使企业在损失发生后及时合理地得到经济补偿，这就直接或间接地减少了企业的费用支出，保障了企业运营目标的实现。

6.1.3 信息系统风险分类

信息系统一般是基于业务流程式管理思想设计的，技术上强调功能的集成性和数据的一致性，这些特点在提高企业管理效率时，也增加了运营管理的不确定性。一旦这些不确定因素发生，风险就产生了。信息系统的风险主要归纳为技术风险、管理风险和其他风险三大类。

1）技术风险

首先，信息系统是一项技术性较强的工程，它的使用与企业的业务流程密不可分。信息系统高度集成的特点可以让员工以更大的灵活性去处理问题、提高效率，但若缺乏对这种灵活性的有效控制，信息系统将会给企业带来风险。

其次，从系统的软件结构来说，当前比较常见的大致可分为C/S和B/S两类结构。C/S结构使企业能够低成本高效率地获得业务集成管理功能。它的缺点是增大了系统管理的难度，使系统更容易暴露在各种系统攻击的风险中。而当前基于WEB的B/S技术的信息系统，支持异地登录和访问，为跨地域、多工厂企业带来了系统管理的便利，但这种不受限制的通过互联网登录，可能产生许多对系统非法访问的风险。

再次，从数据库角度来说，信息系统的一大特点是使用逻辑上集中的数据库，这样做可以保证系统数据的一致性，减少重复劳动、提高信息共享程度。其缺点在于增加了数据维护的难度，一旦访问权限被非法定义，系统的机密数据将会变得非常透明，将可能导致企业的重大损失。

2）管理风险

信息系统的使用也给企业管理带来了新的挑战。这些挑战处理不好，同样会增加企业面临的风险。

首先，信息系统实行的是流程化的管理，将可能会打破原来的条块分割的现状，导致企业结构的改变，甚至是对业务流程的重新思考。也就是说，信息系统的引入要求对企业原有的业务流程进行重组，这会对传统企业内部的控制产生影响，如果不能快速建立有效的内部控制，必然会对企业整体运营产生影响。

其次，信息系统的使用会改变企业员工的职权，大多数情况下还需要员工自身作出改变，容易导致员工出现抵触情绪。

3）其他风险

信息系统的引入给企业带来的风险还包括实施风险、时间风险、人员风险和维护风险等，这些风险最终均体现在技术和管理两个层面上。

6.2 信息系统风险管理

6.2.1 概述

在企业信息系统风险管理中，“企业”是指在我国境内依法设立的生产组织；

“信息系统”是指企业采用计算机、通信、微电子和软件工程等现代信息技术，在进行业务交易处理、经营管理和内部控制等方面加以应用，并包括进行专项治理、建立完整的管理组织架构、制定完善的管理策略和制度等一系列措施；“信息系统风险”是指信息系统在企业运用过程中，由于自然因素、人为因素、技术漏洞和管理缺陷产生的操作、法律和声誉等风险。

企业信息系统风险管理旨在通过建立有效机制，实现对企业信息系统的风险识别、计量、评价和控制，促进企业安全、持续、稳健运行，推动业务创新，提高信息技术使用水平，增强核心竞争力和可持续发展能力。

6.2.2　信息系统治理

信息系统治理是信息系统风险管理的一个基础环节。在进行信息系统治理时，企业首先应明确信息系统部门内部的管理职责、不同岗位人员的技能要求及专业知识，以及重要岗位的详细工作说明等。

为提高信息系统治理效率，企业可从以下3方面展开：

（1）设立或指派一个特定部门负责信息系统风险管理工作。该部门主要职责包括：① 直接向首席信息官和首席风险官报告工作。② 作为信息系统突发事件应急团队的成员，负责协调有关信息系统风险管理策略的制定，尤其是在涉及信息安全、业务连续性计划和确保符合银监会相关规定的方面，为业务部门和信息系统部门提供落实这些策略的建议，提供相关的合规性信息。③ 实施持续性的信息系统风险评估，确保整改建议的落实，监控和逐步消除威胁和不合规事件的发生。

（2）企业应在内部审计部门设立专业的信息系统风险审计岗位，负责信息系统审计策略、审计计划和流程的制定，并直接向审计委员会报告。

（3）企业应按照知识产权相关的法律、法规，制定信息系统知识产权保护策略和制度，依据相关法律、法规的要求，及时披露企业信息系统风险状况。

在企业信息系统治理过程中，董事会和企业首席信息官均负有主要责任，具体包括如下几方面内容。

1. 董事会职责

企业法定代表作为第一责任人对整个信息系统进行风险管理，同时董事会在信息系统治理方面应负有相应责任，具体包括如下：

（1）由于企业信息系统战略必须与企业总体业务战略和重大策略相一致，因此，董事会有权批准是否通过企业信息系统战略。董事会需要定期审查企业信息系统战略，评估信息系统及风险管理工作的总体效力和效率。

（2）董事会通过掌握主要的信息系统风险，确定企业可接受的风险级别，制定必要的措施去识别、计量、监测和控制相关风险。

(3) 企业需要设立一个专门的由高级管理层、信息系统部门和主要业务部门为代表的信息系统管理委员会。该委员会负责定期向董事会和高级管理层汇报信息系统战略规划的效力、信息系统预算和实际支出、信息系统的整体性能。

(4) 董事会应加强企业信息系统专业队伍的建设，形成分工合理、职责明确、相互制衡、报告关系清晰的信息系统治理组织结构。同时，在经董事会批准后，企业每年都要向银监会及其派出机构报送信息系统风险管理的年度报告。

(5) 为确保所有员工都能理解并遵守企业信息系统风险管理策略和制度，董事会应督促企业安排员工的相关培训。

(6) 当银监会及其派出机构报告本企业发生了重大信息系统事故或突发事件时，董事会有义务及时按有关预案快速响应，并配合银监会及其派出机构做好信息系统风险监督检查工作，并按照监管意见进行整改。

2. 首席信息官职责

为更好地加强信息系统风险管理，企业应设立首席信息官，其主要岗位职责如下：

(1) 首席信息官应直接参与制定企业信息系统的发展战略，确保信息系统开发战略与企业的总体业务战略相一致。

(2) 首席信息官负责建立信息系统部门，并承担管理信息系统的预算和支出，制定信息系统的战略、标准和流程，加强信息系统的内部控制，负责信息系统项目的发起、管理、维护、升级、运行，制定信息系统安全、灾难恢复的计划，以及信息系统外包和信息系统报废等职责。

6.2.3 信息系统风险管理程序和主要内容

信息系统建设项目是一项高风险、高投入的系统工程，实施成功与否会受到诸多因素影响，从系统规划到实施的整个过程中存在种种风险。如果能管理控制好，可以提高项目建设的综合效益，提高项目质量和可靠性，否则可能导致项目不能实现预期的目标。因此，企业应制定符合企业总体业务规划的信息系统战略计划、信息系统风险评估计划和信息系统运行计划，以确保配备充足的财务资源和人力资源，维持稳定和安全的信息系统环境。

1) 信息系统风险管理程序

信息系统风险管理是一项极具挑战性的工作，因为它要求企业内部做好充分的准备，要求信息系统专家和用户，还有其他重要干系人的共同参与。为了保证信息系统风险管理的成功，在信息系统开发的生命周期中，应尽可能早地做好预防计划。信息系统风险管理过程包括 7 个步骤：① 指定项目风险管理负责人。② 确定和准备风险干系人。③ 编制和建立信息系统风险管理计划。④ 建立定时风险审计或检查进度。⑤ 更新计划,以反映风险变化。⑥ 如果审计或检查没有达到计划要求的变化,继续执行,直到结束。⑦ 委托项目。

2) 信息系统风险管理的主要内容

尽管各个企业信息系统在项目实施过程中风险管理内容不尽相同,但归纳起来大多包含以下几个方面:

(1) 制定信息系统风险管理策略。信息系统风险管理策略是企业信息系统风险管理的指导方针,具体策略包括信息分级与保护策略、应用系统开发、测试和维护策略、信息系统运行和维护策略、访问控制策略、物理安全策略、人员安全策略、业务连续性与应急处置策略等。

(2) 制定风险识别与评估流程。在信息风险管理中,制定风险识别和评估流程是十分重要的,具体包括准确定位信息系统中存在隐患的区域、评价风险对其业务的潜在影响、对风险进行排序、确定风险防范活动及必备资源的优先级(包括外包供应商、产品供应商和服务商)等。

(3) 制定风险防范措施。根据信息系统风险管理策略和风险评估结果,企业制定实施全面风险防范措施,具体包括:① 制定明确的信息系统风险管理策略、技术标准和操作规程等,并定期公示。② 识别潜在风险区域,对这些区域进行详细的独立监控,使风险最小化。

(4) 制定风险计量和监测机制。在信息系统风险管理中,企业制定的持续风险计量和监测机制包括对信息系统项目实施前及实施后评价,对系统性能进行定期检查的基准,有关信息系统服务的事故和投诉处理机制,建立内部审计和外部审计以及银监会认定问题的整改处理机制,安排供应商和业务部门对服务水平协议的完成情况进行定期审查,定期评估最新技术发展可能造成的影响和已部署软件面临的新威胁,定期进行运行操作风险管理控制的检查,定期进行信息系统外包项目的风险状况评价等。

6.2.4 信息系统安全管理

信息技术作为推动社会发展的强有力因素,已成为世界经济增长的重要动力。然而,信息系统的脆弱性将会对国家关键基础设施构成直接威胁。因此,信息系统安全已成为国家安全基础之一,是实现社会信息化和可持续发展的基本保障,是生产力潜能转换成现实的保障,是信息革命成败的关键。

信息系统的安全管理就是以行政手段对系统的安全活动进行综合管理,并与技术策略和措施相结合,从而使信息系统达到整体上的安全水平。其实,在系统的安全保护措施中,技术性安全措施所占的比例很小,而更多则是非技术性安全措施，两者之间是互相补充、彼此促进、相辅相成的关系。信息系统的安全性并不仅仅是技术问题，而严格管理和法律制度才是保证系统安全和可靠的根本保障。

因此，企业应设立一个专门的信息安全管理职能部门，负责制定信息系统安全管理机制，提高企业信息系统安全意识，就安全问题向其他信息系统功能部门提供建议，同时担任信息系统事故应急响应小组的牵头部门，定期向信息管理委员会或者负责相应职责的委员会提交企业信息系统安全评估报告。为使所有员工都了解信息安全的重要性，企业需要提供必要的培训，让员工充分了解其职责范围内的信息保护流程。

在信息系统风险管理中，信息安全的具体工作内容包括如下方面：

(1) 用户认证管理和访问控制。企业应建立有效流程管理用户认证和访问控制。对数据和系统的访问必须选择与信息访问级别相匹配的用户认证机制。当用户调动到新的工作岗位或离开企业时，系统应及时检查和清除用户身份。

(2) 信息系统安全策略的制定。信息系统安全管理机制包括信息系统安全标准、策略、实施计划和持续维持计划。信息系统安全策略涉及企业信息安全、资产管理、人员安全、物理和环境安全、通信和操作安全、访问控制、身份认证、信息系统的获取开发和维护、信息安全事故管理、业务连续性管理等。

(3) 企业物理安全区域和网络安全域的划分。为确保信息安全，企业应设立物理安全区域，如计算机中心或数据中心、网络设备、存储机密信息或放置重要信息系统设备的区域，明确定义相应职责，采取必要预防、检测和恢复控制措施。同时，企业应按照安全级别，将网络划分为不同的逻辑安全域，并对每个域和整个网络进行物理或逻辑分区，实现网络内容过滤、逻辑访问控制、传输加密、网络监控、记录活动日志等。

(4) 计算机操作系统、软件及应用系统的安全保护。为保证计算机操作系统和软件安全，企业应制定每种类型操作系统的基本安全要求，明确定义不同用户组的访问权限，制定针对使用最高权限系统账户的审批、验证和监控流程，检查可用的安全补丁，定期汇报打补丁状态、手动或自动监控系统出现的任何异常事件，定期汇报监控情况等措施。为保证企业应用系统的安全，企业需采取以下措施：① 明确定义终端用户和信息系统技术人员在应用安全中的岗位和职责。② 针对应用系统的重要程度和敏感程度，采取不同的身份验证方法。③ 对关键或敏感职能进行双重控制。④ 采取安全的方式处理保密信息的输入和输出，防止信息被盗、篡改、故意或无意泄露。⑤ 要求用户管理员监控和审查未成功登录和用户账户信息的修改等。

(5) 日志管理。企业应控制所有生产系统的活动日志，以支持有效的审核、安全论证分析和预防欺诈。日志中应包含足够的信息以便有效地完成内部控制、系统故障解决和审计，同时应采取适当措施保证所有日志的计时同步，并确保其完整性，有任何的例外情况发生都应当复查系统日志。交易日志或数据库日志的复查频率和保留周期应由信息系统部门和有关业务部门共同决定，并报信息管理委员会或者负责相应职责的委员会批准。

(6) 加密管理。为防范机密信息在传输、处理、存储过程中出现丢失或被篡改的风险，企业应采取一定的加密技术，建立配套的密码设备及密码设备管理规范制度，比如应使用符合国家密码管理局要求的加密技术和加密设备，负责管理使用密码系统设备的员工必须经过专业培训和严格审查，加密强度和加密效率应满足信息机密性和可用性要求，制定并落实切实有效的密钥管理流程，尤其是密钥生命周期管理和证书周期管理。

(7) 其他安全管理。为保证所有终端用户设备(如个人计算机 CPO、便携式计算机、柜员终端、自动柜员机(ATM)和个人数字助理 ePDA)的安全，企业应定期对所有设备进行安全检查。企业应制定相关策略和程序管理客户信息的采集、处理、存储、传输、传播、备份、恢复、清理和销毁。

6.2.5　信息系统项目实施管理

在开发信息系统项目时，企业应注意系统生命周期内及系统开发过程中各种风险管理问题，认识到与信息系统项目有关的风险，即可能出现的各种操作风险、财务损失、无效项目规划或不适当的项目管理控制产生的机会成本。以下就各阶段可能出现的问题予以分析说明。

1) 应用系统开发、测试和维护

对于准备实施信息系统项目的企业来说，应具有识别需求、规划、采购、开发、测试、配备、维护、升级和报废信息系统的能力，并且还应具有对信息系统项目立项、优先排序、审批和控制的能力。

(1) 系统开发阶段。在系统开发阶段，企业应定期向信息管理委员会或者负责相应职责的委员会提交重大信息系统项目的进度报告，譬如涉及更改时间计划、关键人员或供应商的决策以及主要费用等情况，并由其进行审核。

典型的系统生命周期包括系统分析、设计、开发或采购、测试、试运行、部署、维护或报废。企业所采用的系统开发方法应符合信息系统项目的规模、性质和复杂性，能控制信息系统的生命周期。

在系统开发过程中，为确保系统的可靠性、完整性和可维护性，企业应将生产系统与开发系统、测试系统相分离；应用程序的开发和维护人员只有在得到管理层批准执行后才能进入生产系统，并且要求记录和审核所有紧急修复活动，程序或系统配置的变更也必须得到信息系统部门和业务部门的联合批准。

(2) 系统测试阶段。在测试阶段，企业应建立知识库，对库中的问题进行记录、分类和编制索引。如需供应商提供支持服务或技术援助，也应记录在案，并且应向相关人员提供所需的合同和相关信息。对完成紧急恢复起到至关重要作用的责任和指令集，应进行清楚的描述说明，并通知所有相关人员。

(3) 系统维护阶段。在系统投产后的一定时期内，企业应组织对系统进行后评价，并根据评价及时对系统功能进行调整和优化。正常情况下，当硬件达到预期使用寿命或性能不满足业务需求，或基础软件(操作系统、数据库管理系统、中间件)需要升级时，企业必须进行系统升级。

2) 信息系统运行

为避免在系统运行阶段出现风险，企业应完善各种规章制度的建立，具体包括如下几方面的内容：

(1) 企业在选择数据中心的地理位置时，应充分考虑环境威胁(即是否接近自然灾害地区、危险或有害设施、繁忙/主要公路)，采取物理或环境控制措施，监控对信息处理设备运行构成威胁的环境条件，对设备设施提供防断电和防供电扰动措施。

(2) 企业需要实施门禁管理制度，第三方人员(例如服务供应商)必须经过许可才能进入安全区域。而对于长期或临时聘用的技术人员和承包商，尤其是从事敏感性技术相关工作的人员，应制定严格的审查程序，包括身份验证和背景调查，并签署安全、保密协议。

(3) 企业应对数据中心的岗位和职责做出明确规定，将信息系统运行或计算机中心运行与系统开发维护相分离。

(4) 为确保信息系统的正常运转，企业需要制定详细的操作规程，比如，应在信息系统运行手册中说明计算机操作人员的任务、工作日程安排和执行。信息系统运行手册还应包括生产和开发环境中数据和软件的现场及非现场备份(即备份的频率、范围和保留周期)的程序和要求。

(5) 为及时响应信息系统运行可能发生的事故，企业应建立问题管理系统及处理机制，逐级向相关的信息系统管理人员汇报事故的发生经过，记录、分析和跟踪所有事故，直到对事故进行彻底的改正并完成根本原因的分析。

(6) 为确保应用系统性能稳定，企业应实施连续监控，并及时完整地报告例外情况。

(7) 为确保相关技术服务的连续可用性，及时进行维护和适当的系统升级，企业应正确保存各种记录，包括疑似和实际的故障、预防性和补救性维护记录等。

(8) 为确保生产环境的完整性和可靠性,企业应把所有变更都记入日志,由信息系统部门和业务部门共同审核、签字,并进行备份,以便必要时可以恢复到原来的程序版本和数据文件。

3) 外包

如果企业信息技术能力有限,可将信息系统项目的全部或部分工作外包给服务商。为避免外包过程中的风险,企业在与服务商进行外包合同谈判和签署的过程中,应事先考虑与采取一些必要措施。

首先,企业不得将信息系统监管责任外包。

其次,对重要外包(如数据中心和信息系统基础运行等),企业应以正式书面材料通知银监会及其派出机构。

再次,在签署外包协议或对外包协议进行重大变更前,企业应分析外包协议是否与企业总体业务战略一致,评估服务供应商的财务稳定性和专业经验,考虑如果几家企业共用一家服务商可能带来的潜在业务连续性风险等问题。

还有,企业的所有外包合同都应由信息系统风险管理部门、信息管理委员会或者负责相应职责的委员会审核和签署,并由内部或外部审计人员进行独立审查。

4) 审计

(1) 内部审计。根据业务的性质、规模和复杂性,企业内部审计部门应对信息系统的适当性和有效性进行审计。内部审计职责主要包括:① 制订、实施和维护审计计划,检查和评估企业的系统、内部控制机制和方式的充分性和有效性。② 向高级管理层或审计委员会汇报有关内部审计事宜。③ 在必要时,需对信息系统执行特殊审计,即对信息系统的安全事故进行调查、分析和评估,或对审计部门认为必要的特殊事项进行审计。

内部审计部门应明确责任划分,向审计委员会或负责的高层经理汇报。在进行大规模和大范围系统开发时,要求内部审计部门或信息系统风险管理部门共同参与,保证系统开发符合企业信息系统风险标准。内部审计频率由系统风险高低决定,但至少每3年应审计1次。

(2) 外部审计。外部审计是指企业委托或授权具备相应资质的信息系统审计服务商对信息系统进行审计,通常情况下至少应每3年进行1次。

审计前,审计服务商应与被审计企业进行广泛而深入的沟通,确定实施检查的详细范围。被审计企业不能故意隐瞒事实或阻挠审计检查,审计服务商有权在审计报告中出具保留意见或终止审计。银监会及其派出机构在必要时可指定具备相应资质的信息系统审计服务商对企业执行信息系统审计或相关检查。被审计企业应根据该审计报告提出的整改计划，在规定时间内实施整改。审计服务商应严格遵守法律、法规，保守企业的商业秘密和信息系统风险信息。执行审计时，信息系统审计服务商应与企业签订保密协议，不得擅自对企业提供的任何文件进行修改、复制或带离现场。

复习思考题

1. 何谓风险管理？为什么要进行风险管理？
2. 简述信息系统风险的含义及分类。
3. 企业应该如何开展信息系统治理？
4. 简述信息系统风险管理的步骤。
5. 简述信息系统风险管理的主要内容。
6. 在信息系统风险管理中，信息安全的具体工作内容包括哪些方面？

第 7 章

IT 审计的评估过程

本章学习要求

- 掌握 IT 审计的含义及其内容
- 掌握 COBIT 4 项内容和 34 个控制措施
- 了解 IT 审计流程和审计组织过程
- 了解审计结论和审计报告的撰写

7.1 IT 审计概述

7.1.1 IT 审计的目标

一般意义的 IT 系统治理和审计包含了信息化项目建设的目标、性能完成情况以及应用效果和过程中的合规性内容,包含了绩效评估和合规性评估的内容,主要包括以下目标:

(1) 对被审计项目目标、过程管理、战略关系、系统安全性等提出建议和审计报告,其成果不仅仅为信息化项目验收采用,还在于帮助管理层建立以组织战略为导向,对被审计项目的应用效果、实施情况、规范性、目标达到情况、运行维护和安全保障情况等做出综合评价。

(2) 吸收会计审计的核心思想并采取信息技术手段对信息系统项目的策划、开发、使用维护等相关过程和最终的产品或者提供服务与组织的战略的一致性以及经济性等一系列标准的达到程度的客观评价,从而保证信息系统实施达到组织对信息化的要求,提高组织的竞争力或者服务满意度,强化 IT 投资效果和效益,提高信息系统的安全性,能够客观评价信息系统及信息系统开发。

(3) 对信息化项目或者信息系统工程进行有效的控制、评估并提供咨询和指导性意见,指在 IT 项目建设、投产、运行并达到设计要求后,通过对工程项目的需求分析、设计、开发、安装、调试直至运营的综合研究,对 IT 工程项目进行评估分析,找出实际情况与计划预测情况的差距,确定项目建设前期的预测和判断是否正确，并分析原因，从工程完成的全过程中吸取经验教训，为今后改进、提高、准备、决策、管理、监督等工作及引进高新技术等生产要素创造条件，为提高IT 工程项目的投资收益提出切实可行的对策措施。

(4) 督促企业对 IT 资源进行优化，使企业充分利用信息，最大化收益，获取竞争优势。通过组织架构和制度安排，来对 IT 部门进行制衡，促进 IT 更好地完成工作，其最终目标是保证组织目标的完成，确保组织的 IT 符合战略目标。

7.1.2 IT 审计的作用

充分利用有效的信息化项目评估工具，提高政府系统使用水平和软硬件运营效率，为政府科学决策提供了基础依据；提供不间断的和项目管理的全程服务；将政府人员的主要精力转移到决策支持和规划管理功能，充分发挥专业性机构和专业管理的高效性，为政府高效解决问题和节省费用提供支撑；并提供了项目实施绩效考核的科学依据；充分利用已有的研究和试点成果，提高政府投资信息化项目的效果评价和提升项目成功率，提高政府系统使用水平和软硬件运营效率，为政府科学决策提供了专业性权威性的报告；通过审计对信息化进行横向比较，以对再次申报项目和持续支持方面进行关联管理，在不同的项目之间进行经验传承，提高信息化项目的效率、效益、效能；为信息化项目提供标准化和菜单化的 IT 审计系统，转移和转化政务系统负责人的非技术因素责任风险，提高政务管理部门领导人的管理和决策的专业化水平；基于第三方的 IT 审计，可以减少腐败行为，确保审计的公正性。

7.1.3 IT 审计的依据

投资方根据需求情况按照行业规范或者国际国内标准进行治理和审计，其中主要采用的是 ISO27000 系列、ISO13335、ISO20000、ISO15000、ISO38500 等。除此之外，政府投资项目还应该按照一些行业规范和规章制度的要求进行审计，例如浦东新区信息化委员会根据原国务院信息化办公室（工业和信息化部）IT 治理试点工程的要求，按照浦东新区发展和改革委员会和财政局的相关规定以及浦东新区信息化委员会和科委相关信息化项目管理的规定，对财政出资的电子政务、公共服务和企业资助类项目进行 IT 审计试点。

系统审计内容和准则方法包括信息化项目基础审计的项目成功度评估、项目应用效果评估、IT 治理审计评估、项目保障和运营评估。审计依据行业性的和地方性的投资管理办法、信息化资助资金操作细则、相关国际标准和准则（COBIT、ISO17799/27001、ISO13335、ITIL、ISO38500、SSE - CMM），IT 审计测试采用符合性测试方法。

系统审计范围：时间范围为企业资源管理系统开始到项目被审计时间为止期间，包括以下方面：

(1) IT 策划与项目管理：对网上信息上报和调查统计所调查统计直报系统的整体规划、系统策划、项目管理等方面进行审计。

(2) IT 运营的效果和经济社会指标。

(3) 项目目标、性能达成情况和中间阶段整改意见以及业务持续性情况。

(4) 项目为本单位战略目标的支撑情况。

(5) 硬件与环境：包括网络平台的硬件网络、电源、机房环境控制等。

(6) 应用软件：针对系统软件、系统的访问、控制、授权、确认、错误与特例处理，以及系统相关流程，包括对系统的开发生命周期的审计。

(7) IT 管理与服务：包括网络平台的 IT 管理与服务的工具、制度，以及方法等有效性的审计。

(8) 信息安全：对系统的信息安全措施的完整性与有效性进行审计；审计在确保信息正确、可信、及时等方面的控制情况。

(9) 连续性：在容错、备份、存储、灾难恢复等方面的完整性与符合性审计。

7.1.4 IT 审计的风险与控制

系统审计中可能存在以下 3 方面的风险：

(1) 由于审计人员水平、被审计单位提交资料情况、现场审计技术限制以及条件等原因，造成信息系统及环境、管理相关风险没有被发现的风险。

(2) 由于审计单位和审计人员的审计，造成被审计系统的影响，对管理、系统软硬件造成麻烦、不便以及系统的不稳定和安全隐患。

(3) 由于审计单位和审计人员的介入，造成被审计系统、项目和单位信息外泄的风险。

针对以上风险，系统审计过程中应注意的事项包括以下几项：

(1) 被审计单位应该提供全面、真实的情况。

(2) 被审计单位应该提供必要的环境、人员支持。

(3) 被审计单位应该提供完善的资料和真实在线的环境。

(4) 审计单位应该派遣与被审计项目相应的胜任的审计人员。

(5) 审计过程中，被审计单位应该陪同相应的技术人员，对于在线的信息系统，原则上由被审计单位进行操作；对于可能造成系统影响的审计，尽量使用测试系统。

(6) 被审计单位和审计单位之间应该签订具有保密条款的合同约定，审计单位应该负责对审计人员进行管理，技术资料原则上不带离审计现场，对于带离现场的资料,应该出具资料清单。

(7) 审计单位除了审计报告提交相关部门外,不得将审计结论、审计单位信息、被审计人员信息对外发布,不得在其他场合发表对被审计系统和单位的定向意见。

(8) 被审计单位不得对外泄露审计的过程和人员信息,审计单位与被审计单位交换电子文档时,应注意安全保密措施。

7.2 IT 审计的组织
——以上海市浦东新区为例

审计由信息化专业管理部门、接受项目发起方和项目财务管理方委托或者按照信息化专业部门职能进行评估,评估方式为委托相关的专业机构和专业人员进行。

审计人员分为审计负责人、审计人员、审计助理人员、审计协调和监管人员组成,被审计单位和浦东新区信息委应对以下几方面进行监督:

第一,中介机构和后评估工作组接受委托后,在选择专家和安排评估人员时应严格遵循回避原则。

(1) 评估机构审计工作组与项目单位存在经济利益关系或其他利益关系的,应主动回避,不得接受相应的后评估任务。

(2) 参与项目审计的人员与项目单位有经济利益、与项目单位人员有亲属关系,以及与项目单位人员或项目单位有竞争关系的均应主动回避,不得接受委派。

(3) 凡是承担项目可行性研究报告、资金申请报告的编制、评估、设计、监理、工程建设等业务的机构不得从事该项目的后评估工作,避免出现“自己审计自己”。

第二,项目审计单位应遵循审计的基本原则,按照审计合同委托要求,独立自主认真负责地开展审计工作。参与审计工作的中介机构、专家及相关人员应严格履行保密义务。

大型项目的审计分为若干个子系统分级,审计过程必须由 A、B 角两人以上完成。对于大型信息系统,分为系统和硬件、应用和软件、服务和维护、管理合规性 4 种类别分小组进行,最后由包括预审和准备资料、现场审计、沟通和意见交换等步骤,其中现场审计包括查看项目合同、项目可行性方案、项目招标文件等;现场物理环境;查看应用系统的测试报告;查看信息化项目相关文档;抽查信息化项目相关的工作人员,询问文档有关内容;查阅信息化项目审查记录和发布通知;查阅信息化项目有效性审查评估记录;查阅信息化项目安全事件记录的具体内容;通过对现场和非现场的访谈、观察、现场测试、调阅文档、调查信息系统相关角色验证提交资料的真实性;必要开发的审计系统对在线系统进行审计;接受和认可独立的第三方的相关测评报告。

7.2.1　预先自测和材料收集

表7－1需要被审计单位根据实际情况自测，在现场审计时出具证据和回答，并准备好现场审计条件。

表7－1

电子商务治理情况报表

填表机构：　　　　　　填表人：　　　　　　填表时间：

要点	自查问题	情况说明		补充说明
基本情况	贵单位重大IT问题的决策流程	简述(500字以内)		
	贵单位电子商务风险管理的第一责任人	姓名　　　职务		
		任职时间		
	贵单位电子商务组织架构	详见附件		
	是否制定了电子商务违规行为管控制度	□是	制度名称	
		□否		
董事会履职情况	是否批准或审定本单位电子商务战略规划	□是	通过时间	
		□否		
	是否对电子商务及其风险管理工作开展过总体效力和效率的评估	□是	总体评估文件名称	
		□否		
	是否对审计报告进行了确认并落实整改	□是	本年内审发现的问题数本年度已整改	
		□否		
	是否向银监会及其派出机构报送电子商务风险管理报告	□是	报送频度　　　月	
		□否		
	是否开展过电子商务风险管理策略和制度的培训	□是	培训范围 培训次数 培训总人数	
		□否		
	简述贵单位重大电子商务事故报告制度(包括制度名称、报告部门、报告流程、项目内容、响应机制等)	简述(500字以内)		
	简述贵单位人才激励机制实施情况(包括制度建设、执行部门、实施情况)	简述(1 000字以内)		

7.2.2 现场审计资料提供

与后评估类似，在审计治理评估之前，应提供资料参考目录，这些目录不需要被审计单位专门填写，也未必需要全部拥有，只需要被审计单位整理原有资料（以减轻对被审计单位人员的负担），并添入资料清单后的表单中。这些资料包括：基础资料、被审计单位所使用的信息系统性能目标资料、被审计单位的电子数据、被审计单位所使用的信息系统的相关资料、与信息系统有关的管理机构及管理方式、开展计算机审计的环境条件。

以上资料并不是所有部门和单位均需要提供，和项目前后对比最直接相关和具有说服力的材料由被评估单位提供。

1）IT 建设基础资料

（1）企业的战略计划。

（2）信息系统的投资可行性报告。

（3）信息系统开发计划的可行性报告。

（4）系统需求的完整性和正确性分析报告。

2）性能目标资料

（1）项目目标完成资料。包括：① 项目目标功能性资料。该指标是考核当初目标中所承诺的功能性指标是否完成和恰当：投资额、投资投向、投资和理性、网络架构、应用功能、时间节点、接入单位、系统上线信息。② 项目目标性能资料。该指标是考核项目实施完成后，当初预计或者承诺的性能指标是否符合：接入数量、数据量、网络流量、使用周期和时间、使用者数量、访问量等项目持续性运行资料。

（2）项目持续性运行资料。包括：① 实施内容完成完整性。该指标是将考核的实际功能与项目立项计划应完成的工作量进行对比，考核其实现程度，考核当初投资资金比例和目前在运行系统比例是否对称，考核哪些系统没有上线运行及其原因。着重考核项目技术方案、项目实施方案、项目招标文件、中标单位投标文件、中标通知书、项目建设施工合同、项目监理合同、政府采购合同、系统测试报告或检测报告、工程监理报告等 10 种文档及其完成的规范性。② 项目后续资金和项目的再投入。主要考核项目结束后是否具有完整的规划和改进措施，是否值得再投入的研究，是否具有项目延伸及其拓展的可能，项目上线后所引起的继续项目的迫切程度。③ 项目应用、培训、运行维护和保障水平。该指标主要是评估项目产生的应用情况，考核项目产生的必要的数据量，考核项目运行维护机制和保障保护水平是否恰当；测试项目使用和维护人员对分管业务的熟练程度。

(3) 意见采纳资料。包括：① 立项可研咨询建议资料。主要是考核项目是否按照当初可行性报告和立项的框架进行，当初建议的不同意见是否记录并回复以及恰当处理。② 招标实施咨询建议资料。主要是考核项目是否按照合适的招投标流程进行并且准确完整记录不同的意见，招标和实施咨询、监理过程的主要意见是否恰当处理。③ 验收咨询建议资料。主要考核项目完成后是否实施恰当的验收流程，对于意见是否恰当处理和执行。

(4) 经济效益后资料。包括：① 投入产出效益。该指标是考核成本费用效益的高低，投入产出等经济合理性，并与其立项目标相比较其实现程度。② 直接经济效益。该指标是考核项目实施所产生的直接经济效益，并与立项目标的直接经济效益相比较，考核其实现程度。③ 持续经济效益。该指标是考核项目实施后在未来年度里持续性发挥作用产生经济效益的能力，对于一些项目可考核其建成后的使用价值，并与立项目标相比较其未来实现的能力。④ 间接经济效益。该指标是考核项目实施所产生的间接经济效益，主要是指投资对经济发展的拉动作用，并与立项目标的间接经济预测相比较，考核其实现程度。

(5) 公共效益后资料。包括：① 社会服务效益。该指标是考评项目实施所产生的社会综合效益，项目服务于法人、服务于公务员、服务于自然人是否起到正向的作用，并与立项计划社会效益目标相对比，考核其实现程度。② 公共治理效益。该指标是考评项目实施对加强监管、提高效率是否起到应有的作用，是否起到正向的化解矛盾，提高沟通和政策治理的作用。③ 流程和组织效益。该指标是根据不同类型建设项目的特点，考核其实施后在管理上、流程上、组织上是否能够顺利替代或者升级原先的系统，配套措施是否完善，能否使信息系统的上线得到充分的组织保障和顺利运行。④ 可持续性影响。该指标是考评项目实施后，对法人、自然人、公务员等方面办事模式和流程的可持续影响，并与立项计划可持续发展目标对比，考核其实现程度。

3) 被审计单位所使用的信息系统的相关资料

(1) 信息系统的名称及版本，取得方式和时间。

(2) 信息系统使用手册，网络拓扑结构。

(3) 信息系统所使用的操作系统、数据库管理系统、应用软件的名称及版本，信息系统运行环境硬件配置。

(4) 信息系统担负的主要任务，所处理数据的归属，主要来源，传递方式，主要流程，与其他信息系统的共享、交互。

(5) 信息系统对外输出数据的方式，可输出数据的类型。

(6) 主要岗位设置、责任划分、权力分配等控制环节，主要访问控制、变更控制等安全策略。

(7) 系统建设文档、系统取得之后重大调整升级的更新记录。

(8) 信息系统的功能、性能、易用度、可操作性说明文件。

(9) 信息系统的维护活动和维护结果记录文件。

(10) 信息系统的文档管理、进度管理、采购管理、风险管理记录文件。

4) 被审计单位电子数据的相关资料

(1) 电子数据内容、范围及存储媒介。

(2) 以OB为单位计算的被审计单位源数据量。

(3) 会计核算软件等信息系统输出的数据与国家标准(OBIT19581－2004)的符合程度,或者是否能被AO等审计软件顺利采集程度。

(4) 数据结构说明、用户使用手册等文档资料。

(5) 网络安全和数据的备份。

(6) 涉及的外部电子数据。

(7) 数据、软硬件、安装环境等对信息系统运营要求的符合情况。

5) 被审计单位与信息系统有关的管理机构及管理方式的相关情况

(1) 相关法规、规章对在用信息系统的规范要求。

(2) 信息技术部门在被审计单位组织架构中的位置。

(3) 信息技术部门及其工作人员管理维护职责分工。

(4) 财务、业务人员使用信息系统的职责分工。

(5) 信息系统主要控制环节及岗位设置。

(6) 组织系统图,管理制度的执行、控制情况。

(7) 相关人员的活动、信息、中间产物的规范性、有效性和对于信息系统目标的针对性情况。

6) 环境条件情况

(1) 被审计单位可以提供的设备。

(2) 被审计单位可利用的网络。

(3) 被审计单位可以提供的数据库管理软件和其他辅助软件工具。

7.3　IT审计方法

7.3.1　采用的审计方法

IT审计采用的审计方法主要包括以下方面:

(1) 查看网上信息上报和调查统计所调查统计直报系统项目合同、采购、用户报告等基础信息。

(2) 查看网上信息上报和调查统计所调查统计直报系统项目立项、可研、批示、中间意见、招标、中期检查、验收等资料。

(3) 查看网上信息上报和调查统计所调查统计直报系统现场物理环境。

(4) 查看网上信息上报和调查统计所调查统计直报系统应用系统的测试报告。

(5) 查看网上信息上报和调查统计所调查统计直报系统相关文档。

(6) 抽查网上信息上报和调查统计所调查统计直报系统相关的工作人员，询问文档有关内容。

(7) 查阅网上信息上报和调查统计所调查统计直报系统审查记录和发布通知。

(8) 查阅网上信息上报和调查统计所调查统计直报系统有效性审查评估记录。

(9) 查阅网上信息上报和调查统计所调查统计直报系统安全事件记录的具体内容。

(10) 通过对网上信息上报和调查统计所调查统计直报系统现场和非现场的访谈、观察、现场测试、调阅文档、调查信息系统相关角色验证提交资料的真实性。

(11) 必要开发的网上信息上报和调查统计所调查统计直报系统审计系统，对在线系统进行审计。

(12) 接受和认可包括信息安全测评中心、用户、使用单位等在内的测评、评估、调查、使用报告。

7.3.2　审计内容说明

(1) 综合审计结论：根据审计内容综合分为：5分优秀、4分优良、3分合格、2分整改、1分失败。

(2) 审计内容：项目完成成功度审计、项目应用效果审计、项目过程和运营审计。

7.3.3　项目成功度定义

基于成功度评估的政府投资信息化项目后评估是依靠评价专家或专家组的经验，综合后评估各项指标的评估结果，对项目的成功程度做出定性的结论。成功度评估以逻辑框架法分析的项目目标的实现程度和经济效益分析的评估结论为基础，以项目的目标和效益为核心所进行的全面系统的评估。项目评估的成功度可分为5个等级：完全成功、成功、部分成功、不成功、失败，如表7－2所示。

表7-2

基于成功度评估的政府投资信息化项目后评估模型

等级	说明
完全成功	信息化项目的各项目标全面实现或超过,项目取得了巨大的社会效益和政治效益,项目大大体现了信息化提高效率的作用,项目投入产出巨大,直接带来后续项目并已经在使用且效果良好,项目当初的立项、评标、验收过程中的咨询建议均在以后运行中得到充分体现,同类项目建议大力推广
成功	项目的大部分目标已经实现,项目投入产出合理,取得了必要的社会效益和政治效益,项目的运行效果明显,项目体现出信息化提高效率的作用,后续项目或者后续项目需求迫切,当初立项评标、验收过程中的咨询建议均在以后运行中得到基本体现,同类项目建议继续进行
部分成功	实现了原定的部分目标,相对成本而言,项目只取得了一定的效益和影响,项目部分发挥了信息化的效率促进作用,当初立项评标、验收过程中的咨询建议原则上得到体现,同类项目建议修正后再实施
不成功	项目实现的目标非常有限,相对成本而言,项目几乎没有产生什么正效益和影响,没有发挥信息化提高效率的作用,资金和设备、软件使用不尽合理,当初立项评标、验收过程中的咨询建议没有或者很少得到体现,同类项目建议实施时谨慎
失败	项目的目标不现实,无法实现或没有实现。相对成本而言,项目不得不终止;项目产生负面的政治效应和社会效应,项目软件、设备和产品不得不浪费或者移作他用,当初立项评标、验收过程中的咨询建议基本上没有得到体现,同类项目建议实施时给出的基本上是教训

7.3.4 IT治理成熟度和项目过程与运营维护成熟度定义

(1) 0不存在级:没有任何可识别的过程资料。

(2) 1初始级:公司已经意识到问题的存在和谈论的必要,却没有标准化的处理。

(3) 2可重复级:从事同一项任务的不同的人追随着相似的程序,责任由个人承担。

(4) 3定义级:事务处理的程序已被标准化和文档化,是基于现存惯例的形式体系化。

(5) 4管理级:监控和测定与程序的一致性,并采取行动调节那些看来非有效运行的处理。

(6) 5 优化级：处理已被提炼到最实际层次，基于持续发展和其他组织的成熟建模的结果之上。

7.4 IT 审计分类和控制点

审计的主要控制分为结果类控制和过程性控制，相应的控制分类也分为绩效类指标和合规性指标，绩效类指标主要指项目最终的性能、功能、指标、经济性为主等构成的认可程度和成功度；合规性指标主要是项目的规范、管理制度、过程、运营管理和保障措施为主构成的治理成熟程度和运营维护成熟能力。

7.4.1 项目绩效类指标

1）项目成功度

评估指标：见表 7－3 至表 7－7。

表 7－3

项目目标审计指标

一般性指标名称		指标简要说明
项目目标审计 A1	项目目标功能性审计 B1	该指标是考核当初目标中所承诺的功能性指标是否完成和恰当：投资额、投资投向、投资和理性、网络架构、应用功能、时间节点、接入单位、系统上线信息
	项目目标性能审计 B2	该指标是考核项目实施完成后，当初预计或者承诺的性能指标是否符合：接入数量、数据量、网络流量、使用周期和时间、使用者数量、访问量等

表 7－4

项目持续性审计指标

项目持续性审计 A2	实施内容完成完整性 B3	该指标是将考核的实际功能与项目立项计划应完成的工作量进行对比，考核其实现程度，考核当初投资资金比例和目前在运行系统比例是否对称，考核哪些系统没有上线运行及其原因。着重考核项目技术方案、项目实施方案、项目招标文件、中标单位投标文件、中标通知书、项目建设施工合同、项目监理合同、政府采购合同、系统测试报告或检测报告、工程监理报告等 10 种文档及其完成的规范性

（续表）

项目持续性审计 A2	项目后续资金和项目的再投入 B4	主要考核项目结束后是否具有完整的规划和改进措施，是否值得再进一步研究，是否具有项目延伸及其拓展的可能，项目上线后所引起的继续项目的迫切程度
	项目应用、培训、运营维护和保障水平 B5	该指标主要是审计项目产生的应用情况，考核项目产生的必要的数据量，考核项目运营维护机制和保障保护水平是否恰当；测试项目使用和维护人员对分管业务的熟练程度

表7-5

意见采纳审计指标

一般性指标名称		指标简要说明
意见采纳审计 A3	立项可研咨询建议审计 B6	该指标主要是考核项目是否按照当初可行性报告和立项的框架进行，当初建设的不同意见是否记录并回复以及恰当处理
	招标实施咨询建议审计 B7	该指标主要是考核项目是否按照合适的招投标流程进行并且准确完整记录不同的意见，招标和实施咨询、监理过程的主要意见是否恰当处理
	验收咨询建议审计 B8	该指标主要考核项目完成后，是否实施恰当的验收流程，对于验收过程中的意见是否恰当处理和执行

表7-6

效益经济性审计指标

一般性指标名称		指标简要说明
效益经济性审计 A4	投入产出效益 B9	该指标主要考核成本费用效益的高低，投入产出等经济合理性，并与其立项目标相比较其实现程度
	直接效益经济性 B10	该指标主要考核项目实施所产生的直接效益经济性，并与立项目标的直接效益经济性相比较，考核其实现程度
	持续效益经济性 B11	该指标主要考核项目实施后在未来年度里持续性发挥作用产生效益经济性的能力，对于一些项目可考核其建成后的使用价值，并与立项目标相比较观察其未来实现的能力
	间接效益经济性 B12	该指标主要考核项目实施所产生的间接效益经济性，主要是指投资对经济发展的拉动作用，并与立项目标的间接经济预测相比较，考核其实现程度

表7-7

公共效益审计指标

一般性指标名称		指标简要说明
公共效益审计A5	社会服务效益B13	该指标是考评项目实施所产生的社会综合效益，项目服务于法人、服务于公务员、服务于自然人是否起到正向的作用，并与立项计划社会效益目标相对比，考核其实现程度
	公共治理效益B14	该指标是考评项目实施对加强监管、提高效率是否起到应有的作用，是否起到正向的化解矛盾提高沟通和政策治理的作用
	流程和组织效益B15	该指标是根据不同类型建设项目的特点，考核其实施后在管理上、流程上、组织上是否能够顺利替代或者升级原先的系统，配套措施是否完善，能否使信息系统的上线得到充分的组织保障和顺利运行
	可持续性影响B16	该指标是考评项目实施后，对法人、自然人、公务员等方面办事模式和流程的可持续影响，并与立项计划可持续发展目标对比，考核其实现程度

IT项目的成功度审计范围包括从决策到使用运营的全过程中适合后评估进行评估的内容，根据前面分析，可以包括以下内容。

(1) 目标评估：主要评估项目确定的目标是否按计划要求实现，有无变化及其原因等。

(2) 项目效益评估：主要评估项目设计所确定的技术经济指标的实现程度和项目特点，可采用财务评价、国民经济评价、社会效益评价、环境影响评价等手段，综合分析、评价建设项目的盈利能力、投资偿还能力、相关产业带动的间接经济效益、项目的社会效益是否达到预期效益等。

(3) 项目影响评价：主要评估项目的经济影响、社会影响、政治影响。

(4) 项目可持续性评估：主要评估项目的建设资金投入完成后，项目的既定目标是否还能继续，项目是否可以持续地发展下去。

(5) 对各阶段咨询评估单位评估意见的采纳情况：主要评估在项目建议和可行性研究报告阶段咨询单位提出的评审意见，各部门、单位的采纳、执行情况。

2) 应用效果认同度

应用效果认同度如表7-8所示。

表7-8

应用效果认同度

1. 审计标准

保证信息技术与各项业务的有效结合，促进组织收益最大化与风险的最有效控制

2. 控制点

(一) IT/业务运营和战略绩效

(1) 项目的投入与公司关键业务的相关密切

(2) 单位IT战略能够确保IT流程对业务流程的支持，整体上提高业务运营的质量

(3) 项目的投入使得公司的IT项目能按时按目标完成的比例增加

(4) 项目的投入能够提供更加及时有效的业务持续性服务

(5) 项目的投入提高了企业IT用户的满意度

(6) 单位管理层能够在兼顾成本和业务双重约束下，最大限度使IT资源发挥效能

(7) 在组织的IT治理下，企业中的管理层能够很好地同时实现授权与控制

(8) 项目的投入有效地实现了业务增长

(9) 项目的投入有效地提高了业务灵活性

(10) IT的有效利用提高了预知未来发展趋势的能力

(11) 制定IT战略时，与业务目标及企业的总体战略一致性

(12) 对于不同层次、不同等级的IT投资，贵单位投资批准程序发挥作用的程度

(13) 企业有相应的程序或标准对信息技术相关的风险的监测与控制

(二) 财务绩效

(14) 被审计单位在IT方面的投资与其盈利或财务收支相称

(15) 项目的投入帮助企业降低了成本，有助于实现成本效益目标

(16) 项目的投入有效地提高了资产利用

(17) 项目的投入有效地降低了实施变更的成本

(18) IT治理有效地实现了"量体裁衣"能力，即根据实际的需要提供适当的能力

(19) 项目的投入提高了企业资产净值回报率

(20) 项目的投入提高了IT资产的投资回报率

(三) 治理安排绩效

(21) IT治理使得IT部门与业务部门之间的联系更加紧密

(22) 项目的投入使得组织对IT相关的决策的权力和责任的分工更加明确

(23) 企业在实施一项IT相关决策时，有相应的机制选择参与决策利益相关者

(24) IT相关的决策仅是IT部门的工作，其他部门不参与

(四) 治理认知绩效

(25) 企业的高层领导能够清楚地描述企业IT治理概念

(26) 高层管理者对拥有的IT决策权非常明晰

(27) 高层管理者对承担的IT责任非常明确

(28) 企业IT相关人员能清楚地了解IT对业务的支持

(29) 企业的业务人员清楚地了解IT在其业务运营中的作用

(30) 企业有相应的流程和沟通方式以确保IT和业务部门之间的沟通

(31) 企业的IT/业务人员非常清楚地了解他们的期望

(32) IT治理帮助企业更多地利用当前提供的IT服务的有关信息

7.4.2　合规性指标

1）IT 治理成熟度

IT 治理成熟度指标之一如表 7－9 所示。

表 7－9

IT 治理成熟度指标之一

准则层	细则层	评价指标	量化指标
权责	IT 权责框架	框架的建立与规范	是否建立了 IT 权责框架
			有规范文档对其职责和权力进行描述的岗位数量/岗位总数
		权力与责任的分配	职责与权力已分配到具体人员或团队的岗位数量/岗位总数
			由于职责不清而引发的事件和未解决的事件的数量
		问责制	权责框架中是否明确了问责制
	责任主体对权责的理解与接受状况	责任主体对权力与责任分配的理解与接受程度	理解并接受其职责与权力的关键责任主体的数量/关键责任主体总数
	权责履行所需信息与披露	信息的及时性和准确性	责任主体对履行职责所需信息的及时性和准确性的满意度
			利益相关方对信息披露的及时性和准确性的满意度
	责任主体的能力与绩效	胜任状况	不能够胜任岗位要求的责任主体的数量/责任主体总数
		绩效的评价与审核	完成绩效报告且绩效被及时审核的责任主体数量/责任主体总数

（续表）

准则层	细则层	评价指标	量化指标
战略	IT规划与政策	IT规划与政策的制定	是否制定IT战略规划
		IT规划与政策的落实	理解IT成本与效益、IT战略、IT政策及IT服务水平的利益相关者数量/利益相关者总数
			IT规划和政策从批准到传达给员工的时间间隔
	IT与业务目标的一致性	IT规划对业务流程的支持程度	规划由IT支持而实际并未得到支持的业务流程的数量/规划应当由IT支持的业务流程总数
		业务部门对IT规划的满意度	业务部门领导对IT规划的满意度
		IT战略与业务战略的同步	IT战略规划更新与业务战略规划更新之间的时间间隔
	IT风险的评估与管理	IT风险评估	是否进行了IT风险评估
		IT风险管理计划	是否制订了IT风险管理计划
			IT风险管理计划覆盖的关键IT风险点的数量/关键IT风险点总数
		IT投资决策框架	是否建立了IT投资决策框架
			高层领导对IT投资决策框架的满意度
	IT投资的风险与价值	IT投资风险与价值分析	由错误的投资风险分析导致期望收益没有实现的投资项目数量/IT投资项目总数
			有明确的投资价值分析报告的IT投资项目数量/IT投资项目总数
	IT的创新应用	利用IT发掘新业务	利用IT发掘的新业务数量
		业务流程优化与再造	利用IT改进的业务流程数量

（续表）

准则层	细则层	评价指标	量化指标
获取	IT资产的获取	IT投资决策框架的遵从	没有按照投资决策框架做出的投资决策数量/投资决策总数
		IT投资决策的合理性	由过时或即将淘汰的IT基础设施支撑的关键业务流程数量/关键业务流程总数
		获取方式	按标准化的采购政策和流程进行的采购活动/采购活动总数
			通过竞争招标完成的采购费用/总采购费用
		获取成本	IT资产获取成本的下降比例
	IT产品与服务的提供	供应方的选择范围	符合明确定义的产品标准或服务水平要求的主要供应方数量
		供应方对组织需求的理解程度	供应方交付的产品或服务中存在争议的数量/交付的产品或服务总数
		对供应方提供的IT产品与服务的满意度	对IT产品或服务的供应方满意的利益相关者的数量/利益相关者总数
绩效	IT功能与性能	支持业务运营与发展所需的IT功能	由于IT不具备所需功能而影响的业务活动的数量
		支持业务运营与发展所需的IT性能	由于容量规划不足导致损失的工作时间
			跟踪了负荷峰值和资源利用率的关键系统的数量/关键系统总数
			由于数据存储容量不足导致的数据事故的数量
	IT服务的连续性	服务连续性计划	IT服务连续性计划覆盖的关键业务流程的数量/关键业务流程总数
		服务连续性计划的审核	IT服务连续性计划审核的频率
		服务连续性培训	关键员工每年IT连续性计划培训的小时数
		服务中断次数	关键应用系统的服务中断次数

（续表）

准则层	细则层	评价指标	量化指标
绩效	IT 资产保护	信息完整性	是否建立了数据责任人制度
			没有分配数据责任人的比例
			用户对信息完整性的满意度
		IT 资产物理环境的保护	由于物理环境管理疏漏而引发的故障停机、人身伤害和安全漏洞的数量
		备份与灾难恢复	是否制定了备份与灾难恢复计划
			关键业务数据无法恢复的状况发生的次数
		系统与数据的管理	对数据准确性和及时性满意的用户数量/用户总数
		安全漏洞的识别与监控	对业务产生影响的安全事件的数量
			不符合安全规范要求的系统的数量
			受过安全培训的员工的比例
	IT 价值实现	IT 预算和资源的分配	是否按业务目标的优先级分配 IT 预算和资源
			利益相关方对 IT 预算的满意度
			利益相关方对 IT 资源分配的满意度
		IT 投入对组织绩效的影响	符合业务部门需求的 IT 投资项目数量/ IT 投资项目总数
			按时、按预算完成的 IT 项目数量/ IT 项目总数
			经后评估认定达到或超过预期收益目标的 IT 投资项目数量/IT 投资项目总数

（续表）

准则层	细则层	评价指标	量化指标
合规	IT的外部合规性	对外部法律、法规不合规所引发风险的分析	是否对不合规的风险（如理赔费用或罚金）进行了分析
		法律、法规、合同及社会道德的遵从状况	每年发现的不符合法律、法规、合同要求和道德规范的事件数量
		外部合规性问题的教育与培训	相关责任主体每年获得的与外部合规性有关的培训的小时数
	IT的内部合规性	组织内部规定的遵从状况	严重违反组织内部规定的事件发生数量
		组织内部IT治理的遵从状况	违反IT治理发布的政策、标准或流程的事件发生数量
	IT的内部控制制度	IT内部控制框架	是否建立IT内部控制框架
		IT内控组织	是否设立IT内控的相关岗位
		IT内控机制	内控报告的数量、频率和覆盖范围
			内控报告发现的问题和采取的纠正措施数量
			对内控报告满意的高层管理者的数量
			发现内控中存在问题和报告问题的时间间隔
			外部合规性问题从发现到解决的平均时间
			每年对IT合规性进行独立审核的频率
人员行为	组织文化	IT风险、机会、问题的处理	是否鼓励任何人、任何时候都可以将IT应用过程中发现的风险、机会、问题进行报告
	组织行为	员工对IT的需求	员工对IT系统或服务的易用性和舒适性的满意度
			员工对IT系统或服务的可用性和性能方面的满意度
			员工对工作环境的满意度
			是否对员工在工作中可能受到的伤害采取了针对性保护措施

（续表）

准则层	细则层	评价指标	量化指标
人员行为	组织行为	激励机制	员工对使用IT系统或服务的激励机制的满意度
			IT部门员工对激励机制的满意度
		跨部门的沟通	IT应用过程中利益相关各方对彼此沟通机制的满意度
			IT应用过程中利益相关各方对彼此关系的满意度
		教育与培训	IT部门员工对所获得的技能培训和其他培训的满意度
			IT系统或服务的使用人员对所获得的培训的满意度

2）运营维护成熟度审计

IT治理成熟度指标之二如表7－10所示。

表7－10

IT治理成熟度指标之二

1. 规划与组织
目标：
确认信息技术战略有效进行，对商业目标有利
控制点：
(1) 定义IT战略计划
(2) 定义信息体系结构
(3) 确定技术方向
(4) 定义IT组织与关系
(5) 管理IT投资
(6) 传达管理目标和方向
(7) 人力资源管理
(8) 确保与外部需求的一致性
(9) 风险评估
(10) 项目管理
(11) 质量管理

（续表）

2. 过程管理 目标： (1) 确保IT解决方案整合在整个商业流程中 (2) 确保所选定的IT治理方案是一个可控的过程，并且这个过程中符合相关的标准 控制点： (1) 确定自动化的解决方案 (2) 获取并维护应用程序软件 (3) 获取并维护技术基础设施 (4) 程序开发与维护 (5) 系统安装与鉴定 (6) 管理变化
3. 交付与支持 目标： (1) 致力于真实的信息服务需求 (2) 相关的信息服务以可控的方式进行 控制点： (1) 定义并管理服务层次 (2) 管理第三方的服务 (3) 管理性能与容量 (4) 确保连续的服务 (5) 确保系统安全 (6) 确定并分配成本 (7) 教育并培训用户 (8) 帮助并忠告消费者 (9) 构造管理 (10) 处理问题与例外 (11) 数据管理 (12) 设施管理 (13) 操作管理
4. 监察 目标： (1) 对所有的IT程序做需求时间内的质量及完成度评估，以保证其可控并按规则进行 (2) 确保IT环境与预期的条件相符 控制点： (1) 过程监控 (2) 评价内部控制的适当性 (3) 获取独立保证 (4) 提供独立的监察

【案例】

某信息化项目IT后评估结果综合评价报告

1. 综合审计评估内容：项目完成成功度后评估

评估单位按照某科技基金信息化专项资金项目任务书的要求，对任务书中涉及项目目标、关键问题、创新点、功能性能指标、计划任务描述的总计26项具体指标进行了核查，其中24项指标完成、0项指标基本完成、2项指标有所欠缺，0项指标没有完成。在功能性验证方面，某区域政府综合信息平台的门户网站、内部办公系统、行政审批系统、GIS平台中4个主要类别的12个主要功能、97个模块已经开发完成，其中门户网站、内部办公系统和行政审批系统已经投入试运行且效果良好。

评估单位现场验证了项目前后计划任务书拟定的需要解决的关键问题：某区域政府电子政务基础应用系统、某区域政府行政审批信息系统、某区域政府基础地理信息系统、某区域政府互联网网站系统，以上关键问题已经全部开发完毕，其中互联网网站系统并未投入使用。

评估单位针对被测项目声称的以下预期成果和提交成果的形式进行验证：构建电子政务基础应用系统、开发行政审批信息系统、建立某区域基础地理信息系统、相关成果的文档和操作说明书、电子版文字版结合的项目代码、软件系统安装光盘、全套的技术过程文档和工作文档。以上均真实可信。

评估单位针对被测项目计划任务书中所提到的4大类(门户网站、内部办公、行政审批、GIS系统)的公文流转、审批、可视管理等功能进行了在线验证。以上功能均真实可信。

评估单位质询了业务、IT、外包公司和功能区域办公室主管领导，察看了项目购买的设备、软件和环境情况和相关凭证，认为：① 项目的46.5万元资金直接用于上海市某区域政府综合信息平台建设且使用比较合理。② 已经查阅和评估配套资金超过125万元直接用于网络平台、软件、培训、集成等。③ 该项目基本上按照项目计划执行，资金使用情况类别和明细能够严格遵照，其中软件开发投入65万元，软硬件采购115万元，项目培训集成10万元，除去信息化资助资金未到位部分等待考核外，已经全面完成了计划任务书的承诺。

评估单位察看和收集了被评估项目的项目过程文档和相关运行记录及管理制度，认为项目过程管理和持续性良好，评估单位察看了项目立项和中间阶段的专家意见和信息安全测评中心的意见，认为被测评项目的项目组和政府管理层能够主动遵从合理的建议并付诸实践，其评审和检查阶段的意见没有记录，信息安全测评中心意见中6条已经全部改进。

评估单位察看了现场情况和历史记录，对项目为某区域政府的电子政务的发展所起到的作用表示认同，资料显示指标与在线查询的交易记录吻合，通过对在线运行的门户网站、内部办公、审批平台、GIS系统的数据核查，所有功能均得到实现，其中内部办公和审批平台应用较多，GIS应用和更新较少，门户网站尚处于测试后停滞阶段；通过对协同办公和网站的其他辅助功能进行检查，政府各个部门基本上能够持续使用该系统并成为其业务的支撑平台，尤其是与部门及个人办公相关的各项业务。

评估单位认为被测项目基本较好地完成了项目计划书的内容，其中的功能性主要指标完全完成，性能性指标比较模糊；项目持续性较好，实施内容比较完整，内部办公平台已经与政务活动密不可分，项目后续资金和再投入已经实施，项目在外聘人员和外包公司的支持下应用、培训水平比较高；项目过程中基本能够吸收各方面意见，进而改进实施，对于信息安全测评意见和后期提出的整改建议积极采取相应措施，项目大大提高了被测单位的办事效率，加强了服务和沟通频率，对功能区域职能优化起到了显著的推动作用，作为一个处于职能变动和不确定的电子政务项目，项目的目标功能的持续性受到不确定因素影响较大，IT项目的选择、论证和实施应更加注意谨慎和务实。

综上所述，被评估项目完成的成功度为：完全成功(5级)。

比较明显的问题、建议和整改情况包括以下两点：

(1) 与项目的功能性指标明确和完成较好相对比，项目性能性指标完成的比较模糊、不好考核，软件项目性能没有经过准确的估量过程和渗透性测试的考验。

(2) 门户网站和审批平台建成后因各种客观因素未投入正式使用，对于项目过程中所遇到的职能转变和变更，项目没有随时与项目投资方和管理方保持沟通和修正项目目标，以上客观因素的限制和变化没有体现为项目管理的灵活变动和及时变化，体现出项目检查和反馈环节的能力有待提高，项目团队整体能力所能够体现出的真实水平不能够在项目验收时的具体指标中得到充分的体现，没有主动探索、及时预测和适时与项目投入单位探讨变更项目需求和考核指标。

2. 评估内容：项目应用效果评估

在项目投资的战略绩效和运营绩效方面，项目投入的总计190万元人民币资金与功能区电子政务关键业务的相关性密切，功能区通过信息化的支撑力图使办公效率、服务效率、管理水平和沟通效率的提高得到充分体现；某区域政府综合信息平台根据需求和发展所定制的流程符合作为某区派出机构的功能区政府对街道、办事处的管理要求，也针对了整合期较短、变化较多、信息化基础比较低的功能区电子政务发展阶段的实际情况,整体上提高了办公、办事和服务的水平与质量;该项目使得功能区的业务流程按时按目标完成的效率和效益得到大幅度提升;该项目通过政务外网平台和政务内网平台能够提供更加及时有效的跨地域服务,使得功能区公务员、外聘人员和街道、办事处、某区各级政府的业务连续性和方便性得到提升;该项目提高了功能区域内街道办事处和乡镇及居委会用户的满意度,通过网上协同办公平台的充分使用支持此结论;功能区的领导层能够兼顾成本和业务,主动地使该项目资源发挥效能,对于网上办公的推进能够给予适当的经费、人员和行政支持来进行拓展;在内部办公和审批流程中,政府中的管理层能够很好地同时实现授权与控制,功能区由办公室牵头,决策项目的开发运营全过程;该项目有效地实现了政务的电子化,某区域政府综合信息平台的利用具备了初始的决策支持功能,提高了功能区管理的可视化;该项目目标与业务目标已经实现,项目推进过程中所形成和增强的管理能力、沟通能力、办事效率为功能区的优化起到了重要的作用;在财务绩效方面,功能区在该项目的投资与其发展阶段相称,资金投入与所起到的效果相适应,软件功能与所对应的投资相比比较经济;该项目帮助功能区内的公务员,外聘人员,街道乡镇办公人员,新区政府各级局、委办沟通了项目信息,帮助政府降低了文档、交通、人员的通知和沟通成本,有助于实现成本效益目标;该项目有效地提高了功能区资产利用,使原先的办公场所、固定资产和员工能力得到充分发挥;该项目有效降低了实施变更的成本;该项目有效地实现了功能区内综合办公平台的一体化,实现了和街道乡镇综合网站的统一管理,提高了效率和效益。

通过此项项目投入,功能区负责IT的综合办公室与新区各部门和街镇以及功能区领导之间的联系更加紧密,功能区按照IT技术应用的特点和功能区实际情况外聘了专业的信息化管理人员和外包了软件的维护和开发,减少了支持和辅助人员,增加了直接服务于政务核心人员的比例;通过该项目的使用,某区域对IT相关的决策的权力和责任的分工更加明确;IT相关的决策不仅是IT部门的工作,其他部门均理解和积极参与。

在综合信息平台的投入认知绩效方面,功能区领导、相关处室、信息化管理部门、外聘人员、街道办事处和乡镇公务员均能够清楚地描述该项目概念;功能区领导对拥有的IT决策权非常明晰;功能区办公室对承担的项目责任非常明确;项目IT相关人员清楚地了解某区域政府综合信息平台对于审批、网上办公、统一内部门户、GIS系统的支持;功能区的公务员、外聘人员、街道办事处人员、乡镇公务员清楚地了解某区域政府综合信息平台在其政务中的作用;功能区和乡镇、街道办事处通过网上办公、处室信息、人员信息、门户网站确保项目和业务部门之间的沟通;协同办公系统IT管理/业务人员非常清楚地了解他们的期望;

内部办公的投入和网上审批的使用帮助政府能更多地利用当前提供的IT服务的有关信息，避免和减少了文件积压情况的出现。

针对该项评估，被测单位在应用效果方面达到的认同度是：认同(4级)。

比较明显的问题、建议及整改情况：

(1) 目前在所有的功能模块和信息平台类别中，只有内部办公和内部门户应用情况比较理想，表现出项目应用很多功能有很大的闲置。

(2) 信息化管理部门没有根据功能区行政改革过程的特点、变动的特点、组织和人员的变动性、预算和编制不确定性的实际情况制定相对应的IT战略、策略和目标，所制定的目标和需求针对性不强，因此很难应付突发的变化和相对持续性地增强和推进信息化进程。

建议今后项目立项时要充分考虑到功能区在相当一段时间内功能和职能优化过程中的变动性，从基础应用和核心应用入手和深入；在IT战略的制定上更多考虑不可变更的因素和项目管理能力的提高方面。

3. 评估内容：项目过程与运营维护评估

被测项目能够根据行业经验和自己实际情况定义项目的战略计划；能够通过外包、聘请专家和自身努力寻找技术方向；能够清晰地了解并设计组织关系并根据编制和预算的实际约束情况适当地采用外聘和外包相结合的办法满足要求；能够根据功能区发展阶段、人员素质、功能要求来管理项目的IT投资；能够通过调研、会议、专家和外包公司一些基本方法共同探讨和传达管理目标和方向；能够在约束和困难的情况下相对规范地进行项目中的人力资源管理；能够通过走访和经验相结合的方式来保证用户需求的一致性；能够通过自己定义的制度等文档化措施管理项目的风险评估；项目管理过程文件清晰，文档齐全，工作文档细致；质量管理把控严格，能够按照ISO9000和软件文档化要求进行项目和软件质量管理。

被测单位非常明确IT对于服务和效率政府在政务领域的支撑作用，通过信息化手段力图提高内部办公和联系各街镇、提高审批效率，提高政府决策水平；该项目采用的功能区内部网站整合、机构和人员计划状态关联性整合和转发、外包和外聘相结合等创新点和新功能，适应了普通机构改革功能区域派出机构的特点、探索期的职能优化的变动组织模式、管理和服务职能分离的功能区的要求。

被测项目根据业务的情况和专家的意见进行招标，能够中立规范地选择合适的供应商，能够根据普遍要求和个性特点选择解决方案；能够管理和定义软件和平台的需求并予以不断反馈和优化，根据功能区的办公和服务特点定制应用程序软件，对于委托开发和外购软件均能够采用适当标准，采用咨询专家评审、委托测评和自身验证的方法;能够相对平稳和可重复地获取并维护技术基础设施;能够规范地、文档化地严格流程和管理体系去管理程序开发与维护;能够提供文档和已定义的流程进行系统安装与鉴定;能够积极地采取措施去管理变化并根据情况适当进行修正和反思。

能够可重复和按照业务需求有意识地管理服务层次和服务等级;能够根据合同和行业惯例的要求委托和管理第三方的外包,在管理中按照自身的理解进行授权;对于性能和容量能够按照已经定义的和阶段性的估算进行管理;能够按照行业标准和已经定义的程序进行业务连续性管理并将连续性控制在一定明确的量的水平;能够有意识地控制系统安全,能够按照程序和流程管理安全,安全意识比较强烈,对于系统安全的管理有明确的制度和规则;对于信息化的投入和规划相对明确,能够以年为单位进行信息化投资管理;能够非常出色地教育用户使用系统,对于用户的感觉和使用能够不断优化地体现到产品中;能够按照流程和规范对消费者进行操作指南的建议和消费的忠告;能够对整个运行和维护建立起规范的管理流程;对于出现的问题与例外能够积极地处理,能够以文档的方法进行处理和记录;对于数据能够按照流程和规范进行备份和管理,有相应的策略进行数据的处理并经过计算和控制;能够可重复和日常化地管理基础设施;对于系统的操作文档齐全,对于操作的细则清晰可见。

对于过程中的风险能够以规范化和严格定义的标准状态进行管理,形成了一套完整的体系和制度;对于内部控制的意识很强,内部授权、角色、安全的规则清晰,内部控制策略和文档齐全并能够不断优化和提高;能够主动地获取独立性保证,能够在规则制度上管理和制定并采纳保证意见和提供信任依据;能够及时地和按照已经定义的程序进行监察和控制,组织虽小但角色清晰。

被测单位开发过程中开发资料、质量手册、变更通知、开发说明书、使用说明书、产品源代码、规章制度等过程中工作文件和最终文件,资料齐全,评估单位抽查了部分产品开发和运行文档并与实际情况进行对比,开发和过程资料符合实际,最终文件均真实可信,其源代码管理、文档管理、过程工作文档管理均表现出相当优异的水平。

然而,在评估过程中也发现一些过程中的不足,如:被测单位信息化管理部门面对变化的组织和职能定位,组织长期IT战略和策略的灵活性和及时性有所欠缺,其在IT方面的管理在组织职能变化的时候非常被动;对于技术方向不能以比较好的方法准确预计可能的走向并适时优化调整;信息系统目标对于高层的管理目标的传达相对迟滞和被动;人力资源管理受制于编制和预算不能有效说服领导和采用最优的方法进行调整;对于系统的风险不能采用最新和最全面的标准的模式进行常态管理;项目管理的动态性和应对变化的能力有待加强。被测单位在招标和咨询解决方案的时候,对未中标单位的方案和可能采取的最优方案没有进行闭环对比和优化;对基础设施投入的同时对网络的可用性和机房硬件基础设施的维护重视程度不足;对服务的层次和等级没有比较规范的分级和分类以及可参照的标准;管理第三方服务文档和在规范性比较强的基础上没有具体关键性指标;信息化投资管理预算颗粒度比较粗和没有明确的目标导向,更容易受到政策和人员变动的影响;处理大的问题和例外的能力应变性不强比较被动;设施管理比较粗放,成本意识不强,规范性不足;操作管理演练不足,需要灵活处理例外的时候条理性不强。

针对该项评估,被测单位在项目过程与运营评估方面达到的成熟度是:定义(3级)。

4. 比较明显的问题、建议及整改情况

(1) 功能区是作为浦东开发开放的试点产物,其IT战略应紧密配合和适应变动的组织情况,其在制定IT技术措施和方案的时候要充分考虑和敏感于需求的变化,前期项目过程中很多开发出来的功能中途停顿与需求的论证比例不足有很大关系,希望二期和三期项目的需求要更加充分论证,从不可变和更加基础的应用角度着手。

(2) 机房和基础设施的管理比较粗放,对于信息可用性的维护重视不够,比较重视固定资产的投入和一次性预算的投入(使用效率有待提高),而忽视日常的维护和应用的推进;维护人员采用外聘制和外包制,稳定性比较差,业务连续性和持续性受到损害。

(3) 技术方案的采用和维护使用,以及在建设的过程中,对于甲方的项目管理能力的培训和投入不足,不能够清晰地了解行业的技术和管理标准并予以严格执行,项目的中断和系统性风险比较明显。

(4) 信息化组织和人员尤其是领导人员变动频繁,组织内又没有常设的独立机构和跨部门的委员会和专家组,IT部门和IT项目容易被边缘化。

建议建立适当的常设和跨部门的组织;建议建立与组织实际情况相符合的IT战略并由领导组织研讨和文件明确;建议对于基础设施和日常运行维护的必要经费和编制予以适当的考虑;建议加强与外界专家和行业的交流和培训,提高信息化项目的项目管理水平。

5. 案例分析思考

(1) 结合材料分析,该项目是什么项目?做得如何?

(2) 该项目评估采用了哪些标准?治理的概念是什么?

(3) 从评估报告分析,该项目评估的流程是什么?

复习思考题

1. 审计的目标和作用分别是什么？
2. 审计有哪几种方法？各有什么优缺点？

第 2 篇　质量篇

——项目视野下的质量

第 8 章

安全工程管理

📖本章学习要求

- 熟悉信息安全工程的含义、要求以及在电子商务中的实施特点。
- 了解信息系统的安全策略包括哪些，以及如何制定安全策略。
- 熟悉风险评估的流程以及风险计算、脆弱性评估等内容及方法。
- 了解信息安全工程标准 SSE－CMM。

8.1 信息安全工程

8.1.1 信息安全工程含义

随着计算机和网络的迅猛发展以及应用的迅速普及，信息共享和互动成为信息系统、产品及安全服务的主要驱动力。信息安全的重点已从维护保密的政府数据扩展到更为广泛的范围，包括金融、贸易、保险、医疗和个人信息等。因此，有必要综合考虑和确定各种应用的潜在安全需求，包括机密性、完整性、可用性、可记录性、安全保证等。

对安全关注点的变化提高了对安全工程重要性的认识。安全工程正在成为工程组织中的一个关键部分。安全工程涉及系统和应用的开发、集成、操作、管理、维护和进化以及产品的开发、交付、升级等各个方面。在企业和商务过程中的定义、管理和重建中必须强调安全的因素，这样安全工程才能够在系统、产品或服务中得到体现。

安全工程是指以系统工程的观点，从安全角度提出项目实施过程的安全要求和控制方法。安全工程是一个正在进化的项目，当前尚不存在一个一致认可的精确定义。但一般而言，安全工程应达到的目标包括：

(1) 理解用户的安全风险，根据已识别的安全风险建立一组平衡的安全要求。

(2) 将安全要求转换成安全指南，将其集成到一个项目实施的活动中和系统配置或运行的定义中。

(3) 在正确有效的安全机制下建立对信息安全的信心和保证。

(4) 判断系统中和系统运行时残留的安全脆弱性对运行的影响是否可容忍。

(5) 将所有项目和专业活动集成到一个可共同理解系统安全可信性的程度。

8.1.2 信息安全工程要求

在一个项目中，信息安全工程涉及与该项目相关的各个方面，包括开发者、产品销售者、集成商、购买者(获取组织或最终用户)、安全评估者(系统认证者、产品评估者和运行许可批准者)、系统管理员、可信第三方、咨询/服务机构等。

信息安全工程与信息系统的建设是相辅相成的，它贯穿于信息系统的整个生命周期。在信息系统整个生命周期中执行的安全工程活动包括前期概念、开发和定义、证明与证实、工程实施与制造、生产与部署、运行和支持、废止。

信息安全工程与许多其他项目息息相关，包括企业工程、系统工程、软件工程、人力因素工程、通信工程、硬件工程、测试工程和系统管理等。

因为运行安全的保证和可接受性是在开发者、集成商、用户、评估机构和其他组织之间建立的，所以安全工程活动必须要与其他外部实体进行协调。也正是因为存在这些与其他部分的接口并贯穿于组织的各个方面，所以安全工程比其他工程更加复杂。

在目前的业务环境下，安全工程和信息技术安全是紧密相关的，但其他安全内容，如物理安全、人员安全也不容忽视。安全工程在实施中应贯穿于各个方面，且每个方面都有明确的内容。

运行安全：运行环境安全和安全运行态势维护。

信息安全：在操作和处理中的信息和信息安全维护。

网络安全：包括网络硬件、软件和协议的保护，也包括在网络上通信的信息。

物理信息：注重建筑和物理场所的保护。

人员安全：有关人员、可信度及他们的安全意识。

管理安全：有关安全管理方面和管理系统的安全。

通信安全：有关安全域之间的通信保护，特别是信息在传输介质上传输时的保护。

辐射安全：涉及所有机器设备将未期望产生的信号发射到安全域外部。

计算机安全：专门处理所有类型的安全计算机设备。

8.1.3 信息安全工程的实施

信息安全工程是伴随着信息系统建设、运行与管理的，它的内容覆盖了信息系统生命周期的各个阶段。总的来看，信息安全工程可以分为4个步骤、6项任务。在电子商务领域，根据其业务特点，每个步骤又有明确的任务和目标。

步骤1：调研、确定目标系统状况。

信息安全工程的第一步是从保密性、完整性、可用性的角度确定系统的任务和目标。系统的任务与目标的确定，需要从组织的业务目标、业务特性、管理特性和技术特性4个方面来考虑。

无论是准备新建信息系统，还是对已建信息系统的分析，组织的业务目标是安全工程的前提。信息系统的建设，或者是为了符合当前的组织管理流程，或者是开展新的业务模式。政府建设OA系统是为了提高行政办公的效率；面向社会服务的信息系统提供了一种新的服务模式，提供单向或双向的服务；电子商务系统则需要为买卖双方提供一个发布、协商、交易、支付的平台。不同的业务目标决定了信息系统用途，也初步决定了信息系统的投资。

业务特性是对保证业务的顺利实施而必须具备的一些条件，说明了对信息系统的一些要求。业务连续性要求高，则对信息系统的业务连续性保护要求高；业务信息很敏感，则对系统的保密性保护机制要求高；如果业务不允许中断，则对系统的实时性和响应时间要求较高。业务特性往往决定了信息系统投资的高低。

管理特性是指业务和系统之间的管理关系，以及是否存在多个部门、多个组织之间的共同管理。对一项业务而言，如果由单一的组织或部门来管理，那么其信息系统的管理也较简单；如果涉及多个部门，甚至多个组织之间的交互，则管理的要求也较高。在这种情况下，如果不能够通过管理协调来实施一致的话，就需要采取其他的技术机制甚至法律机制来保护。

技术特性是指业务的开展依赖于技术手段的程度。对技术手段依赖程度较高的业务，在信息系统方面也需要较好的技术辅助设施。

对电子商务中的支付而言，其业务特性、管理特性、技术特性都相对要求较高。例如，由于涉及买家、卖家、银行等多个方面，在产品真实性、信息完整性、支付安全性等方面都提出了较高的要求。由于涉及不同组织，管理要求也很复杂，有的是纯粹的技术管理，有的需要在流程上进行优化，并转换成技术管理；如果实施网上支付，则该业务在技术方面还提出了支付安全的要求。

步骤2：信息安全风险评估。

信息安全风险评估是识别信息系统风险的过程，为各类安全措施的选择与实施奠定基础。信息安全风险评估是信息安全工程的起点。

信息系统是组织(即拥有者)通过信息化手段来实现的工作任务,即具有一定的使命。从系统拥有者来看,业务开展对信息系统和信息的依靠程度越高,要求风险越小;同样,系统在建设、运行过程中不断积累起来的系统设备、信息、生产/服务能力、人员能力和赢得的信誉等都是企业的资产,这些资产的价值越高,越要求将系统的风险降低到最小。

信息安全风险是在考虑安全事件发生的可能性及其可能造成的影响下,脆弱性被威胁利用后所产生的实际负面影响。它是可能性和影响的函数,是动态的。前者指威胁源利用一个潜在脆弱性的可能性;后者指不利事件对组织机构所产生的影响。

风险评估是依据有关信息安全技术与管理标准,对信息系统及由其处理、传输和存储的信息的机密性、完整性和可用性等安全属性进行评价的过程。它要评估资产面临的威胁以及威胁利用脆弱性导致安全事件的可能性,并结合安全事件所涉及的资产价值来判断安全事件一旦发生对组织造成的影响。

风险评估的过程包括资产识别、威胁识别、脆弱性识别、风险计算、风险控制措施制定等几个阶段。对信息系统而言,存在风险并不意味着不安全,只要风险控制在可接受的范围内,就可以达到系统稳定运行的目的。风险评估的结果为保障信息系统的安全建设、稳定运行提供了技术参考。在规划与设计阶段,风险评估的结果是安全需求的来源,为信息系统的安全建设提供依据;在系统运行维护阶段,由于信息系统的动态性,需要定期地进行风险评估,以了解、掌握系统安全状态,是保证系统安全的动态措施。

步骤 3：确定和描述信息系统安全需求。

信息系统的安全需求是一系列针对安全的描述,例如要采取审计策略、需要进行访问控制等。安全需求的确定应该建立在风险评估的基础之上。安全需求的提出应该需要描述信息系统的运行环境、目的、主要用户、面临的威胁等因素,然后提出应该达到或实现的安全功能。

一般而言,针对风险评估中发现的薄弱点和风险,应从以下 4 种方式出发,确定安全的需求：

(1) 降低威胁(规避)。可以通过管理来控制人员与规范操作,减少威胁因素;或者改变系统的所在地点,改变系统的结构(如网络物理隔离)、网络拓扑,以减少威胁因素;或者改变环境的方法应当尽量在系统规划时期制定,规避风险因素的方法对系统来说收益会比较高。

(2) 弱点弥补(防范)。通过技术的措施修补系统的弱点(如操作系统加固),以降低系统脆弱性,继而降低被威胁因素利用的风险。通过技术与管理相结合的方式发现运行模式中的弱点(如入侵检测、审计、定期查看,采取对策),修补弱点,以降低系统脆弱性,继而降低风险。通过弱点弥补可以对大多数的风险进行有效的防范,但由于防范措施的有效性以及成本的因素考虑不可能对所有的弱点进行修补。

(3) 危害降低(补救)。通过备份与恢复,以及法律诉讼等方式,减少各类威胁事件带来的破坏性的后果。通过应急响应、外包或保险的方式转移破坏性的后果。

(4) 接受事件(忽略)。从投资收益角度出发,认为可以承受事件的后果,接受相应的风险。

步骤4:实施信息系统安全建设。

任务1:设计安全体系架构。安全体系架构主要包括信息域的划分、边界描述、信息流描述。根据不同用户,无论是内部用户还是外部用户、关联用户,划分不同的信息域,同时描述信息域与信息域之间、内部网络和外部网络之间的边界特点,这样为网络架构的安全设计提供支持。信息流的描述是根据各种业务流程,确定信息可能流经的节点,然后根据信息流的特点,对信息流的流转过程或节点内容提出要求。信息流为应用系统安全设计提供支持。

任务2:安全技术或产品的使用。当安全体系架构设计后,下一步是选择合适的产品或技术来实现这些安全功能。产品选择的依据包括是否通过权威机构认证、是否符合国家要求的密码算法、是否需要增加增强型的安全组件等。

任务3:安全管理制度的建设。在选择技术的同时,需要实施安全管理制度的建设。信息安全,有“三分技术、七分管理”之说。尽管不全然如此,但安全管理确实非常重要。业务的管理特性,决定了安全管理方面的要求。此外,安全产品、基础设施的安全功能都需要管理才得以发挥。安全管理的建设应包括规范信息系统建设过程、规范软件开发的安全管理、规范系统运行的管理制度、规范与相关单位相关系统的接口管理等方面内容。

8.2 风险评估

8.2.1 风险评估的概念

“风险”一词,原指“遭受损失、伤害、毁灭的可能性”。风险的起因是由于存在着很多不被行为主体控制的因素,使得这些因素被外力利用而造成损失。无论是经济、政治领域,还是技术、市场领域,都存在风险。

风险评估的目的在于识别这些不可控主体被外力利用而造成损失的可能

性，从而为各类控制措施的选择提供依据。在不同的领域，由于目标不同、影响目标的因素不同、行为主体不同，因此风险评估的内容、方法也是不同的。

在信息安全领域，对风险在内涵上作了一定的界定，即：风险是指由于系统存在的脆弱性，人为或自然的威胁导致安全事件发生的可能性及其造成的影响。信息安全问题是随着互联网应用的普及而逐步得到人们的认识，对信息安全的风险评估历史并不长。信息安全的风险评估主要是针对信息以及信息处理系统，从内因（资产、脆弱性、已有控制）和外因（威胁、安全事件）两方面综合判断其面临的风险。

风险评估涉及的主要要素有资产、威胁、脆弱性、控制措施等几个方面，风险则是这几个要素之间综合的体现。信息资产是风险评估的核心，与组织业务密切相关。风险评估则是需要收集组织有关资产、威胁因素、脆弱性、控制措施等相关信息，了解资产的价值、威胁发生的可能性、脆弱性的严重程度、控制措施的有效性等，进行科学处理标识各类风险的大小（或高、中、低），制定相应风险控制计划。

信息系统对于所有者来说是一种资产，为所有者创造价值，由于这个原因，所有者对信息资产进行关注。威胁因素可能对信息资产产生所有者不期望的后果，造成资产价值的损失，这些潜在的损失也就是所有者所面临的风险。

对于所有者来说希望降低这些不期望的事件对系统带来的损失。对信息系统而言，损失一般包括但不限于以下几项：资产向未授权的人泄漏（失去机密性）、资产被未授权访问者更改而损坏（失去完整性）以及被授权者无法对资产进行访问（失去可用性）。

8.2.2　风险评估的流程

风险评估的流程如图 8-1 所示，一般可以分为资产识别、威胁识别、脆弱性识别、风险计算、风险管理等几个阶段。

1）资产识别

信息资产是风险评估工作的核心内容，信息资产与组织的利益直接相关，是风险管理的主要目标。信息资产识别时需要考虑以下几个层次：

（1）数据与文档：数据库、数据文件、技术文档、操作手册、操作记录、应急预案等。

（2）软件资产：操作系统、应用系统、中间件、工具软件、终端应用程序等。

（3）硬件资产：网络设备、主机、PC、便携式计算机、磁盘阵列、磁光介质等。

2）威胁识别

威胁指可能对信息资产造成不期望事件的主体，一般包括以下几类。

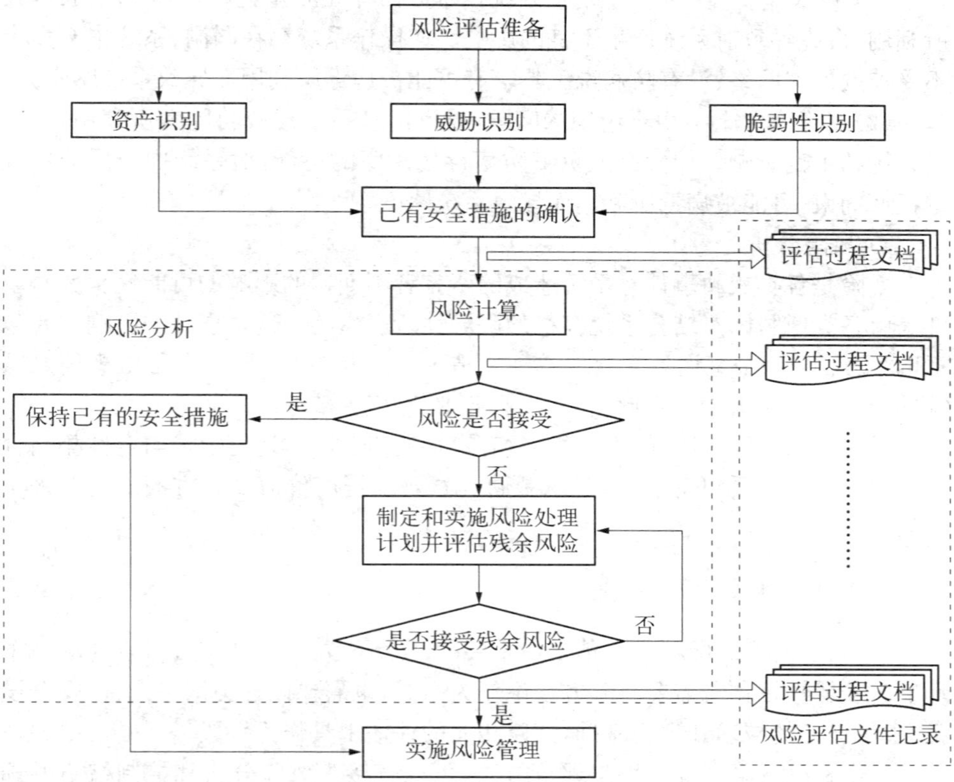

图 8-1　风险评估实施流程图

(1) 通过网络进入信息系统的行为人：这种威胁在分类上被归为对组织重要资产的基于网络的威胁，是行为人的故意的或是意外的行为。

(2) 通过物理方式接近信息系统的行为人：这种威胁在分类上被归为对组织重要资产的物理威胁，是行为人的故意的或是意外的行为。

(3) 系统问题：这种威胁在分类上被归为组织信息技术系统的问题。例如包括硬件缺陷、软件缺陷、相关系统的不可用性，重要基建(远程通信、电力等)的不可用性。

(4) 自然灾害：这种威胁在分类中属于在组织范围之外的问题和情况。这种威胁包括自然灾害(诸如洪水、地震或风暴)。

(5) 其他问题：病毒、恶意代码等问题。

3) 脆弱性识别

脆弱性是指系统中存在着的可以被威胁主体所利用造成对系统不期望影响的缺陷或弱点。

(1) 技术脆弱性：主要是信息系统技术方面存在的脆弱点，可以被威胁因素所利用，最终导致对系统产生不良的影响。如操作系统存在漏洞、系统中有多个不受控的外连网络、没有防病毒工具等有可能被病毒所利用而导致系统感染。

(2) 组织脆弱性：由于组织的问题，导致信息系统被威胁因素所利用，造成对系统的不良影响。如没有人负责防病毒代码库的更新，对系统中介质使用没有任何约束，可能被病毒所利用而导致系统感染。

4) 风险分析

风险是各类威胁事件对系统造成的所有者不期望的影响的可能性。威胁事件是由各类威胁因素结合系统存在的脆弱性所产生的。这些事件的影响主要包括两个方面：一个是设备或软件被破坏造成的直接损失；另一个是由于信息系统的损失造成对组织的无形损失，如业务中断、声誉破坏等。

目前，关于风险计算的方法很多，有定量的、定性的，还有定量与定性相结合的。但从本质来看，风险计算是从威胁、脆弱性、资产价值 3 个方面的关系来实施的。

8.2.3 评估脆弱性

在风险评估中，脆弱性评估是最重要的一个环节，也是技术含量较高的一个环节。脆弱性评估既需要科学方法论作为指导，也需要以各类网络设备、安全设备、主机设备的技术知识为基础，并以相关的评估工具作为手段。

一个良好的脆弱性识别与评价方法，可以直接为风险分析和控制措施的选择提供支持。一些具体的薄弱点，无论其造成的风险有多大，对技术管理而言，这些就是需要改进的地方。

1) 脆弱性评估的目的

脆弱性评估同样与安全事件发生概率呈正相关的关系，评估脆弱性同样需要表征出其与安全事件发生概率增大之间的相关性。

2) 脆弱性评估的主要内容

与威胁相关，脆弱性表示系统中存在着的可以被威胁主体所利用造成对系统不期望影响的缺陷或弱点。根据控制模型，脆弱点应当是属于信息系统的部分，系统运行与操作存在着可被威胁所利用的脆弱性。

评估时将针对每一项需要保护的信息资产，找出每一种威胁所能利用的脆弱性，并对脆弱性被威胁利用的可能性进行评估。在进行脆弱性评估时，提供的数据应该来自这些资产的拥有者或使用者，来自相关业务领域的专家以及软硬件信息系统方面的专业人员。

其中，在技术方面主要是通过远程和本地两种方式进行系统扫描、对网络设备和主机等进行适当的人工抽查、对关键外网服务主机进行远程渗透测试，以保证技术脆弱性评估的全面性和有效性；管理脆弱性评估方面主要是按照 ISO/IEC 27001、ISO/IEC 17799 的安全管理要求对现有的安全管理制度及其执行情况进行检查，以发现其中的管理薄弱环节和不足。脆弱性评估所采用的方法主要为扫描、人员访谈、配置检查、记录审计等。

脆弱性的主要类别如下。

(1) 技术脆弱性：信息系统技术方面存在的脆弱点可以被威胁因素所利用，最终导致对系统产生不良的影响。终端操作系统存在漏洞，系统中有多个不受控的外联网络等，有可能被病毒所利用而导致系统感染。

(2) 组织脆弱性：由于组织的问题而导致信息系统被威胁因素所利用，造成对系统的不良影响。如对安装软件、使用介质管理不严，可能被病毒所利用而导致系统感染。

3) 脆弱性评估考虑因素

脆弱性分析主要考虑其容易被利用的程度，在技术方面表现为对于攻击者或者病毒等非人主体的可利用程度，以及如核心设备等可以被故障或缺陷所利用的脆弱点，数据的获取主要依据 CVE 通用漏洞描述以及故障统计分析数据，在管理方面主要参考信息安全管理标准中的有关要求进行赋值。表 8-1、表 8-2分别提供了技术脆弱性评估和管理脆弱性评估的一个建议，1～5 分别代表了脆弱性的严重程度和被利用的难度。在评估时，可以对发现的脆弱性进行等级化赋值。

表 8-1

技术脆弱性评估表

1	2	3	4	5
技术方面存在着低等级缺陷，从技术角度很难被利用	技术方面存在着低等级缺陷，从技术角度难以被利用	技术方面存在着一般缺陷，从技术角度可以被利用	技术方面存在着严重的缺陷，比较容易被利用	技术方面存在着非常严重的缺陷，很容易被利用
对于攻击者来说，该漏洞目前还不能够被直接或者间接利用，或者利用的难度极高	对攻击者来说，该漏洞无法被直接利用(需要其他条件配合)或者利用的难度较高	可以配合其他条件被攻击者加以直接利用，或者该漏洞的利用有一定的难度	一个特定漏洞，可以配合其他条件被攻击者加以直接利用，或者该漏洞的利用有一定的难度	在没有任何保护措施的情况下，暴露于互联网上

表 8-2

管理脆弱性评估表

1	2	3	4	5
组织管理中没有相关的薄弱环节，很难被利用	组织管理中没有相应的薄弱环节，难以被利用	组织管理中没有明显的薄弱环节，可以被利用	组织管理中存在着薄弱环节，比较容易被利用	组织管理中存在着明显的薄弱环节，并且很容易被利用
有规定、严格审核、记录、校验	有规定，职责明确，有专人负责检查执行落实情况，有记录	有规定，定期检查落实，有记录	有规定，执行完全靠人自觉	无人负责，无人过问

4）脆弱性评估工具

各种操作系统、应用服务软件被发现的安全漏洞每年都数以百计，这些漏洞对信息系统来说都是脆弱点。脆弱性评估工具能够发现信息系统存在的脆弱点。脆弱性评估工具目前已经有数千款相应的工具，从免费的、共享的到商业化的产品。这些工具功能各不相同，有的只能简单地检测一个或者多个漏洞，有的能进行全面的脆弱性检测，并提供详细的分析报告和解决措施。

但是，脆弱性评估工具在检测系统漏洞的同时也存在一定的局限性。例如，漏洞扫描工具只能扫描出那些已知的漏洞，对未知的脆弱点则无能为力；脆弱性评估工具不会指出组织员工是否遵循组织的安全制度、已经实施的安全措施是否符合组织的安全目标等。

（1）Nessus。Nessus 是一个在 GPL 许可下的开放软件，免费而且开放源码。Nessus 是一个功能完全的安全扫描器。与很多的商业软件相比，Nessus 在功能和各项性能上都要优秀得多。Nessus 采用客户端/服务器架构，这种设计使得服务器可以部署在网络的不同位置进行信息收集，而客户端可对一个或多个服务器端进行控制。这一设计为 Nessus 的使用者提供了较大的灵活性。服务器进行信息系统脆弱性测试工具，而客户端提供配置和报告功能，并对服务器端进行管理。目前 Nessus 的服务器端可以运行在几乎所有的 Unix 系统上，甚至可以运行在 MAC OS X 和 IBM/AIX，在 Linux 上也运行良好，客户端则可运行在包括 Unix 和 Windows 在内的绝大多数操作系统上，这使得 Nessus 具有强大的生命力。因此 Nessus 应用广泛，包括各种流行的操作系统、安全设备（如防火墙）、网络设备（如交换机、路由器）等。截至 2004 年 4 月，该软件可检测的漏洞规则已达到 2 000 多条，覆盖 Mail 服务器、Web 服务器、FTP 服务器、拒绝服务、缓冲区溢出、流行病毒检测等10多种缺陷类别。该软件自身生成的报告也相当完善。

（2）ISS。ISS是一款商业化的脆弱性评估工具，ISS互联网Scanner是一个用于分析组织网络上的设备安全性的弱点评估产品，它针对操作系统、路由器、电子邮件、Web服务器、防火墙、业务服务器和应用程序进行检测，从而识别能被入侵者利用来进入网络的漏洞。与其他脆弱性评估工具相比，ISS最主要的优点是能生成非常详细的报告，ISS的报告除了能提供脆弱点的详细信息之外，针对该脆弱点的解决措施，包括详细的操作步骤都在报告中向使用者提供。

（3）Retina。Retina是运行于Windows NT 4.0 SP6a/2000/XP等Windows操作系统的一款扫描工具，可以对Windows、Linux、Unix等系统进行扫描，功能强大，并且对新出现的安全漏洞反应迅速。该软件遵循CVE规则命名安全漏洞，通过其安全分析报告的安全漏洞说明，可以基本了解问题的严重性和处理方法。Retina是共享软件，由著名的eEye(http://www.eeye.com/)安全小组开发并维护，这个安全小组因为发现了微软IIS服务器上的很多著名缓冲区溢出漏洞而著名，现在eEye已经开始了商业化运作的道路。

（4）HFNetChk。HFNetChk安全工具是一个由Microsoft发布的工具，在维护Windows服务器安全的任务中，它能为系统管理员提供帮助；它是一个命令行工具，能让管理员从一个中心位置来检查网络中的所有机器。HFNetChk借助一个由微软公司提供的不断更新的XML数据库，从一个中心位置去了解当前网络所有机器中Windows产品的补丁程序的安装情况，可以报告Windows NT 4.0、Windows 2000、Windows XP、IIS 4、IIS 5、IIS 5.1、Internet Explorer 5.01和后续版本、SQL Server 7.0和SQL Server 2000等hot fix情况。

8.3 安全策略制定

无论是新建系统还是建设系统，安全策略制定是信息安全建设的核心环节。安全策略是一组规则和惯例集，用于指定或调整系统或组织提供的安全服务，目的是保护系统中敏感或关键的资源。在系统层面，安全策略表现为一组安全要求（或需求），如采取访问控制技术限制用户的网络访问。与具体的设备相对应，安全策略则表现为安全功能，如配置防火墙的单向访问控制规则。

制定系统安全策略，其目的在于防患于未然，使信息系统犯罪、不正当行为、个人信息泄漏和灾害等造成的损失降到最低限度，当犯罪发生时能与相关部门取得联系，从而确保网络系统的安全，维持信息社会的正常秩序。

系统安全策略的制定应以信息系统为对象，根据风险分析确立安全方针，并依照该方针从下述项目中选择出必要的内容，同时根据需求追加一部分内容来制定策略。无论是否与互联网等开放的网络互联，所有的信息系统都应该采取相应的安全策略。电子商务系统，应该在网络、主机、基础设施、数据管理等各方面制定相应的安全策略。

8.3.1　网络

管理者为防止对网络的非法访问或非授权用户使用的情况发生，应采取以下策略。

1）监视日志

(1) 读取日志，日志的内容至少可确定访问者的情况。

(2) 确保日志本身的安全。

(3) 对日志进行定期检查。

(4) 应将日志保存到下次检查时。

2）对不正当访问的检测功能

(1) 对出现不正当访问时应设置能够将其查出并通知风险管理者的检测功能。

(2) 设置对网络及主机等工作状态的检控功能。

(3) 若利用终端进行访问，那么对该终端设置制定功能。

(4) 设置发现异常情况时，能够使网络、主机等停止工作的功能。

3）口令

对以口令进行认证的网络应采取以下策略：

(1) 用户必须设定口令，并做到保密。

(2) 在用户设定口令时，应尽量避免设定易于猜测的词语，并在系统上设置拒绝这种口令的机制。

(3) 指导用户每隔适当时间变更口令，并在系统中设置促使更改的功能。

(4) 限制口令的输入次数，采取措施使他人难以推测口令。

(5) 用户一旦忘记口令，就提供口令提示，确认后，口令恢复。

(6) 对口令文本采取加密方法，并做到保密。

(7) 在网络访问登录时，进行身份识别和认证。

(8) 对于交易，采取口令与数字证书相结合的方式确定用户身份。

(9) 设定可以确认前次登录日期与时间的功能。

4）用户身份识别(用户 ID)管理

(1) 对因退职、调动、长期出差或留学而不再需要或长期不使用的用户 ID 予以注销。

(2) 对长期未进行登记的用户以书面形式予以通知。

(3) 对过期的数字证书予以书面形式通知。

5) 加密

(1) 进行通信时根据需要对数据实行加密。

(2) 做好密钥的保管工作,特别是对用户密钥进行集中保管时更要采取妥善的保管措施。

6) 数据交换

(1) 在进行数据交换之前,对欲进行通信的对象进行必要的认证。

(2) 以数字签名等形式确认数据的完整性。

(3) 设定能够证明数据发出和接收以及可以防止欺骗的功能。

(4) 在利用加密操作的情况下,对用户的密钥进行集中管理时要寻求妥善的管理方法。

7) 灾害策略

为防止因灾害、事故造成线路中断,有必要做成热备份线路。

8.3.2 主机

管理者为防止发生对主机非法访问或未授权用户使用等情况,应采取以下策略。

1) 监视日志

此内容前已述,此处略。

2) 口令

此内容前已述,此处略。

3) 对主机的访问

(1) 在记录日志时,进行识别和认证。

(2) 对于认证的方法,按照信息系统所需的安全要求进行选择。

(3) 设置可以确认前次日志记录日期的功能。

(4) 根据安全方针,除了对主机的访问加以控制外,对数据库的数据、软盘等也应分别进行控制。

(5) 为确保访问控制等功能的安全,有必要选择具有相应功能的操作系统。

4) 安全漏洞

(1) 采用专用软件,对是否存在安全漏洞进行检测。

(2) 发现安全漏洞时,要采取措施将其清除。

5) 加密

(1) 对保存的核心数据,如重要商品信息、用户口令等,根据需要实行加密处理。

(2) 做好密钥的保管工作,特别是对用户密钥集中保管时要采取妥善的措施。

6) 对主机的管理

(1) 应采取措施使各装置不易拆卸、安装或搬运。

(2) 要采取措施,避免显示屏上的信息让用户以外的人直接得到或易于发现。

7) 预防灾害策略

(1) 根据需要将装置做成热备份的,并设置替代功能。

(2) 设置自动恢复功能。

8.3.3 设施

为了防止重要的计算机主机系统设施不受外部人员的侵入或遭受灾害,应采取以下措施。

1) 建立权限限制及身份标识

(1) 权限发给最小范围的必需者,并限定该权限的有效时间。

(2) 授予权限时要注明可能注入的设施范围及进入设施的目的。

(3) 对拥有权限的人员发给记有以下事项的身份标识和 IC 卡等身份标识物,标识物中应明确权限的有效期、可进入的设施范围以及进入的目的、照片等个人识别信息。

(4) 制作标识的材料应采用不易伪造的材料,另外要严格管理标识原件(指存档的),避免流失。

(5) 有权限人员的标识遗失或损坏时应立即向安全总负责人申报,并由管理人员进行管理。

2) 出入管理

(1) 为获准进入设施要提交身份标识确认权限。

(2) 限定允许进入设施的期限。

(3) 将允许进入人员的姓名、准许有效期限、可进入的设施范围、进入目的以及进入设施的许可(以下称许可)等记录下来并妥善保存。

(4) 对允许进入的人员发给徽章等进入设施的标志,并将该标志佩戴在明显的位置。

(5) 在建筑物或计算机房的出入口处查验是否具有权限和许可。

(6) 当从设施中搬出入物资时都应对该物资和搬运工具进行查验。

(7) 物资搬运出入时,应记录负责人的姓名、物资名称、数量、搬运出/入日期等,并保存。

3) 防范设施

(1) 限定设施出入口的数量,设置进行身份确认的设施。

(2) 在设施内装设报警和防范摄像装置,以便在发现侵入时采取必要的防范措施。

(3) 在建筑物、机房及外设间、配电室、空调室、主配电室(MDF)、中间配电室(IDF)、数据保存室等的出入口处设置报警装置,以便在发现侵入时采取必要的防范措施。

4) 灾害策略

(1) 设施的地点应尽可能选在自然灾害较少的地方。

(2) 建筑物应选择抗震、防火结构。

(3) 各种设备都应采取措施防止因地震所导致的移动、翻倒或振动。

(4) 内装修应使用耐燃材料,采取防火措施。

(5) 对电源设备要采取防停电措施。

(6) 对空气调节设备要采取防火和防水措施,使用水冷式空调设备时要采取防水措施。

8.3.4　发现攻击时的措施

管理者为在发生攻击事件时能确保与有关部门取得联系,对危机进行切实应对,从而确保安全,应采取以下策略。

1) 发现攻击时应采取的措施

(1) 当发现对用户等进行攻击、事故或侵害其他信息系统安全的行为或事件(以下称攻击)时,有义务立即向危机管理责任人报告。

(2) 应将受到攻击的对象、非法访问的结果、出入时的日志以及其后审计或调查所需的信息等,作为发现攻击行为的状态保存下来。

(3) 及时向相关部门通报。

(4) 发现非法访问行为,且需要得到相关部门援助时应提出申请,待相关部门调查结束,在进行系统恢复时,应将操作过程记录下来。

2) 组织体制

为明确责任和权限应建立以下体制:

(1) 日常事务体制,设立专职的安全总负责人和审计负责人。

(2) 风险管理体制,设专职的风险管理责任人、风险管理设备执行人员和其他责任人。

8.3.5　信息系统的开发、运行和维护

1) 开发

(1) 采取措施防止将基础数据泄漏给从事开发以外的其他人员。

(2) 制定专门的系统设计文档。

(3) 制定专门的运行和维护手册。

(4) 运行手册中应制定出危机范围和风险策略。

(5) 数据管理。

(6) 当重要数据的日志文件不再使用时，应先将数据清除，再将储存介质破坏，随后立即将该记录文件销毁。

(7) 对保存有重要数据的记录文件应采取措施，做好保管场所携带出入的管理，将数据用密码保护。

(8) 对软盘等存储介质，根据需要应采取数据加密或物理方法禁止写入等措施。

2) 备份

应定期或尽可能频繁地进行备份。备份盘应制定妥善的保存方法、保存期限，与原盘放在不同的地方保管。

3) 审计

(1) 从信息系统的安全性、可信度、保全性和预防犯罪的角度进行审计。

(2) 制定审计的方法并制成手册。

(3) 有计划、定期地进行审计，但若有重大事故发生或认为有危险发生时应随时进行审计。

(4) 提交审计报告。

(5) 安全总负责人应根据审计结果迅速采取必要的措施。

4) 维护

(1) 根据手册操作。

(2) 记录运行情况日志。

(3) 记录维护情况。

5) 教育及培训

(1) 将风险发生时的防范措施制成手册发给用户并进行定期训练。

(2) 让用户了解风险会对社会带来较大的危害，从而提高安全意识。

(3) 对用户策略实施情况进行审计，对措施不完备的地方加以改进。

8.3.6　与开放性网络连接的信息系统的管理策略

在系统信息中，除前面所述安全策略之外，从预防非法访问、计算机病毒侵入的角度来看，与互联网等开放性网络相连接的信息系统还应追加安全措施。另外，关于与开放性网络相关连接的信息系统，除了前面所讲的安全策略外，还应考虑不正当访问和计算机病毒侵入等风险性。

（1）与开放性网络的连接应限定在最小范围的功能、线路和主机。

（2）与开放性网络连接时，应采取措施预防对信息系统进行不正当访问。

（3）利用防火墙时应设定适当的条件。

（4）使用计算机系统时，应采取一定的安全措施，以确保该信息系统的安全。

（5）关于网络结构等重要信息除非在必要时，不得公开。

（6）设置对线路负荷状态的监视功能。发现异常情况时，应根据需要使之与相连接的开放性网络断开。

（7）当发生攻击时，对攻击进行分析，查明原因，与相关机构合作采取措施，防止攻击再次发生。

（8）限定用户，即尽可能将可通过开放性网络进行访问的用户（数）加以限定。

（9）信息收集，即平时要注意收集通过开放性网络进行非法访问的信息。

【案例】

某业务网络信息安全工程案例

1. 案例简介

如案例图8－1为某分支机构业务网络拓扑图。

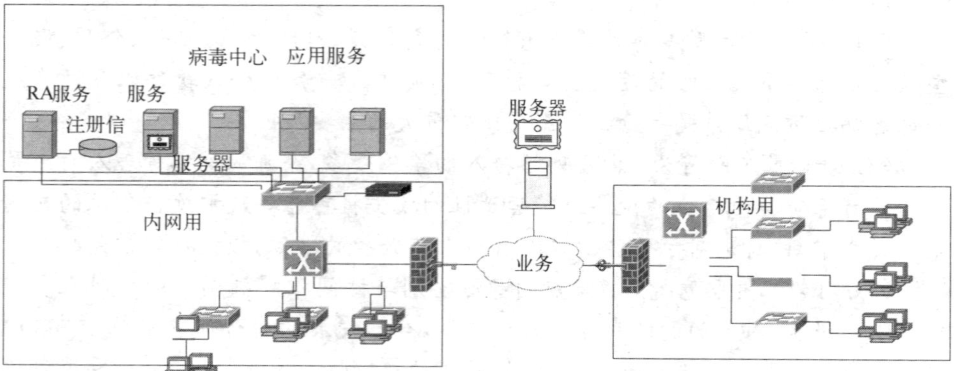

案例图8－1　某具有分支机构业务网络拓扑图

1）系统结构

对于具有跨区域分支机构的单位，系统结构由内部局域网、客户PC机、服务器群、商务网接入设备、分支机构网络共同构成。OA、业务应用系统对总部及分支部门提供各项应用，Web 提供对业务网用户的服务。

2）关键资产

主要的关键资产如案例表 8-1 所示。

案例表 8-1

关键资产表

关键资产名称	组件	选择理由
网络系统	核心交换机、服务器群交换机、楼层交换机、上联链路、分支机构上联网络、交换机、链路	承载业务
Web 系统	Web 应用系统与数据、Web 服务器、应用服务器、数据服务器、客户端	重要应用
OA 系统	OA 应用系统与数据、应用服务器、数据服务器、备份服务器、客户端、分支机构客户端	关键应用
业务系统	业务应用系统与数据、设备应用服务器、数据服务器、磁盘阵列、客户端、分支机构客户端	关键应用
安全设备	防火墙、防病毒服务器、入侵检测、主页防篡改	提供保护

2. 解决方案概要

1）主要风险

(1) 病毒：由于防病毒体系没有统一进行部署，包括网络、邮件、介质、混合型病毒是信息系统面临的最大安全隐患，介质传入与私自安装软件以及没有统一部署病毒防范体系是导致病毒影响比较重大的主要原因。

(2) 好奇员工的行为：由于网络接入的单位众多，个别的网络管理人员或员工出于好奇对其他单位的设备进行尝试性的攻击将可能导致被攻击单位的应用服务发生中断，特别对于一些出口没有防火墙保护的单位，损失将非常大。

(3) 内部人员恶意行为：目前的身份鉴别与访问控制机制、审计、对人员操作权限的限制、对行为的约束相对都比较弱，今后发展的趋势使各单位都有 OA 系统应用完善与业务系统开发的规划，数据的机密性与完整性、可用性要求都比较高，上述脆弱点被恶意的人员所利用进行非法的操作将成为未来系统发展的最大隐患。

(4) 内部人员或开发测试人员误操作：由于网络没有实施逻辑隔离措施，存在着由于人员误操作影响系统正常运行的隐患。

(5) 环境问题：温度、灰尘、湿度将对关键服务器的正常运行造成比较大的影响,随着时间推移此部分问题对系统造成的影响也将逐渐加大。

(6) 系统故障：系统中从核心网络到各接入网络设备与链路中均存在着单点故障的隐患,随着时间推移,设备故障率增高,可能造成系统服务中断的重大隐患。

(7) 外部人员间接攻击：个别的接入网中有用户拨号到互联网中,外部人员利用此环节构成的跳板攻击内部服务器是造成整个商务网系统发生重大安全事件(如服务中断、主页被篡改)的隐患。

(8) 灾难性问题：目前所有的系统都没有针对灾难建立有效的系统备份与恢复措施,一旦灾难事件发生,对系统造成的损失将非常巨大。

2) 安全措施

(1) 优先考虑的措施包括：① 系统加固。调查中发现重要的资产中有许多重要服务器没有安装最新补丁,系统中存在多处高风险漏洞,容易被病毒、入侵等事件所利用。对这些系统进行加固将能够有效降低相应的风险。② 防病毒。部署统一的网络防病毒系统是当前最紧急的任务,通过网络版防病毒系统的部署能够比较有效地实现对病毒的集中监控、预防、阻止,提高效率,降低病毒风险。③ 制定统一的安全管理制度。对涉及安全操作的行为进行规范,如口令、共享管理等,特别应对分支机构人员的行为进行规范。④ 人员安全培训。对操作人员、技术人员进行安全培训,提高安全意识,降低日常操作中的风险。⑤ 增加日常安全运维工作。在现有日常系统的监控、配置、事件处理的基础上增加病毒监控、漏洞修补等日常工作。

(2) 短期需要考虑的措施包括：① VPN 的实施。异地机构通过商务网接入的单位与通过拨号网络接入的系统没有对接入链路中传输的数据进行机密性与完整性保护,有下属单位接入的系统仅通过商业的链路接入,同样对数据缺乏相应的保护,建议通过 IPSEC VPN 的方式对数据传输进行有效保护。② 防火墙部署调整。通过对防火墙部署的调整,起到核心服务器能够防止来自内部的入侵以及病毒攻击的作用。③ 重要的业务系统或 OA 系统进行深入的业务流程以及安全策略、操作风险分析工作,根据实际情况对身份鉴别、加密、访问控制、操作审计措施进行完善,防范来自内部的恶意数据篡改的风险。④ 测试环境与运行环境技术上隔离。通过划分 VLAN 的方式将测试环境与运行环境进行逻辑隔离,防止操作环境之间互相影响。⑤ 主页防篡改。对于一些在商务网中应用比较广泛,发布内容比较重要的系统设置主页防篡改措施,防止主页被非法篡改。⑥ 入侵检测。对于各类入侵行为的及早发现是提高应对通过网络入侵行为影响的重要措施,通过直观的方式发现入侵,获取警报,进行事件追踪,防范入侵,有效降低入侵事件的风险。⑦ 综合审计的实施。通过外包的方式,考虑对网络、系统、安全的全面监控,内部增强应用系统审计的实施,建立对重要的应用系统关键操作实施独立的审计。⑧ 安全应急响应体系建立。建立相应的机制,确保在紧急安全事件、重大设备故障发生后能够通过有针对性的组织相关的人员、资源、措施的方式进行高效处理,实现接入系统限制事件影响,恢复系统,降低风险的目的。根据现有情况考虑增加有关分支机构的应对病毒、入侵事件的应急响应机制,降低事件的影响。⑨ 备份与存储。根据系统的运行连续性与恢复要求,结合自身条件(数据、网络、经费限制)选择适当的备份方式(热备、温备、冷备)与存储措施(DAS、NAS、ISCSI、SAN)。⑩ 外包服务管理。系统安全运行需要实施许多涉及安全技术的工作,如入侵检测、安全日志分析、安全事件响应处理、安全配置等,完全自身实施相关的工作需要投入高技术的人员并消耗大量的精力,不够经济,可以考虑以集中外包服务的方式完成安全运维的工作。对此将原办公室或信息中心的职能由信息系统的具体工作实施操作转变为对外包服务的管理方面,重点放在系统的规划和需求的研究上。

(3) 长期需要考虑的措施包括:① 机房环境。对于一些没有标准机房的单位应考虑建设标准的机房对系统实施有效的物理防护,并且在电源方面考虑多路供电,以及 UPS 保护措施,防止由于电力故障对系统造成重大的影响。② 网络升级,增加冗余。目前包括核心网与接入系统的网络设备、线路均没有冗余措施,发生单点故障的可能性很高,如发展高可用性的业务,应考虑网络的升级与冗余,增加冗余链路与冗余网络设备,对于部分接入网,考虑将 HUB 等不安全的网络设备升级成为交换机,提供更加好的安全性能与可管理性,通过三层交换的方式,对各系统实施 VLAN 划分管理,提高各接入网络的安全性。③ 容灾备份。灾难性事件(如火灾)发生后将对目前的信息系统产生毁灭性的破坏,由于目前所有的备份介质均没有在异地存放,因此恢复系统将非常困难。虽然事件发生的频率比较低,但一旦发生损失非常巨大,因此需要进行进一步规划、决策,综合性地考虑相应的例如异地存储等容灾备份措施,制定符合要求的方案。④ PKI/KMI的实施。考虑到重要系统对信息的机密性与完整性保护的要求通过 PKI/KMI 实施,实现对身份鉴别、访问控制、数据加密、完整性保护等一系列安全机制。由于 PKI/KMI 为基础设施,因此通过统一的平台实施。

3. 技术措施描述

1) 边界——防火墙保护

控制各级网络用户之间的相互访问,规划网络的信息流向,隔离未授权用户对网络的访问,在某一子网发生安全事故后,避免波及其他子网。在接入系统中,通过对拓扑的调整将服务器群放置到防火墙的 DMZ 区中。

防火墙的选择应考虑以下几个原则。

(1) 吞吐量：防火墙串接在网络出入口处，对进出网络的数据包进行检查，如防火墙缺乏足够的吞吐量，则可能对网络性能影响极大，因此必须能够保证网络的流量对防火墙的需求。

(2) 管理的方便性与安全性：防火墙的设置是一项非常重要的工作，一个设置良好的防火墙可以发挥很好的安全防护作用，但设置防火墙是一项非常复杂的工作，因此应该尽量选择设置方便的防火墙，同时无论远程还是本地，都必须保证设置只能由管理员完成，并且防火墙的设置不能被人非法修改。

(3) 审计和日志功能：防火墙的审计和日志信息是许多安全事件最好的证据之一，因此良好的审计和日志功能是优秀防火墙的共同特征。好的审计和日志功能支持用户进行各个层次的审计，并提供工具进行审计数据的转储、处理、查询等。

(4) 平台自身安全性：防火墙自身往往成为很多网络攻击的对象，因此其自身应该有足够的强度保证自身平台的安全。

2) 边界——入侵监测系统

入侵监测是对网络安全的操作作一个完整的记录，以备违反网络安全规则的事件发生后，能有效地追查责任和分析原因，必要时还为惩罚恶意攻击行为提供技术证据。如果与报警功能结合在一起，就可以在违反网络安全规则的事件发生之后，或在威胁网络安全的重要操作进行时，及时进行制止和补救，避免损失扩大。

入侵检测可以对信息系统内数据流作实时采集与分析，使得我们能够洞察核心网内的各种非法行为，及时弥补安全漏洞。通过入侵检测，可以实时监控网络的数据流量，发现攻击行为并立即报警，为动态网络安全防御提供了良好的基础设备支持。利用入侵检测系统，可以在无人干扰的情况下进行 7×24 小时的安全监控，一旦发现入侵行为，可以及时通知管理人员，或者采取其他相应的措施(如切断可疑连接等)。

其中，入侵检测的选择应考虑以下几个原则：

(1) 入侵行为库的大小：一般来说，库越大越好，检测攻击种类越多。另外厂家多长时间更新一次，厂家是否有专业力量一直跟踪网络攻击技术是影响选型最重要的因素之一，一般有专业力量的供应商，都是有保证的。

(2) 管理的方便性：作为重要的网络安全设备，必须采取图形化的管理界面，以方便使用者的管理。

(3) 对系统性能的影响：如果采用分布式的方式配置入侵检测，探头和控制中心之间的通信流量应该尽可能小，以免影响网络性能。

(4) 自身安全：入侵检测系统应该保证自身系统的安全性。

入侵检测系统只能对通过系统的流量进行检测与分析，如果需要检测的网段在交换机上，交换机需要支持镜像端口配置的功能。如果是HUB，则没有相关的要求。

3）边界——VPN技术

对于有远程分支机构的单位，为保障数据传输的机密性、完整性可以考虑使用已经比较流行而且技术上很成熟的VPN技术。目前，流行的VPN技术有点到点隧道协议PPTP、第二层隧道协议L2TP、第三层隧道协议IPSEC 3种方式。

无论是PPTP还是L2TP，本身并不提供加密能力，因而必须依赖于其他协议来提供加密能力。IPSEC协议集则定义了终端系统或网络之间通过公共网络如何安全通信，有效地保证了数据的保密性（confidentially）、完整性（integrity）、真实性（authentication）和可查性（non-repudiation）。IPSEC分隧道模式和传输模式两种工作模式。当主机与主机之间安全通信时一般采用传输模式，当许多主机通过IPSECVPN网关建立隧道安全通讯时，则采用隧道模式。

至于现有流行的MPLS－VPN技术，是标签交换技术的例子，数据包本身在传输过程中不加密也不能支持加密，而是将企业网接入到ISP的网络中，在接入网界边缘将数据包打上标签，由ISP的核心交换设备来提供标签交换和数据转发，其QoS功能很强，但安全强度不如IPSEC，从用户上传数据流类型单一的状况，再根据用户使用自身的网络线路资源的原则，推荐使用IPSEC VPN。VPN有以下优点：

（1）支持各种网络应用，百分之百支持TCP、UDP、ICMP、NetBIOS等网络应用协议，能够在VPN中实现各种网络服务，如网上邻居、财务系统、办公系统、ERP、MIS等，同时能够支持绝大多数音频、视频通信系统，如VOIP、视频监控系统等。

（2）支持各种网络结构及各种互联网接入方式，如动态IP的ADSL、DDN，私有IP的小区宽带、CABLE MODEM以及新型的移动接入方式WLAN、GPRS等。产品既可直接安装在现有网关服务器上，也可以与现有的网络硬件网关设备平行放置，或安装在局域网内的任意主机上。

4）网络基础设施——网络升级

对于网络规模比较大，并且比较复杂的系统，建议至少有1台3层交换的设备作为系统的核心交换机，并且可以支持VLAN划分、用户接入控制，提高网络的安全性。

5）网络基础设施——VLAN划分

前期开发、测试的环境在同一个网络中，在开发或测试过程中相互之间有影响，这些影响将可能造成系统运行的故障。充分利用网络设备的功能，将测试环境与运行环境配置通过 VLAN 方式进行隔离,防止相互之间的影响。

VLAN 是一种通过将局域网内的设备逻辑地而不是物理地划分成一个个网段从而实现虚拟工作组的新兴技术。VLAN 技术允许网络管理者将一个物理的 LAN 逻辑地划分成不同的广播域(或称虚拟 LAN,即 VLAN),每一个 VLAN 都包含一组有着相同需求的计算机工作站,与物理上形成的 LAN 有着相同的属性。但由于它是逻辑地而不是物理地划分,所以同一个 VLAN 内的各个工作站无需被放置在同一个物理空间里,即这些工作站不一定属于同一个物理 LAN 网段。一个 VLAN 内部的广播和单播流量都不会转发到其他 VLAN 中,从而有助于控制流量、减少设备投资、简化网络管理、提高网络的安全性。

VLAN 在交换机上的实现方法,可以大致划分为以下 4 类:

(1) 基于端口划分的 VLAN。这种划分 VLAN 的方法是根据以太网交换机的端口来划分,比如 Quidway S3526 的 1～4 端口为 VLAN 10,5～17 为 VLAN 20,18～24 为 VLAN 30,当然,这些属于同一 VLAN 的端口可以不连续,如何配置,由管理员决定,如果有多个交换机,例如,可以指定交换机 1 的 1～6端口和交换机 2 的 1～4 端口为同一 VLAN,即同一 VLAN 可以跨越数个以太网交换机,根据端口划分是目前定义 VLAN 的最广泛的方法,IEEE 802.1Q 规定了依据以太网交换机的端口来划分 VLAN 的国际标准。

这种划分的方法的优点是定义 VLAN 成员时非常简单,只要将所有的端口都定义一下就可以了。它的缺点是如果 VLAN A 的用户离开了原来的端口,到了一个新的交换机的某个端口,那么就必须重新定义。

(2) 基于 MAC 地址划分 VLAN。这种划分 VLAN 的方法是根据每个主机的 MAC 地址来划分的,即对每个 MAC 地址的主机都配置它属于哪个组。这种划分 VLAN 的方法的最大优点就是当用户物理位置移动时,即从一个交换机换到其他的交换机时,VLAN 不用重新配置,所以,可以认为这种根据 MAC 地址的划分方法是基于用户的 VLAN,这种方法的缺点是初始化时,所有的用户都必须进行配置,如果有几百个甚至上千个用户的话,配置是非常累的。而且这种划分的方法也导致了交换机执行效率的降低,因为在每一个交换机的端口都可能存在很多个 VLAN 组的成员,这样就无法限制广播包了。另外对于使用笔记本电脑的用户来说,他们的网卡可能经常更换,这样,VLAN 就必须不停地配置。

(3) 基于网络层划分 VLAN。这种划分 VLAN 的方法是根据每个主机的网络层地址或协议类型(如果支持多协议)划分的,虽然这种划分方法是根据网络地址,比如 IP 地址,但它不是路由,与网络层的路由毫无关系。它虽然查看每个数据包的 IP 地址,但由于不是路由,所以,没有 RIP、OSPF 等路由协议,而是根据生成树算法进行桥交换。

这种方法的优点是用户的物理位置改变了，不需要重新配置所属的VLAN，而且可以根据协议类型来划分VLAN，这对网络管理者来说很重要。还有，这种方法不需要附加的帧标签来识别VLAN，这样可以减少网络的通信量。

这种方法的缺点是效率低，因为检查每一个数据包的网络层地址是需要消耗处理时间的(相对于前面两种方法)，一般的交换机芯片都可以自动检查网络上数据包的以太网帧头，但要让芯片能检查IP帧头，需要更高的技术，同时也更费时。当然，这与各个厂商的实现方法有关。

(4) 根据IP组播划分VLAN。IP组播实际上也是一种VLAN的定义，即认为一个组播组就是一个VLAN，这种划分的方法将VLAN扩大到了广域网，因此这种方法具有更大的灵活性，而且也很容易通过路由器进行扩展。当然这种方法不适合局域网，主要是效率不高。

鉴于当前业界VLAN发展的趋势，考虑到各种VLAN划分方式的优缺点，为减轻用户在VLAN的具体使用和维护中的工作量，建议采用根据端口来划分VLAN的方法(注：实现上述访问控制需要3层交换机)。

6) 网络基础设施——入网控制

计算机系统用户的入网访问控制分为3个步骤：

用户名的识别与验证——用户口令的识别与验证——用户账号的缺省限制检查。三道关卡中只要任何一关未过，该用户便不能进入网络。

为实现入网访问控制安全，在3层交换机上为服务器和用户分别划分VLAN，通过VLAN来隔离服务器和用户，并配置交换机端口和MAC/IP绑定，使通过登记了MAC/IP地址的计算机才能连入交换机，从而保证服务器信息不外泄和防止其他VLAN的非法用户侵入。通过3层交换机，可以保证两个VLAN通过路由互联，可以通过这个交换机的路由访问控制列表来控制从其他VLAN访问服务器VLAN(注：实现上述访问控制需要3层交换机)。

7) 计算环境——网页防篡改措施

网站因需要被公众访问而暴露于网上，容易成为攻击目标。其中，对网站的网页内容的篡改事件对公众产生的负面影响非常严重，是电子商务网站风险评估中发现的比较大的风险。

网页篡改者利用操作系统的漏洞和管理的缺陷进行攻击，而目前大量的安全措施(如安装防火墙、入侵检测)集中在网络层上，它们无法有效阻止网页篡改事件发生。

因此，对于影响力强和受众多的网站，特别是权威的政府和媒体网站来说，需要专门的网页防篡改系统来保护网页和保障网站内容的安全。

网页防篡改系统使用密码技术，为所有需保护的对象计算出具有唯一性的数字水印。公众每次访问网页时，都将网页内容与数字水印进行对比计算；一旦发现网页被非法修改，则立即进行自动恢复，保证非法网页内容不被公众浏览。

其中，网页防篡改的选择应考虑以下几种功能。

（1）篡改检测和恢复功能的内容包括：支持安全散列检测方法、可检测静态页面/动态脚本/二进制可执行实体、可以按不同容器选择待检测的网页、网页发布同时自动更新水印值、网页发送时比较网页和水印值、支持断线/连线状态下篡改检测、支持连线状态下网页恢复、识别网页篡改时多种方式报警、加密存放水印值数据库、支持各种私钥的硬件存储、支持使用外接安全密码算法。

（2）自动发布和恢复功能的内容包括：发布服务器内容自动同步到多个Web服务器、支持虚拟目录、支持虚拟主机、支持页面包含文件、网页被篡改后自动从发布服务器恢复、使用SSL安全协议进行通信、通信过程保证不被篡改和不被窃听、所有通信实体使用数字证书进行身份鉴别、所有过程有详细的审计。

8）计算环境——网络防病毒

根据前期风险评估的结果，病毒是商务网的重大隐患，现有的各自为政的方式难以解决有效防范的问题，需要部署统一规划的整体解决方案。建议采用统一的集中控制、多层防护的防病毒体系结构，使用具有“远程安装”、“智能升级”、“远程报警”、“集中管理”、“分布查杀”等多种功能的企业级防病毒系统。通过中心以及各级管理员进行统一的病毒防护和监控服务，一旦发现病毒，及时采取遏制措施，防止病毒蔓延。这样既可以减轻管理员的工作负担，又可以确保在整个网络中每一台计算机（包括服务器和客户端）具有相同的防病毒能力。

在网络防病毒应用中应能够进行集中控制和分级、分组管理。集中控制就像管理自己的一个普通客户端一样，同时，能够响应上级中心的查杀毒、参数设置、升级、报警等指令，使全网多级中心十分协调地统一在一个中心的管理之下。在全网范围内实施统一的防病毒策略，包括同时更新最新病毒定义码和扫描引擎，根据实际情况及时调整防病毒策略和力度等。

分级管理功能是将信息安全的管理权限分为多个级别。超级管理员可以创建若干普通管理员，并可任意挑选出若干客户端分派给普通管理员。而普通管理员同样也可以对自己管理的客户端进行进一步的分组，并对任意分组进行管理。分级管理是指按照管理员的需要对所有的网络终端节点进行任意分组。分组管理遵循排他性原则，即一个客户端只允许存在同一组中。如此一来，管理员不仅可以对全网所有的客户端进行统一管理，也可以根据分组，对某个组中成员进行特别管理，包括设置客户端密码、实时监控客户端配置、统一刷新客户端状态、统一发送广播、查询历史记录等。

多层防护是指各级信息网络中心从服务器到客户端层层设防，防止病毒的传播和扩散，包括对以下对象的防护。

(1) 邮件系统防护。邮件服务器应用系统是办公的基本平台。目前市场上主要的邮件服务器是 Lotus Domino/Notes 和 Microsoft Exchange。邮件服务器会成为病毒的一个集散地；许多病毒的破坏行为都是针对此类服务器，而非客户机。由于邮件服务器往往使用特有的内部协议进行工作，因此需要针对每种系统对应的防毒软件，以支持对整个邮件系统的全面保护。

(2) 服务器病毒防护。① NT/2000 服务器。NT/2000 服务器是主流的文件/打印服务器，以及小规模的应用服务器。由于其与客户机间的通信较多，因此也成为病毒的一个重要集散地。其中 NT/2000 的服务器本身使用和客户机类似的结构，造成大量的病毒都可以感染服务器本身，使服务器异常或瘫痪。因此对于此类服务器，需要严密的防病毒保护。② Unix服务器。Unix 系统往往作为大规模的应用服务器来使用，虽然针对 Unix 系统本身的病毒，对现有的系统形成不了什么威胁，但是当 Unix 系统用来做文件服务器(如 FTP Server)时，会有大量的文件保存在服务器上。DOS 和 Windows 的病毒对于 Unix 系统本身不会产生什么影响，但是该系统将变成病毒的集散地，再一次造成大范围的病毒泛滥，因此 Unix 服务器同样需要防病毒保护。③ 客户端。客户端由于使用情况复杂，是最容易遭受病毒破坏的机器，并且也是最难进行集中防毒和管理的一类。如果使用针对每台计算机的单机版防毒产品，将需要花费管理人员大量的时间和精力来对每台机器进行维护。因此，只有部署含有集中管理、升级和控制模块的网络版防病毒系统，才能够做到真正有效的防护。

在确定防护对象后，还应制定防病毒定义码和扫描引擎的更新策略。病毒定义码和扫描引擎的更新、升级可利用平台中心防病毒服务器通过升级工具与生产厂商病毒库连接，对病毒定义码和扫描引擎更新、升级，然后分发给终端。这样，一方面可以确保各级网络中病毒定义码和扫描引擎的更新基本保持同步，使整个网络具有很强的防病毒能力。另一方面整个网络的病毒定义码和扫描引擎的更新、升级自动完成，具有多种升级方式，可避免由于人为因素造成网络中某些机器或某个网络因为没有及时更新最新的病毒定义码和扫描引擎而失去最强的病毒防护能力。病毒定义码和扫描引擎的更新、升级要具有多种方式，避免单一升级方式。

网络防病毒软件，在中心服务器发生问题的时候(如宕机)也能根据已经制定的策略或者用户的选择，对当前主机进行病毒查杀。

9) 计算环境——安全审计

安全审计的功能可以类似于监控录像设施，通过审计系统，可以对网络信息系统中的各项活动进行监控，也可以对事件进行追踪与回放，用于各项安全事件的追查工作。可以通过专业的安全审计工具或人工的方式实施安全审计工作。

安全审计分为以下几个层面：

(1) 针对网络层次的审计。它主要包括对网络流量中典型协议分析、识别、判断和记录、Telnet、HTTP、Email、FTP、网上聊天、文件共享等的入侵检测；还包括流量监测以及对异常流量的识别和报警、网络设备运行的监测等。网络审计的重点是针对网络活动的记录与监测以及网络事件的回放。

网络审计一般通过专门的网络审计工具实施。网络审计工具部署在需要进行分析与审计的网段中，通过配置在 HUB 或交换机的镜像端口上实施，部署方式与入侵检测类似。审计日志的分析需要专业的知识，建议可以外包进行相关的分析工作。

(2) 系统平台的审计。重要服务器主机操作系统：主要包括系统启动、运行情况、管理员登录、操作情况、系统配置更改(如注册表、配置文件、用户系统等)以及病毒或蠕虫感染、资源消耗情况的审计；硬盘、CPU、内存、网络负载、进程、操作系统安全日志、系统内部事件、对重要文件的访问等的审计。

重要数据库操作的审计：主要包括数据库进程运转情况、绕过应用软件直接操作数据库的违规访问行为、对数据库配置的更改、数据备份操作和其他维护管理操作、对重要数据的访问和更改、数据完整性等的审计。

重要服务器主机应用平台软件：主要包括重要应用平台进程的运行、Web Server、Mail Server、Lotus、Exchange Server、中间件系统、健康状况(相应时间)等的审计。

系统审计一般通过手工的方式进行，一般建议由用户和开发商或外包的服务商合作进行实施。如：日常监控由用户进行，定期由服务商进行分析并提出建议。

(3) 应用系统的审计。对于关键的应用系统，应在设计的时候考虑审计的要求，应考虑针对用户的重要操作(如重要数据修改、添加用户等)进行审计，并应对审计的记录进行保护，防止非法访问与篡改，对日志访问的权限应进行控制。此部分为重点的安全内容，一般实施是由用户和应用系统开发商共同进行设计，由审计管理员(与系统管理员不同的人员)实施审计工作。

10) 计算环境——备份与恢复

数据备份是保证信息安全以及系统应急措施中最基础的技术环节。由于环境、技术、操作等各类因素的影响，数据的损坏、丢失的问题难以绝对避免，如果没有相应的措施，则相关事件发生后，损失将难以进行估算。通过对系统数据实施有效的备份，一旦系统发生相应的数据损坏事件时，可以迅速实施恢复措施，有效降低事件损失。

11）计算环境——主机系统加固措施

主机系统加固是根据专业安全评估结果（如扫描分析等），制定相应的系统加固方案，针对不同目标系统，通过打补丁、修改安全配置、增加安全机制等方法，加强安全性措施。主机加固是抵御各类来自网上威胁（如病毒、人员攻击等）的最有效的防范措施。此部分内容需要一定的专业技术知识，建议外包实施。

12）安全基础设施——PKI

由于PKI系统是信息安全服务的基础设施，建议统一进行规划部署实施，以下内容仅为参考。

PKI作为一组在分布式计算系统中利用公钥技术和X.509证书所提供的安全服务，企业或组织可利用相关产品建立安全域，并在其中发布密钥和证书。在安全域内，PKI管理加密密钥和证书的发布，并提供诸如密钥管理（包括密钥更新，密钥恢复和密钥委托等）、证书管理（包括证书产生和撤销等）和策略管理等。PKI产品也允许一个组织通过证书级别或直接交叉认证等方式来同其他安全域建立信任关系。这些服务和信任关系不能局限于独立的网络之内，而应建立在网络之间和互联网之上，为电子商务和网络通信提供安全保障，所以具有互操作性的结构化和标准化技术成为PKI的核心。

PKI安全策略建立和定义了一个组织信息安全方面的指导方针，同时也定义了密码系统使用的处理方法和原则。它包括一个组织怎样处理密钥和有价值的信息，根据风险的级别定义安全控制的级别。一般情况下，在PKI中有两种类型的策略：一种是证书策略，用于管理证书的使用，比如，可以确认某一CA是在互联网上的公有CA，还是某一企业内部的私有CA。另一种就是CPS（Certificate Practice Statement）。一些由商业证书发放机构（CCA）或者可信的第三方操作的PKI系统需要CPS。这是一个包含如何在实践中增强和支持安全策略的一些操作过程的详细文档。它包括CA是如何建立和运作的，证书是如何发行、接收和废除的，密钥是如何产生、注册的，以及密钥是如何存储的，用户是如何得到它的等。

PKI系统实施涉及证书系统选择、证书发放管理、系统部署、应用系统结合等多方面的技术问题，其中对证书系统选择以及证书发放管理为基础性工作，涉及系统今后的扩展以及兼容性的问题，建议统一规划实施。

13）安全基础设施——集中网络安全管理

对于重要并且比较复杂的系统，建议通过网络/安全管理中心进行集中的管理。一般的安全管理中心包括以下的主要功能：

(1) 安全风险管理：收集和分析各种安全数据，包括资产、漏洞、威胁、安全事件、流量事件等。确保在出现风险告警后，对安全风险进行高速、精确的定位，同时预警工作流程将风险扩大化和风险再次发生的可能性降至最低。

(2) 安全策略管理：协助用户制定各种级别的安全策略，实现现有企业安全策略的快速导入以及安全策略的集中分级管理，同时支持安全策略的数据统计和发布。

(3) 安全响应管理：使用预警中心和工作流管理两大系统统一指挥各种安全事件下的响应和恢复，充分协调人力和知识资源，确保出现的安全风险在最短的时间内得到有效响应。

(4) 安全知识管理：发布最新的安全信息，这些信息包括安全技术信息、安全案例信息、安全漏洞信息、安全补丁信息和相关的安全管理信息。知识发布系统同时以安全论坛的形式为企业用户提供一个交流的平台，提高网络安全技术人员的整体素质。

(5) 自定义报表管理：提供自定义报表功能，可以非常方便地根据用户不同的需求生成不同的用户报表和图表。

安全管理中心功能复杂，各类产品之间的差别巨大，并且存在着诸多的如与安全设备之间兼容的问题，涉及诸多的技术与利益协调工作，实施难度比较大，定制的工作量比较大，应统一规划实施。

4. 案例分析思考

(1) 本案例中存在哪些安全隐患？针对这些隐患的解决方案是什么？

(2) 结合本章的内容，分析该方案所采取的技术措施。

复习思考题

1. 什么是信息安全工程？有哪些要求？实施信息安全工程需要注意哪些问题？

2. 简述风险评估及其评估过程。

3. 保证信息安全需要制定哪些策略？

第 9 章

工程质量管理

📖本章学习要求

- 掌握计算机网络工程质量的要求，以及在每个阶段的表现方式、质量管理内容
- 熟悉综合布线系统的质量管理及验收标准
- 了解 CMM、SSE－CMM 的概念

9.1 工程阶段概述

计算机网络工程的建设过程，一般按照以下 4 个阶段进行划分：

(1) 系统设计阶段。

(2) 系统实施阶段。

(3) 系统验收阶段。

(4) 系统运行维护阶段。

9.1.1 系统设计阶段

1) 用户需求确定与外部条件调研

由于建设单位的技术实力或其他具体原因，用户需求的确定往往需要咨询单位或承建单位协同建设单位来完成。建立网络的目的是为了应用，不同的行业有不同的应用要求，建设单位一定要充分论证和调研，确定待建计算机网络系统的功能和应用。此外，用户数据量的大小、数据的重要程度、网络应用的安全性、可靠性和实时性等要求，应形成正式文件作为系统设计的必要输入条件。外部条件的调研内容包括当地电信网、数据网、有线电视网的接入方式与技术要求，可供使用的通信设备容量、传输速率等。

2) 计算机网络系统的方案设计与评审

系统方案设计的目的是承建单位根据建设单位的需求，提供系统规划设计的可行性方案。系统方案设计包括：系统总体功能、系统总体框图、系统设计标准、主要设备技术指标、系统概算（系统主要设备、辅料、安装和服务等概算）。经

过评审，建设单位最终确定设计方案。

3) 计算机网络系统施工招标文件与技术规格书制定

招标技术文件是建设单位要求承建单位根据系统用途、相关文件等，对计算机网络系统的初步设计和施工组织设计提出的具体要求。文件内容包括工程概况（系统概况、施工概况）、网络系统技术要求（系统功能、系统构成、主要设备技术指标）、工程实施要求（承建单位的组织机构和人员、工程设计图、有关文件和资料、工程进度、培训、系统验收、系统保修和维护）。

4) 设备供应商与工程承建单位招标

根据系统投标报价、企业规模、网络工程业绩、技术人员实力、各种网络代理资格情况、各种网络工程资质证书情况、企业信誉等选定设备供应商和工程承建单位。

5) 计算机网络系统深化设计

计算机网络系统深化设计，是对参加投标的初步设计进行施工前的细化设计。深化设计产生一些必要的文档。系统图是用简单的文字和图形描述系统之间的相互关系，以达到形象和易于理解的目的，以描述系统工作各个组成部分。平面布置图是用来描述设备的平面位置、与系统中其他设备之间的连接关系、线缆的走向和型号等。系统接线图是以图元的方式来描述系统信号端子的接线关系，描述端子的编号和说明、接线与端子编号的对应关系等。另外，还要规划系统验收细则、网络地址分配表、子网规划表、设备配置表、安全策略及配置等文件。

9.1.2　系统实施阶段

1) 系统施工

进行综合布线施工，完成管线、线槽、桥架、机柜和设备的安装，进行缆线测试，包括线对、长度、衰减、近端串扰（两端都应测试）及设计中特殊规定的测试内容。测试光纤特性（如衰减、长度等）。

2) 系统调试

调试包括单体设备调试、网络应用调试。测试网络应用软件配置是否合理、各种网络服务是否实现、网络安全性及可靠性是否符合设计要求等。进行网络系统集成性能测试，包括丢包率、错包率、网络线速、碰撞统计、帧故障等，形成详细的网络性能测试报告。

9.1.3　系统验收阶段

1) 系统初步验收及试运行

系统实施结束后，试运行前的系统初步验收的内容包括系统配置验收、系统功能验收。建设单位确认后进行试运行。试运行期间做好试运行记录。

2）系统竣工验收

系统在初步验收和试运行的基础上，进行系统投入正式运行前的最终验收，内容包括系统试运行记录审查（包括系统变更和修改记录），配置验收、功能验收、性能验收。

系统移交时，必须提供移交清单和清单中所列的所有文件和资料。内容包括全套工程图纸和有关文件资料、系统用户手册、系统操作手册、产品说明书、产品质量保证文件、系统保修和维护文件。

对于小型和技术要求简单的计算机网络系统工程，经有关方面同意，可以系统方案设计代替系统初步设计，系统方案设计经审批后直接转入系统深化设计；在验收阶段，省略初步验收，经试运行后直接进行竣工验收。

9.1.4 系统运行维护阶段

计算机网络工程技术文件是计算机网络工程在其生命周期即方案、设计、实施、调试、验收和维护等全过程的记录和依据，其中部分文件具有法律效力，是工程管理最重要的内容之一。为保证各阶段技术文件的质量和完整性，应规范计算机网络工程技术文档的编制。如表 9-1 所示。

表 9-1

计算机网络工程技术文件表

工程阶段	文件名称	建设单位			承建单位		
		提交	会签	审定	提交	会签	审定
一、系统方案设计	系统需求书						
	系统方案设计书						
二、系统初步设计	系统设计任务书						
	系统初步设计书						
三、系统深化设计	系统图						
	系统接线图						
	系统验收细则						
	网络地址分配表						
	子网规划表						
	设备配置表						
	安全策略及配置						

（续表）

工程阶段	文件名称	建设单位			承建单位		
		提交	会签	审定	提交	会签	审定
四、系统施工	施工管理文件						
	设计变更文件						
五、系统调试	系统调试分析报告						
	系统培训文件						
六、系统初验及试运行	系统初步验收报告						
	系统移交清单及文件						
七、系统验收	系统验收报告						
八、系统运行维护	系统管理制度						
	系统运行记录						
	系统维护保修记录						

表9-1中的各项内容（网络地址分配表、子网规划表、设备配置表和安全策略及配置除外）说明如下。

1）系统需求书要求

（1）说明。需求书是建设单位根据计算机网络系统用途、功能要求和有关文件，委托进行计算机网络方案设计的任务书。

（2）文件内容要求。包括工程概况、使用条件和环境概况、现有设备概况、技术要求（系统功能）。

（3）其他。包括建筑及已有网络的设计图纸、其他有关技术文件和资料。

2）系统方案设计书要求

（1）说明。系统方案设计书是承建单位根据系统需求书，提供系统规划设计的可行性方案。

（2）文件内容要求。规划设计包括系统总体功能、系统总体框图、系统设计标准、主要设备技术指标。系统概算。系统主要设备、辅料、安装和服务等概算。

3）系统设计任务书要求

（1）说明。系统设计任务书（或称招标技术文件）是建设单位要求承建单位根据计算机网络系统用途和有关文件，对计算机网络系统的初步设计和施工组织设计提出的具体要求。

（2）文件内容要求。① 工程概况。包括系统概况、施工概况、设备概况。② 计算机网络系统技术要求。包括系统功能、系统构成、主要设备技术指标。③ 工程实施要求。包括承建单位的组织机构和人员、工程设计图、有关文件和资料、工程进度、用户培训、系统验收、系统保修和维护。

（3）其他。① 建筑工程设计图纸。② 其他有关技术文件和资料。

4）系统初步设计书要求

（1）说明。包括系统初步设计书。

（2）文件内容要求。包括设计总述（系统总体功能、系统总体框图、系统设计依据和技术标准）。（系统设计、系统功能、系统设计及配置、系统图、平面布置图、系统配置、机房、接地等有关设计、主要设备技术指标）。工程实施规划（人员组织结构、工程进度计划、各工种工作内容和工作界面、工程质量保证措施、系统验收标准、系统保修和维修护措施）。系统概算（系统设备及辅料概算、安装、服务和培训概算）。

5）系统图（网络拓扑图）要求

（1）说明。系统图是用简单的文字和图形描述系统之间的相互关系，以达到形象和易于理解的目的。

（2）文件内容要求。包括描述系统工作各个组成部分、描述系统工作各个组成部分之间的关系、其他必要的描述。

6）系统接线图要求

（1）说明。包括系统接线图是以图元的方式来描述系统信号端子的接线关系。

（2）文件内容要求。包括端子的编号和说明、接线与端子编号的对应关系、其他必要的描述。

7）系统验收细则要求

（1）说明。系统验收细则是对系统各项配置、功能和性能等招标进行测试的详细内容。

（2）文件内容要求。包括配置测试、功能测试、性能测试、其他必要的测试。

8）施工管理文件要求

（1）说明。施工管理文件是在系统施工阶段所产生的各类管理文件，它是施工管理流程和管理记录的文档。

（2）文件内容要求。包括现场管理机构和人员、系统总体和各子系统施工形象进度表、工程进度控制文件、工程质量管理文件、施工流程和方法文件、施工质量记录文件、技术文档管理文件、现场设备检验和保护记录、现场管理和控制的各类表格、其他有关管理文件。

9) 设计变更文件要求

(1) 说明。设计变更文件是在工程施工中根据建设单位要求或有关情况对设计变更的说明和记录。

(2) 文件内容要求。包括变更原因,变更详细设计和说明,变更偏差表,用以说明变更后系统的功能和性能,其他必要的设计变更说明。

10) 系统调试分析报告要求

(1) 说明。系统调试文件是系统进行调试的内容方法和结果的文件。

(2) 文件内容要求。包括系统调试说明,系统调试依据和标准,系统调试内容、调试方法和结果记录,系统之间联调内容、联调方法和结果记录,调试结论,调试组签字,其他必要的系统调试说明。

11) 系统培训文件要求

(1) 说明。系统培训文件是对系统操作和管理人员进行培训的文字资料。

(2) 文件内容要求。包括系统培训大纲,系统设备、设计文件和图纸等资料,系统日常操作,系统例行维护,系统故障处理。

12) 系统初步验收报告要求

(1) 说明。系统初步验收报告是系统施工结束后,试运行前的系统初步验收的内容、方法和结果的记录文件。

(2) 文件内容要求。包括系统初步验收大纲、系统初步验收依据和标准、系统初步验收内容、方法和记录、验收结论、验收组签字、其他必要的验收说明。

13) 系统移交清单和文件要求

(1) 说明。系统移交清单及文件是系统移交时,必须提供的移交清单和清单中所列的所有文件和资料。

(2) 文件内容要求。包括全套工程图纸和有关文件资料、系统用户手册、系统操作手册、产品说明书、系统保修和维护文件、其他必要移交的有关文件。

14) 系统验收报告要求

(1) 说明。系统验收报告是系统在初步验收和试运行的基础上,进行系统投入正式运行前的最终验收的内容、方法和结果的记录文件。

(2) 文件内容要求。包括系统验收大纲和说明,系统试运行记录(包括系统变更和修改记录),系统验收依据和标准,系统验收内容、验收方法和验收记录(配置验收、功能验收、性能验收),验收结论,验收组签字,其他必要的验收说明。

15) 系统管理制度要求

(1) 说明。系统管理制度是系统日常维护和管理的规章制度。

(2) 文件内容要求。包括系统设备文件和资料的管理规定，系统日常操作规定，系统日常维护规定，系统事故紧急处理程序，内部机房出入、环境和设备使用等管理规定，其他有关系统和机房管理规定。

16) 系统运行记录要求

(1) 说明。系统运行记录是对系统运行所作的定期记录，以作为维护和保修的依据。

(2) 文件内容要求。包括系统各类重要运行参数日常记录、系统运行环境参数记录、系统相关联参数记录、系统异常记录、其他必要的系统运行记录。

17) 系统维护保修记录要求

(1) 说明。系统维护保修记录是系统进行保修和维护时所作的记录，以作为系统保修和维护的依据。

(2) 文件内容要求。包括系统保修和维护计划，系统定期维护保修记录，系统故障原因分析，系统部件修理或更换记录，系统设置更改记录，系统软件、硬件升级记录，其他系统保修维护记录。

9.2　综合布线系统质量管理

9.2.1　布线系统的测试

局域网的安装从线缆开始，线缆是整个网络系统的基础。对结构化布线系统的测试，实质上就是对线缆的测试。据统计，有1半以上的网络故障与线缆有关，线缆本身的质量及线缆安装的质量都直接影响到网络能否健康地运行。而且，线缆一旦施工完毕，想要维护很困难。

现在，普遍采用5类双绞线完成结构化布线。用户当前的应用环境大多体现在10/100 M网络基础上，因此，有必要对结构化布线系统的性能进行运行测试，以保证将来应用。

测试的最终目的不是为了判断哪个链路不合格，而是要通过先进的手段认证布线系统全部能达到标准的要求。

对于线缆的测试，一般遵循“随装随测”的原则。根据TSB67的定义，现场测试一般包括接线图、链路长度、衰减和近端串扰(NEXT)等几部分。

1) 接线图

这一测试验证链路的正确连接。它不仅是一个简单的逻辑连接测试，而且要确认链路一端的每一个针与另一端相应的针连接，同时，对串扰问题进行测试，发现问题并及时更正。保证线对正确连接是非常重要的测试项目。

2）链路长度

根据 TIA/EIA－606 标准的规定，每一条链路长度都应记录在管理系统中。链路的长度可以用电子长度测量来估算，电子长度测量是基于链路的传输延迟和线缆的 NVP 值来实现的。由于 NVP 具有 10%的误差，在测量中应考虑稳定因素。

3）衰减

衰减是对链路的信号损失的测量。衰减随频率的变化而变化，所以应测量应用范围内的全部频率上的衰减，一般步长最大为 1 MHz。

TSB－67 定义了一个链路衰减的公式，并给了两种测量模式的衰减允许值表。它定义了在 20℃时的允许值。

4）近端串扰(NEXT)损耗

NEXT 损耗是测量在一条链路中从一对线到另一对线的信号耦合，也就是当信号在一对线上运行时，同时会感应一小部分信号到其他对线，这种现象就是串扰。

TSB－67 标准规定，5 类链路必须在 1～10 MHz 的频宽内测试，测试步长为：

(1) 在 1～31.25 MHz 频率范围内，最大步长为 0.1 MHz。

(2) 在 31.26～100 MHz 频率内，最大步长为 0.25 MHz。

所有测试均要进行线时间测试。如 4 对线要进行 6 组测试。

同时，对 NEXT 的测试要在两端测试。NEXT 并不是测量在近端点产生的串扰值，它只是着眼于在近端点所测量的串扰数值。这个量值会随着线缆长度的衰减而变小，同时远端的信号也会衰减，对其他对线的串扰也相对变小。实验证明：只有在 40 米内量得的 NEXT 是较真实的，如果另一端是远于 40 米的信息插座而它会产生一定程度的串扰，则测量仪器可能就无法测到这个串扰值，因此，必须进行双向测试。

9.2.2 布线系统的标识

大多数人认为布线施工结束后的工作就只有测试验收了，然而，对于布线系统来说，标记管理是日渐突出的问题，也是施工验收中要引起重视的问题，这个问题会影响到布线系统能否有效地管理和运用的问题，有效的布线管理对于布线系统和网络的有效运作与维护具有重要意义。

布线施工应该严格按照相应的国际以及行业通用标准进行，布线方案设计也应包括布线系统标识的设计。

美国商业建筑电信基础设施管理标准 TIA/EIA－606 对布线系统的表示定义了相关的标记规范。TIA/EIA－606 标准的定义是为了提供一套独立于系统应用之外的统一管理方案。与布线系统一样，布线的管理系统必须独立于应用之外，这是因为在建筑物的使用寿命内，应用系统大多会有多次的变化。布线系统的标签与管理可以使系统移动、增添设备以及更改更加容易、快捷。

信息系统中的信息点较多，只有建立科学、规范的信息点编码体系，才能使故障诊断、搬迁、增加和修改更加方便。在布线系统实施中，应根据现有信息点分布及用户应用情况，对现有信息点重新作规划分配，并根据国际标准编码规则，对信息点统一编号，每个信息盒贴上相应信息点编号的标签，不同类型的信息点应有明显标志区分。

应对配线架上的位置/端口及干线光缆、干线电缆与配线架端口对应信息点按国际标准标识规范作相应编号，并以文档和标签的双重方式做出标识。

9.2.3 布线工程验收

布线系统工程的验收是一项非常系统的工作，它不仅仅包含上述所利用的各类电缆测试仪进行的现场认证测试，同时还应包括对施工环境，设备质量及安装工艺，电缆、光缆在楼内及楼宇之间的布放工艺、缆线终接、竣工技术文件等众多项目的检查。

验收工作实际上是贯穿了整个施工过程的，而不只是在工程完工后的工程电气性能测试。在验收完成后由验收方提供验收报告，电缆测试报告仅仅是验收报告内容的一部分。根据验收方式，综合布线系统工程的验收可分为施工前检查、随工检验、隐蔽工程检验以及竣工检验几部分。验收依据可参考中华人民共和国国家标准 GB/T50312－2000《建筑与建筑群综合布线系统工程施工及验收规范》描述的项目和测试过程进行。

布线系统的验收测试包括但不限于以下内容，如表 9－2 所示。

表 9－2

布线系统的验收测试内容

阶段	验收项目	验收内容	状态
施工前检查	环境要求	(1) 土建施工情况：地面、墙面、电源插座及接地情况	施工前检查
		(2) 土建工艺：机房面积	

（续表）

阶段	验收项目	验收内容	状态
施工前检查	器材检验	(1) 外观	施工前检查
		(2) 型式、规格、数量	
		(3) 电缆电器性能测试	
	安全、防火要求	(1) 消防器材	施工前检查
		(2) 危险物的堆放	
设备安装	设备机柜	(1) 外观	随工检验
		(2) 安装垂直、水平度	
		(3) 油漆不得脱落、标志完整齐全	
		(4) 螺丝紧固	
		(5) 抗震措施	
		(6) 接地措施	
	配线部件及8位模块式通用插座	(1) 规格、位置、质量	随工检验
		(2) 螺丝紧固	
		(3) 标志齐全	
		(4) 安装工艺	
		(5) 屏蔽层可靠连接	
楼内电光缆布放	电缆桥架及线槽布放	(1) 安装位置	随工检验
		(2) 安装工艺	
		(3) 缆线布放工艺	
		(4) 接地	
	缆线暗敷	(1) 线缆规格、路由、位置	隐蔽工程检验
		(2) 布放工艺	
		(3) 接地	
楼外电光缆布放	架空缆线	(1) 吊线规格、架设位置、装设规格	随工检验
		(2) 吊线垂度	
		(3) 线缆规格	
		(4) 线缆的引入	

（续表）

阶段	验收项目	验　收　内　容	状　态
楼外电光缆布放	管道缆线	(1) 线缆规格	隐蔽工程检验
		(2) 线缆走向	
		(3) 线缆防护措施	
	埋式缆线	(1) 线缆规格	
		(2) 敷设位置、深度	
		(3) 线缆防护措施	
		(4) 回土夯实质量	
	其他	(1) 通信线路与其他设施的间距	
		(2) 进线室安装、施工质量	
缆线终接	8 个模块式通用插座	符合工艺要求	随工检验
	配线部件	符合工艺要求	
	各类跳线	符合工艺要求	
系统测试	工程电器性能测试	参考相应标准	竣工检验
总验收	竣工技术文件	各种文档	竣工检验

9.3　安全工程过程管理体系

9.3.1　安全工程过程概述

SSE-CMM 将安全工程划分为 3 个基本的过程区域：风险、工程、保证。对它们可以独立地加以考虑，但这绝不意味着它们之间有截然不同的区分。在最简单的级别上，风险过程识别出所开发的产品或系统的危险性并对这些危险性进行优先级排序。针对危险性所面临的问题，安全工程过程要与其他工程一起来确定和实施解决方案。最后，由安全保证过程来建立解决方案的信任并向顾客转达这种安全信任。如图 9-1 所示。

总的来说，这 3 个部分共同实现了安全工程过程结果所要达到的上述安全

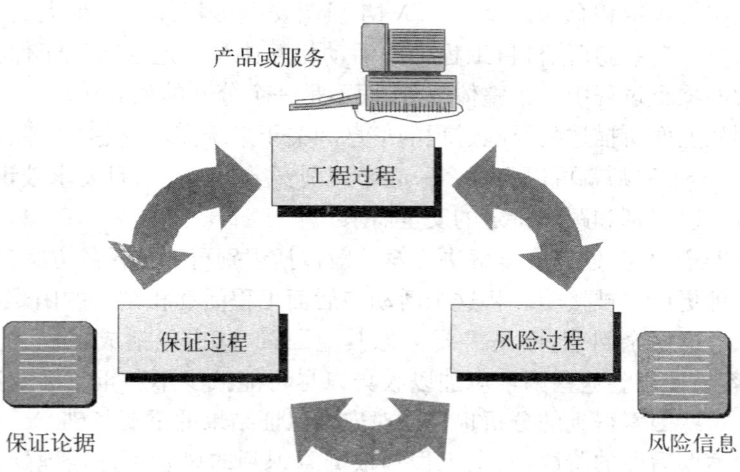

图 9－1　安全工程过程的 3 个主要部分示意图

目标。

1）风险

安全工程的一个主要目标是降低风险。风险就是有害事件发生的可能性。一个不确定因素发生的可能性依赖于具体情况。这就意味着这种可能性仅可能在某种限制下预测。此外，对一种具体风险的影响评估也要考虑各种不确定因素，就像有害事件并不一定产生一样。因此大多数因素是不能被综合起来准确预报的。在很多情况下不确定因素的影响是很大的，这就会使对安全的计划和判断变得非常困难。

一个有害事件由 3 个部分组成：威胁、脆弱性和影响。脆弱性是被威胁利用的资产性质。如果不存在脆弱性和威胁，则不存在有害事件，也就不存在风险。风险管理是调查和量化风险的过程，并建立组织对风险的承受级别。风险管理是安全管理的一个重要部分。

安全措施的实施可以减轻风险。安全措施可针对威胁、脆弱性、影响和风险自身，但无论如何，并不能消除所有威胁或根除某个具体威胁。这主要是因为风险消除的代价和相关的不确定性，因此，必须接受残留的风险。在存在很高的不确定情况下，由于风险不精确的本质，因此接受它会成为很大的问题。在风险承担者控制下的几个方面之一是与系统相关的不确定性。SSE－CMM 过程区包括实施组织对威胁、脆弱性、影响和相关风险进行分析的活动保证。

2）工程

安全工程与其他科目一样，它是一个包括概念、设计、实现、测试、部署、运行、维护、终止的完整过程。在这个过程中，安全工程的实施必须紧密地与其他部分的系统工程组相合作。SSE－CMM 强调安全工程师是一个大的项目队伍中的一部分,需要与其他科目工程师的活动相互协调。这会有助于保证安全成为一个大的项目过程中一个整体部分,而不是一个分开的独立活动。

使用从上面所描述的风险过程的信息和关于系统需求,相关法律、政策的其他信息,安全工程师就可以与顾客一起来识别安全要求。一旦要求被识别,安全工程师就可以识别和跟踪特定的安全需求。

对于安全问题,创建安全解决方案一般包括识别可能选择的方案,然后评价决定哪一种更可以被接受。将这个活动与后面工程活动相结合的困难是解决方案不能只考虑安全问题,而是需要考虑其他因素,其中包括成本、性能、技术风险、是否容易使用。这些因素应加以收集以尽可能减少不断重复涉及这些问题的次数。这些因素得到的分析也构成对安全保证结果的重要基础。

在生命期后面的阶段,安全工程师根据意识到的风险来适当地配置系统以确保新的风险不会造成系统运行不安全状态。

3) 保证

保证是指安全需要得到满足的信任程度。它是安全工程非常重要的产品,存在着许多的保证形式。SSE－CMM 的信任程度来自安全工程过程可重复性的结果质量。这种信任的基础是成熟组织比不成熟组织更可能产生重复的结果。不同保证形式之间的详细关系目前是正在研究的课题。

安全保证并不能添加任何额外的对安全相关风险的抗拒能力,但它能为减少预期安全风险提供信心。

安全保证也可看作是安全措施按照要求运行的信心。这种信心来自正确性和有效性。正确性保证了安全措施按设计实现了需求。有效性则保证了提供的安全措施可充分地满足顾客的安全需要。安全机制的强度也会起作用,但会受到保护级别和安全保证程度的制约。

安全保证通常以安全论据的形式出现。安全论据包括一组对系统性质的要求。这些要求都要有证据来支持。证据在安全工程活动的正常过程期间获得并常常记录在文档中。

SSE－CMM 活动本身涉及与安全相关证据的产生。例如,过程文件能够表示开发是遵循一个充分定义的、成熟工程过程,这个过程需加以连续改进。安全验证和证实在建立一个可信产品或系统中起到主要作用。

过程区中包括的许多典型工作产品可作为证据或证据的一部分。现代统计过程控制表明如果注重产品生产过程,则可以较低的成本重复地生产出较高质量和安全保证的产品。组织实施活动的成熟能力将会对这个过程有影响和帮助。

9.3.2　根据SSE－CMM体系构造安全工程体系结构

1）基本模型

这个由能力级别、保障和实施组成的三维模型如图9－2所示，其中保障是由资质保障和组织保障要求构成，实施是由项目要求和工程要求构成。资格要求表示了一定能力级别所应具备的建设方、承建方或与工程相关第三方的资质要求；工程要求表示了信息安全工程的全过程；项目要求表示了信息安全工程的项目实施过程中项目要求；组织要求表示了信息安全工程过程要求中对组织保障的要求，如图9－2所示。

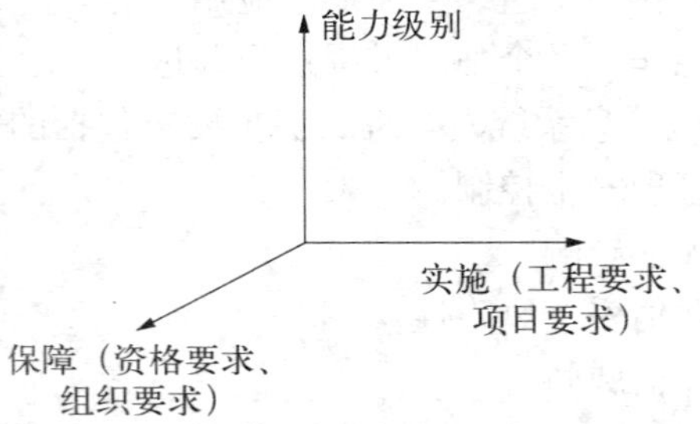

图9－2　等级综合模型示意图

能力级别分为5级，按照SSE－CMM的级别由低至高排列。每一种级别的要求分别由资格要求、组织要求、工程要求、项目要求构成。级别不同，要求也不相同，具体的级别与要求的关系在后面章节列表和说明中有详细表述。

2）资格要求

信息系统安全工程实践上会选择具备相应资质的公司实施。在我国，一般来说计算机信息系统工程安全等级保护工程要求包括了下列11种对于建设方、承建方、第三方的资格的要求项。

（1）系统建设要求。

（2）信息系统集成资质要求。

（3）信息安全服务人员要求。

（4）信息安全第三方服务要求。

（5）信息安全产品要求。

（6）信息安全监理要求。

（7）密码管理要求。

（8）工商要求。

（9）服务连续性要求。

（10）质量资格要求。

（11）国家安全要求。

3）工程要求

计算机信息系统安全等级保护要求包括了11个安全工程要求项。每一个要求项包括一组表示组织成功执行该过程后应达到的目标。每一个要求项也包括一组“基本过程”。基本过程定义了达到要求项目标的必要步骤。

一个要求项包括：

(1) 规定了一个域中的相关活动。

(2) 有关的安全工程服务。

(3) 可在整个组织生命期中应用。

(4) 能作为一个独立过程进行改进。

计算机信息系统安全等级保护要求包括的安全工程项要求：

(1) 管理安全控制。

(2) 评估影响。

(3) 评估安全风险性。

(4) 评估威胁。

(5) 评估脆弱性。

(6) 建立安全论据。

(7) 协调安全性。

(8) 监视安全态势。

(9) 提供安全输入。

(10) 确定安全要求。

(11) 确认与证实安全。

4) 组织要求

组织要求涉及组织范畴内与改善整个组织相关的要求项，具体内容如表9-3所示。

表9-3

组织要求及其相关要求项

项　　目	内　　容
与供应商协调过程	(1) 识别系统组件或服务 (2) 识别组件供应商或销售商 (3) 选择供应商或销售商 (4) 提供预期值 (5) 维持联系
定义组织的安全工程要求	(1) 建立过程目标 (2) 收集过程资产 (3) 开发组织的安全性工程要求 (4) 定义剪裁指南

（续表）

项　　目	内　　容
改进组织的安全工程要求	(1) 报告过程 (2) 设计过程改进 (3) 修改标准过程 (4) 交流过程改进
管理产品线	(1) 定义基于产品解决方案的办法 (2) 识别新的产品技术 (3) 配合开发过程 (4) 保证标准组件的可用性 (5) 插入产品技术
管理安全工程支持环境	(1) 维持技术意识 (2) 确定支持需要 (3) 获得工程支持环境 (4) 剪裁工程支持环境 (5) 插入新的技术 (6) 维护环境 (7) 监视工程支持环境
培训	(1) 识别培训需求 (2) 选择知识模式 (3) 保证知识的可用性 (4) 准备培训资料 (5) 培训个人 (6) 评估培训的有效性 (7) 维护培训记录 (8) 维护培训资料
项目要求	(1) 保证质量 (2) 监视过程的一致性 (3) 测量文档的质量 (4) 测量过程的质量 (5) 分析质量测量 (6) 获得参与 (7) 启动质量改进活动 (8) 探测修改措施的需求
管理配置	(1) 建立配置管理方法论 (2) 识别配置装置 (3) 维护文档要求基线 (4) 控制变化 (5) 交流配置状态

（续表）

项　　目	内　　容
管理程序风险	(1) 开发风险管理方法 (2) 识别风险 (3) 评估风险 (4) 检查风险评估 (5) 操作风险的减轻 (6) 跟踪风险的减轻
监视和监视技术工作	(1) 直接的技术工作 (2) 跟踪项目资源 (3) 跟踪技术参数 (4) 检查项目性能 (5) 分析项目问题 (6) 采取修订措施
规划技术工作	(1) 识别标准资源 (2) 判断项目目标 (3) 研究费用预算 (4) 确定项目的过程 (5) 识别技术性行为 (6) 定义项目接口 (7) 研究项目时间表 (8) 建立技术参考 (9) 研究技术管理设计 (10) 检查和证明项目设计

5）项目要求

项目要求具体内容如表 9-4 所示。

表 9-4

项目要求内容介绍

项　　目	内　　容
质量保证	(1) 监视所定义过程的一致性 (2) 测量工作产品的质量 (3) 测量过程质量 (4) 分析质量测量 (5) 得到参与 (6) 发起改进质量的活动

（续表）

项目	内容
管理配置	(1) 建立配置管理方法 (2) 确定配置单元 (3) 维护工作产品基线 (4) 控制变化 (5) 沟通配置状况
管理项目风险	(1) 开发风险管理方法 (2) 标识风险 (3) 评估风险 (4) 复查风险评估 (5) 执行风险降低活动 (6) 跟踪风险降低活动
监控技术活动	(1) 指导技术活动 (2) 跟踪项目资源 (3) 跟踪技术参数 (4) 复查项目执行 (5) 分析项目问题 (6) 采取修正行动
计划技术活动	(1) 识别关键资源 (2) 估计项目范围 (3) 估算项目费用 (4) 确定工程过程 (5) 确定技术活动 (6) 定义项目界面 (7) 开发项目进度表 (8) 设立技术参数 (9) 开发技术管理计划 (10) 复查并认可工程计划

【案例】

广东联通网络运营过程质量管理策略

在三级发展战略指导下，广东联通确立了4项网络运营策略：规划设计策略、资源采购策略、质量控制策略、运维优化策略。

1. 规划设计策略

“规划设计”是移动工程的基础环节，广东联通对此十分重视，制定并严格执行相应的管理规范和流程。

(1) 以市场为导向，明确设计目标网络建设的最终目的是要满足用户的需求。广东联通强调网络规划设计必须以市场为依据，通过对市场需求的分析来确定设计目标，避免网络建设的盲目性。如根据不同时期的市场情况制定不同的设计目标：GSM 7 期以覆盖为主进行网络建设；GSM 8 期贯彻“完善、补充、挖潜、优化、提高”的 10 字方针；GSM 9 期针对目标市场的有效回报进行建设，着力于当期的增量增收；GSM 10 期关注资源的有效投入和最大化利用，解决网络安全等问题；CDMA 1 期实施“小容量、大覆盖”策略，迅速切入市场；CDMA 2 期进一步完善覆盖，适当考虑容量的需求；CDMA 3 期保证广度和深度覆盖与对手“旗鼓相当，各具特色”；CDMA 3 期第二阶段强化网络建设，保证重点区域的网络覆盖和质量能与对手“叫板”。

(2) 加强过程控制，保证设计质量。具体内容包括：① 通过规范的招标，选择综合实力强、设计水平高、合作良好、服务保障的设计单位。② 注重对设计工作“事前、事中、事后”全过程的监管，通过细化的设计过程考核评估使设计质量与奖罚挂钩，既增强了设计院危机感，又调动了其积极性，能有效地保证设计质量。③ 制定各阶段设计内容的标准化文件。如：基础数据格式的标准化、对比路测图示的标准化、室内覆盖分类的标准化、设计目标的标准化、过程文件的标准化、对比测试范围的标准化等。通过制定这些标准化文件，及时发现基础数据的错误。

(3) 强化无线设计，保证目标实现无线网络是移动通信网络的关键部分，无线规划设计的质量直接影响到整个移动网络的质量，必须通过强化无线设计来确保网络设计质量和整个网络设计目标的实现。以 CDMA 3 期为例，将整体覆盖目标划分为点、线和面的覆盖目标，强化了以下各环节工作：① 基础数据的收集。包括对人口分布，现网数据，路测的深度、广度等，图形化、定量化分析和比较，并分地区和地域类型作详细评估，然后有针对性制定规划方案。② 规划设计过程文件的审核和控制。具体包括设计目标、路测分析报告、C/W 测试及模型校正报告、线网分析报告、基础数据图表、环境干扰测试报告、专项工程规划方案。③ 点目标的调查、测试。具体包括对酒店、办公楼、商业楼、高层住宅、地下停车场、娱乐场所等重要点目标的位置和覆盖情况作全面调查以及拨打测试等。

(4) 树立品牌意识，统筹公共项目处于边界的某些区域，网络效益并不明显，但从长远和大局考虑，这些地域网络状况的好坏会对联通的品牌和整体利益造成影响。为此，广东联通统筹实施并精心打造了“要道畅通”和“黄金海岸”等公共项目，取得了十分显著的社会效应和经济效应。

2. 资源采购策略

(1) 明确采购思路，规范操作流程。广东联通率先制定了《招投标管理实施细则》，自 2001 年开始在全省实行。并针对各期移动工程的实际需求制定具体的采购方法和流程。如：2003 年的招标方案提出“注重供应商诚信、服务质量和产品性价比”的采购思路；针对设计、监理、主设备、配套设备等资源的特点，组成人员齐备的招标组，以团队方式展开工作，保障了招标的顺利实施。

(2) 执行准入制度，严把源头质量。投标厂家和设备的质量非常重要，为此，广东联通制定了严格的准入制度，内容包括“诚信承诺”、“保密承诺”、“总部选型入围”、“设备入网证”、“质量体系认证”、“设备技术指标”、“生产许可证”等方面要求的准入条件，并严格把关，在源头上保证投标人和投标设备的质量。

(3) 加强评判工作，选择最优资源。评标是招标工作的核心内容，评判必须具有科学性和准确性，才能得到最佳的招标结果。通过不断摸索，广东联通着重加强了以下工作：① 编制高质量的标书和更加科学的评标办法。② 增加技术答辩的环节，使厂家和设备能有更充分的展示。③ 由监察部门负责监督和复核，确保评标过程合法、结果准确无误。④ 根据需要进行设备抽检，抽检结果作为确定最终中标人的重要依据。

(4) 严格执行结果，强调兑现承诺。招标的最终目的在于选择最好的供应商，获得最好的服务。因此，切实执行招标结果，确保设备质量的稳定和一贯性，落实招标后的工程建设和网络维护工作，显得尤为重要。为此，广东联通提出了“后评估”的方法来监控整个供应过程和服务承诺的兑现情况。

3. 质量控制策略

(1) 制定管理规范，强化基础工作。广东联通按 ISO9000 标准编制了大量管理规范，如《工程质量控制点实施办法》、《工程监理管理规范》、《工程施工管理规范》、《施工安全管理规范》、《工程验收管理规范》、《工程质量宏观控制工作规范》、《基站电源用 SPD 技术规范书》、《基站交流配电箱技术规范书》、《共站施工现场管理规范》等，对强化质量管理、指导各地工作起到了很好作用。

(2) 实行监理制度，进行规范管理。自 GSM 3 期工程开始，广东联通率先引入专业监理公司，通过 4 年多近 10 期工程的实践，初步建立了一套适合实际的工程质量控制体系。GSM 7 期后，通过招标来选定监理单位。在监理工作中贯彻实施了《工程质量控制点实施办法》，使施工阶段质量控制工作有章可循，合理利用了监理力量。通过几期工程的磨合，建设、施工、监理三方的工作关系不断融合，效率得以提高；各市分公司与监理公司间建立了信任和依赖的关系；监理公司可以放开手脚，大胆地开展质量控制工作，使得工程监理的作用得到充分的体现，进而保证了网络建设的质量。

(3) 加强监理管理，确保监理质量。监理公司是第三方质量管理单位，必须通过对其进行严格的管理，以确保工作质量。广东联通坚持召开监理周会，要求提交监理周报，要求提出工程质量问题分析及改进建议，要求协助编制、修订相关的管理规范等。

(4) 重视业务培训，提高工作水平。2000 年以来，省公司组织了多次对各市分公司的工程质量管理培训和监理人员的考核工作。通过这些业务培训，极大地提高了省公司和各地工程管理和建设人员的质量意识和业务水平，为进一步做好工程质量控制工作打下了基础。

4. 运维优化策略

(1) 调整组织架构，发挥技术优势。广东联通针对网络技术体制的变化进行合理的机构调整，加强专业技术力量，以适应网络进一步扩大及完善，使得规划、运维、优化工作责任更加明确，技术优势更加突显。

(2) 成立专家团队，保证网络开通。在快速建设的情况下，CDMA 网络出现了一些问题。为此，广东联通迅速组建了技术专家组，开展专题研究，按照项目管理的方式运作，进行专项技术攻关，提出解决方案。经过 5 个月的攻坚战，网络问题被逐步解决。专家组形式一直延续至今，在解决网络技术难题上发挥了很大作用。

(3) 强化科学管理，奠定品质基础。具体内容包括：① 严把入网割接关。为保证入网质量、减少对用户的影响，广东联通成立了省市两级割接小组，负责割接管理工作。割接管理的加强，提高了割接成功率，降低了割接对网络的影响，使网络质量保持了稳定。② 入网后的 RRT 测试。广东联通从 GSM 2 期工程开始引入 RRT，目的是在试运行中发现硬件、软件问题及功能缺陷，考核厂家的服务效率，判断投入试运行的主设备在技术、功能、服务上是否满足要求，有效地保证了网络的稳定与可靠。

(4) 深入分析优化，提高网络效能。网络质量和效能的提高，有赖于对网络进行深入分析和持续优化。具体内容包括：① 统计分析工作。广东联通的网络质量统计分析工作包括周分析、月分析以及月度分析会。周分析是为及时发现异常指标并跟踪解决；月分析及月度分析会是为了进行月度总结，对普遍及个性问题集中分析，对相应技术专题进行研究和推广。② 持续优化工作。网络的质量提升过程是一个网络持续优化的过程，要依靠完善的日常程序与有效的优化行动相结合及利用自身力量与借助外力相结合来实现。广东联通很重视持续优化工作，如策划了 CDMA 网络百日优化行动，制定了优化的基本规范和流程，解决了各地存在的许多网络问题；同时，对专题问题进行研究，编写了《网络“百日优化”行动资料选编》，为各地优化工作提供了指引，也给其他省分公司提供了经验借鉴。③ 直放站研究。在网络建设初期，各地使用了大量直放站。但由于缺乏经验和相应的管理规范，出现直放站自激或上行干扰严重等现象，造成网络质量恶化。为此，广东联通加强了对直放站技术的分析和研究，总结出直放站设计、安装、调测及优化的经验，有效地指导了各地的网络建设。

(5) 加强网管建设，完善技术手段。网管系统是网络管理、分析的重要渠道。广东联通现已建成一套实用的 GSM 综合网管系统，通过对各种数据的有效分析，可及时发现网络的质量隐患、故障和规划建设中存在的问题，有利于尽快解决，从而提高了服务质量和网络利用率。

5. 案例分析思考

(1) 广东联通采用了哪些过程改进的措施？措施分别属于 PDCA 的哪个环节？

(2) 你认为在项目管理方面，广东联通达到了 CMM 几级？广东联通采用的措施中分别属于哪种成熟度的要求？

复习思考题

1. 如何实施计算机网络工程建设？
2. 在项目实施中，布线验收测试包括哪些内容？
3. 安全风险和过程是什么？
4. 如何由 SSE-CMM 体系构造安全工程体系结构？

第 10 章

IT 服务管理

本章学习要求

- 理解 IT 服务管理的内涵
- 掌握 IT 服务管理的特征和作用
- 了解 IT 服务的标准及基本原理

10.1 IT 服务管理的产生及内涵

10.1.1 IT 服务管理的产生与发展

IT 服务管理的产生和发展经历了一个相当长的过程。这个过程大致可以划分为萌芽期、发展期和成熟期 3 个阶段。

(1) 萌芽期。20 世纪 80 年代中期以前,人们更多关注的是如何发展 IT 服务,"服务管理"这个概念在当时并未受到重视。80 年代后期至 90 年代初期,人们开始一边总结以前在 IT 服务方面的经验和教训,一边从质量可测量、成本可计量的原则出发,摸索提供 IT 服务的规范化方法。在世界上有关专家、组织和政府部门的共同努力下,英国中央计算机与电信局陆续发布了按照业务流程组织的有关 IT 服务管理的最佳实践——服务管理的最佳实践。至此,人们确定了以业务流程为中心的 IT 服务管理方法。

(2) 发展期。ITIL 确立的以业务流程为中心的 IT 服务管理方法,使人们统一了思想,认清了方向,使 IT 服务管理不再是一个虚无缥缈的概念,而成为一个独立的领域,并正在形成一个有着巨大发展潜力的行业。首先,越来越多的公司进入这个领域,并加大在这个领域的投入,力图占据一个有利的位置。其次,围绕 ITIL,人们正在开发各种各样的 IT 服务管理方法,比如荷兰 Virje 大学软件工程研究中心正在组织开发 IT 服务能力成熟度模型,微软公司为所有微软产品开发了管理运营框架(MOF),HP 公司开发了该公司实施 IT 服务管理的方法论——惠普 IT 服务管理参考模型。再次,经过一系列的开发、并购和整合,针对

IT服务管理的软件系统和解决方案越来越完善，可为客户提供越来越多的服务，比如CA公司的Unicenter服务管理解决方案已经可以实现ITIL各核心业务流程的集成管理。

(3) 成熟期。虽然IT服务管理已经取得很大的发展，但它还远未成熟。首先，有关IT服务管理的各种标准和方法大部分还处于开发中，还没有经过企业的大量实践，更谈不上作为成熟的成果进行大规模的推广。其次，针对IT服务管理的软件系统和解决方案还有待完善。再次，与ERP、CRM和SCM等领域相比，IT服务管理在企业应用的深度和广度还有待提高。一方面，IT服务管理厂商和相关组织需要进行更广泛的市场推广，以让更多企业了解和认识它；另一方面，这些厂商和组织应协助企业更多地成功实施IT服务管理，让企业真正发现IT服务管理的价值。目前，世界范围内越来越多的企业认识到了IT服务管理的重要性，并已经开始或正准备开始实践IT服务管理。这些企业实施IT服务管理的经验和教训有力地促进了IT服务管理方法的改进、提高和发展。英国政府商务部在2000—2003年期间发布了ITIL的全新版本ITILV 2.0。这有利于IT服务管理领域更为快速的发展。

10.1.2 IT服务管理的内涵

国际IT领域的权威研究机构Gartner Group认为，IT服务管理(ITSM)是一套通过服务级别协议(SLA)来保证IT服务质量的协同业务流程，它融合了系统管理、网络管理、系统开发管理等管理活动和变更管理、资产管理、问题管理等许多业务流程的理论和实践。而ITSM领域的国际权威组织ITSMF(国际IT服务管理论坛)则认为ITSM是一种以业务流程为导向、以客户为中心的方法，它通过整合IT服务与组织业务，提高组织IT服务提供和服务支持的能力及其水平。

IT服务管理的核心思想是：IT组织(不管它是企业内部的还是外部的)都是IT服务提供者，其主要工作就是提供低成本、高质量的IT服务。而IT服务的质量和成本则需从IT服务的客户(购买IT服务的)和用户方(使用IT服务的)加以判断。

1) IT服务管理的特征

IT服务管理具有如下特征：

(1) IT服务管理是以服务为中心的管理。IT服务管理不同于传统的IT管理，它是一种以服务为中心的IT管理。从组织层面上来看，IT服务管理将企业的IT部门从成本中心转化为服务中心和利润中心；从IT运营层面上来看，它不是传统的以职能为中心的IT管理方式，而是以业务流程为中心，从复杂的IT管理活动中梳理出那些核心的业务流程，比如事故管理、问题管理和配置管理，将这些业务流程规范化、标准化，明确定义各个业务流程的目标和范围、成本和效益、运营步骤、关键成功因素和绩效指标、有关人员的责任权利以及各个业务流程之间的关系。实施 IT 服务管理的根本目标是以客户为中心提供 IT 服务，提供高质量、低成本的服务，提供的服务是可准确计价的。

(2) IT 服务管理是对 IT 运营的管理。IT 服务管理的重点是 IT 的运营和管理，而不是 IT 的战略规划。IT 规划关注的是组织 IT 方面的战略问题，而 IT 服务管理是确保 IT 战略得到有效执行的战术性和运营性活动。打个比方，如果把组织的业务过程比作安排一辆汽车去完成一趟运输任务，那么 IT 规划的任务相当于为这次旅行选定正确的路线、合适的汽车和司机。而 IT 服务管理的任务则是确保汽车行驶过程中司机遵循操作规程和交通规则，对汽车进行必要的维修和保养，尽量避免其出现故障；一旦出现故障也能很快修复；并且当汽车到达目的地时，整个行驶过程中的所有费用都可以准确地计算出来，这便于衡量成本效益，为做出有关调整提供决策依据。

(3) IT 服务管理是用户的 IT 需求管理。IT 服务管理的主要目标不是管理技术，其主要任务是管理客户和用户的 IT 需求。这有点像营销管理。营销管理的本质是需求管理，其目标在于如何让组织生产的最终产品或提供的服务满足市场(客户)的需求。同样，在 IT 服务管理中，IT 部门或 IT 外包商是 IT 服务的提供者，业务部门是 IT 部门或 IT 外包商的客户，如何有效地利用 IT 资源恰当地满足业务部门的需求就成了 IT 服务管理的最终使命。换个角度说，对客户而言，业务部门只需关注 IT 服务有没有满足其要求，至于 IT 服务本身能不能，或者怎样满足要求，业务部门作为客户不用也没有必要关心。

2) IT 服务管理的作用

IT 在商业中扮演着越来越重要的角色，通过实施 IT 服务管理，可以获取多方面的商业价值，比如确保 IT 业务流程支撑业务流程，整体上提高了业务运营的质量；通过事故管理业务流程、变更管理业务流程和服务台等提供了更可靠的业务支持；客户对 IT 有更合理的期望，并更加清楚为达到这些期望他们所需要的付出；提高了客户和业务人员的生产率；提供更加及时有效的业务持续性服务；客户和 IT 服务提供者之间建立更加融洽的工作关系；提高了客户满意度。

IT 服务管理不但提供商业价值，而且使企业在财务上直接受益，比如：降低了实施变更的成本；当软件或硬件不再使用时，可以及时取消对其的维护合同；量体裁衣的能力，即根据实际需要提供适当的能力，如磁盘容量；恰当的服务持续性费用。

IT 服务管理也使服务人员多方面受益，比如 IT 人员更加清楚了解对他们的期望，并有合适的业务流程和相应的培训以确保他们能够实现这些期望；提高IT人员的生产率；提高IT人员的士气和工作满意度；使IT部门的价值得到更好的体现，从而提高了员工的工作积极性。

IT服务管理还能提供创新价值，比如：IT服务提供方更为清楚地理解客户的需求，确保IT服务有效支撑业务流程；更多地了解当前提供的IT服务的有关信息；改进IT支持，使业务部门能够更加灵活地使用IT；提高了服务的灵活性和可适应性；提高了预知未来发展趋势的能力，从而能够更加迅速地采用新的服务需求和进行相应的市场开发。

10.1.3 IT服务管理的标准及基本原理

IT基础架构库（IT Infrastructure Library，ITIL）是英国国家计算机与电信局（CCTA）于1980年开发的一套IT业界的服务管理标准库。这套标准已经被欧洲、美洲和澳洲的很多企业采用，目前全球已经有1万多家知名的公司在参考其中的方法管理自己的信息系统。它把英国各界在IT管理方面最好的方法归纳起来，变成规范，旨在为企业的IT部门提供一套从计划、研发、实施到运行维护的标准方法。

ITIL的目标是在找出对IT顾客而言真正需要的流程，而这些流程是在可接受的成本下提供高品质、最合适的服务所必不可少的。ITIL提供了IT基础设施管理的一套完整的管理方法，不同的企业可据此实施本企业的IT服务管理方案。

依据ITIL方法论，IT服务管理可以从人员、技术、业务流程3个方面入手。

(1) 人员方面。根据客户服务级别的要求，重新规划人力资源，定义不同职责的岗位角色，据此来招募人员，并部署ITIL方面的培训，逐步使该标准在全体服务人员中得到相同的理解和贯彻。

(2) 技术方面。重新评估各岗位的技能要求，区分一线支持和二线支持，实施针对性培养。

(3) 流程方面。HP的服务咨询协助我们根据服务管理的模块要素，搭建服务业务流程框架，逐一细化业务流程的细则，赋予岗位职责，制定不同的服务包（service package），计划构建一套完整的服务支撑系统平台，把各种业务流程细则固化到该平台中，通过平台的运作流转来实施业务流程。

ITIL认证是国际IT服务管理专业资格认证。它面向全球各国的企业CIO、负责IT规划、战略研究、运营维护与服务的相关人员，通过系统培训和专门考核确定IT服务管理专家的专业资格认证。是目前国际上对IT运营、IT服务管理、IT业务流程管理、IT支持维护等职位IT经理的最权威认证。

ITIL 认证体系由英国商务部(OGC)、IT 服务管理论坛、国际信息科学考试协会和信息系统考试委员会 4 大权威机构联合运作,以保证这一证书的专业性、开放性、权威性、实用性、广泛接受和不断更新。OGC 是 IT 服务管理领域事实上的国际标准 ITIL 的所有者,专门负责 ITIL 课程体系的开发,并不断提出更新,不断融合全球 IT 发展的最佳实践,OGC 提名和选定其他组织或专家进行编写,同时组织世界各地的有关专家对这些原稿进行评审以保证其质量,但 OGC 本身并不涉足 ITIL 的培训和认证。IT 服务管理论坛是世界最大的 IT 服务管理用户组织,致力于发展和推动 IT 服务管理最佳实践标准和认证,也是国际上唯一被认可的 IT 服务管理行业组织,在全世界设立了超过 16 个国家分会。

10.2　IT 服务管理的框架

10.2.1　IT 服务管理简介

IT 服务管理的框架涉及 IT 各个服务管理流程的"最佳"目标、活动、输入和输出以及各个流程之间的关系。它的重点是为了保证每个流程实现其应有的功能并与其他流程相协调。

IT 服务管理的框架共分为 6 个模块,分别是业务管理、服务管理、IT 基础架构管理、应用管理、安全管理和 IT 服务管理规划与实施。它们之间的逻辑关系如图 10－1 所示。

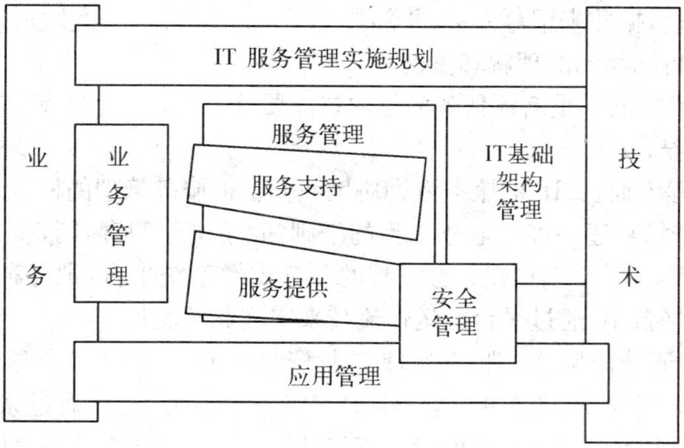

图 10－1　IT 服务管理的框架图

图 10-1 中的各项内容说明如下：

(1) 业务管理。该模块用于指导业务管理者以自己习惯的思维模式分析 IT 问题。业务管理者应深入了解 IT 基础架构支持业务流程的能力以及 IT 服务管理在提供端到端 IT 服务过程中的作用，以更好地协助处理与服务提供者之间的关系，实现商业利益。

(2) 服务管理。该模块是 IT 服务管理框架的核心模块。它把 IT 管理活动归纳为 10 个核心流程和一些辅助流程，利用这些流程可进行有关 IT 的管理工作。

(3) IT 基础架构管理。IT 基础架构是 IT 基础设施的有机整合。对 IT 基础架构的管理一般宜采用技术手段对基础设施进行管理。该模块的目标是确保 IT 基础架构能够稳定可靠地满足业务需求和支撑业务运作。

(4) 应用管理。该模块用于指导 IT 服务提供者协调应用系统的开发和维护，以使它们保持一致的为业务运作提供支持和服务。

(5) 安全管理。该模块的目标是保护 IT 基础架构，使其免受未授权的使用。它可用于为确定安全需求、制定安全策略以及处理安全事故等提供全面指导。

(6) IT 服务管理规划与实施。该模块的作用是指导如何实施上述模块中的各个流程，指导确立远景目标、分析和评价现状、确定合理的目标并进行差距分析、确定任务的优先级以及对流程的实施情况进行评审。

IT 服务管理是以通过对最佳实践进行总结而归纳出来的流程为基础的。ITIL 标准规定了 IT 服务管理的每个流程的具体内容，并确定了多个流程之间的相互关系。包括服务台管理、事故管理、问题管理、配置管理、变更管理、发布管理、服务级别管理、服务财务管理、能力管理、服务持续性管理、可用性管理等 11 个管理模块。

10.2.2 IT 服务台管理

1) 服务台

服务台在服务支持工作中扮演着十分重要的角色，它连接着用户和 IT 部门，在不需要联系特定技术人员的情况下，服务台应处理大量的客户请求。服务台不仅要负责处理事故、问题和客户的询问，同时还要为其他活动和流程提供接口，包括客户变更请求、维护合同、服务级别管理、配置管理、可用性管理和持续性管理等。

服务台的主要目标是协调用户和 IT 部门之间的关系，为 IT 服务运作提供支持，并提高用户的满意度。

2）服务台的结构

服务台的结构主要有3种：分布式服务台、集中式服务台和虚拟式服务台。

（1）分布式服务台。当用户考虑各地区的客户特殊性时，可以建设分布式服务台以向每个地区或分部提供本土化、个性化的服务。

（2）集中式服务台。当用户考虑降低服务台的操作成本时，向所有用户提供单一联系点，集中处理所有的服务请求。

（3）虚拟式服务台。指用户可利用虚拟桌面和呼叫自动转移技术实现全球统一的服务电话，从而和用户保持单点联系的一种分布式服务台模式。

根据具体的需求，用户可以构建自己的服务台模式。

3）服务台的主要工作

服务台应该提供服务管理职能。服务台的主要工作应该包括：

（1）响应用户呼叫。对于用户发出的错误报告、服务请求、变更请求等事件进行记录和处理。

（2）为用户发布信息。可采用布告栏、电子邮件、短消息等方式向用户提供有关错误、故障或新增服务等方面的信息。

（3）客户需求管理和客户关系管理。服务提供者应该采取必要的措施和使用适当的技术对服务台进行有效的管理，同时服务台可以准确迅速地了解客户的需求，改善客户体验，提高客户满意度。

（4）供应商联络。服务台在需要时负责与供应商进行联络以维修或替换有关的软硬件组件。

（5）日常运作管理。服务台承担的日常运作管理任务应该包括数据备份与恢复、磁盘空间管理、建立新用户、管理用户口令等。

（6）基础架构监控。服务台能够利用相关工具对IT基础架构的运作情况进行监控，当检测到故障发生或将要发生时，应该立即评估事件的影响，并在必要时将检测到的故障报告事故管理部门。

4）服务台绩效考核指标与关键成功因素

客户或用户的满意度是衡量服务台运作效果的综合指标。

实际运作效果的常用关键绩效指标应该包括：

（1）电话回应时间。

（2）电话转接到二线支持所用的时间。

（3）用户是否在可接受的时间内得到满足服务级别目标的答复。

（4）用户是否得到有关目前或即将发生的变更或错误的通知。

（5）电话回答是否亲切。

（6）用户是否会得到关于如何防止事故发生的忠告。

同时，服务台应该定期检查是否达到有关的标准和要求，如首次修复率、每位用户的呼叫数及服务台的总呼叫数、平均事故解决时间等。

另外在对服务台进行绩效考核时，还应综合考虑以下关键成功因素：

(1) 服务台人员应深刻理解企业的业务需求和客户的要求。

(2) 对客户、支持小组和服务台员工进行培训。

(3) 明确服务的目的和需要达到的目标。

(4) 协商并达到切合实际的服务级别目标，避过那些定期复审。

(5) 签订合理的服务级别协议，并使用户和服务台人员都熟悉服务级别协议的关键品质指标。

(6) 客户和用户应了解服务台提高的支持范围和内容。

10.2.3 事故管理

1) 事故管理的概念

事故是指引起或有可能引起服务中断或服务质量下降的、不符合IT服务标准操作的活动。

当多个事故需要同时处理时，必须根据事故所造成的影响、事故的紧急程度、解决事件的难易程度等因素确定事故处理的优先级。

如果在协议约定的时间内一线支持无法解决事故，则必须根据事故升级流程引入更多的支持人员确定问题的解决。

2) 事故管理的目标

事故管理的目标是在尽可能小地影响客户和用户业务的情况下使IT系统尽快恢复到服务级别协议所定义的服务级别，同时记录事故以便为其他流程提供支持。

3) 事故管理的流程

事故管理的输入可以是来自系统构架任何一部分的用户报告、服务台及相关部门的检测报告和系统自动检测报告。事故管理的输出则是针对所产生事故的解决方案和应急措施。事故管理流程的基本活动定义如下：

(1) 事故查明和记录。服务台应查明和记录事故，并将基本信息输入事故数据库并报告事故管理小组。

事故管理需要给每个事故分配一个唯一的编号，记录一些基本的事故分析信息并补充其他事故信息。

(2) 归类和初步支持。应该根据事故发生的原因、所支持的类别对事故进行划分。如果发生的事故是重复出现的，则需要根据已有的经验和措施采取行动。如果为新出现的事故，则需要将其与问题和知名错误进行匹配，如果匹配成功,则用已有方案解决事故,否则确定事故的优先级。在确定事故的优先级时,服务台应对事故提供初步的支持。服务台如果没有成功解决事故,就将事故转交给二线、三线支持处理,然后负责记录事故并协调各支持小组、采取必要的措施以确保用户满意的事故解决过程,如图 10－2 所示。

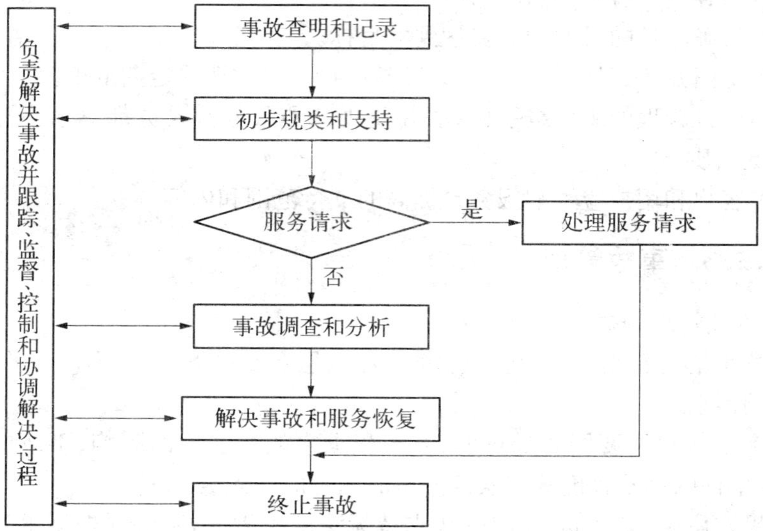

图 10－2　事故管理流程图

(3) 启动服务请求程序。如果事故属于一项服务请求,则启动服务请求程序。

(4) 事故匹配。当服务台接受并记录有关事故的信息后,需要将发生的事故与问题管理中的问题、知名错误进行匹配。如果匹配成功,则可以根据问题管理中现成的解决方案解决事故。如果匹配不成功,则服务台应将事故转交给事故管理人员,由事故管理人员对事故进行调查和诊断。

(5) 调查和分析。如果没有现成的解决方案,事故管理人员应对事故进行分析和诊断,并提出快速解决事故的方案和应急措施。

(6) 解决事故与恢复服务。在确定了事故的解决方案或应急措施后,事故管理人员应当立即对事故进行解决以快速恢复 IT 服务的运作。

(7) 跟踪和监控。在事故解决的全过程中,服务台应跟踪和监控事故解决的进度和用户的反馈情况,必要时应增加事故解决人员或对事故进行升级。

(8) 终止事故。在事故解决后,服务台应向客户确认事故解决的效果是否达到服务级别协议的要求,如果达到了要求或客户感到满意则终止事故,否则应该扩展事故处理流程。

4）关键绩效指标

评价事故管理流程运作的效率与效果应从事故数量、响应时间、事故解决比例、事故解决成本等方面加以衡量。关键绩效指标应该包括：

（1）一定时间内的事故总量。

（2）事故在约定的服务级别协议所确定的响应时间内得到解决的比例。

（3）事故直接由一线解决的百分比。

（4）事故的平均解决时间和成本。

（5）事故初步归类失误的百分比。

（6）转发不当的服务请求占全部服务请求的百分比。

（7）无需支持人员亲临现场的远程解决的事故的数量和比例。

10.2.4 问题管理

1）问题管理的概念

问题管理是指通过调查和分析 IT 基础架构的薄弱环节、查明事故产生的潜在原因，并制定解决事故的方案和防止事故再次发生的措施，将问题和事故对业务产生的负面影响减少到最低的服务管理流程。

问题管理的责任是调查和分析 IT 基础架构和查找事故产生的根本原因。

2）问题管理的目标

问题管理应达到以下 3 个目标：

（1）将由 IT 基础架构中的错误引起的事故和问题对业务的影响减少到最低程度

（2）查明事故或问题产生的根本原因，制定解决方案和防止事故再次发生的预防措施

（3）实施主动问题管理，在事故发生之前发现和解决可能导致事故产生的问题

3）问题管理的流程

问题管理的流程在运作过程中应与其他多个流程进行信息上的沟通，它需要根据事故管理、能力管理、配置管理、服务级别管理以及可用性管理等流程提供的信息制定解决方案和应急措施，同时将它所产生的解决方案和变更需求输入到事故管理和变更管理流程的运作过程。

问题管理流程的基本活动应包括问题控制、错误控制和主动问题管理 3 个部分。

4）问题控制的流程

问题控制是对发现的问题进行归类、调查和分析，从而提出解决方案或应急措施的流程。问题控制流程如图 10－3 所示。

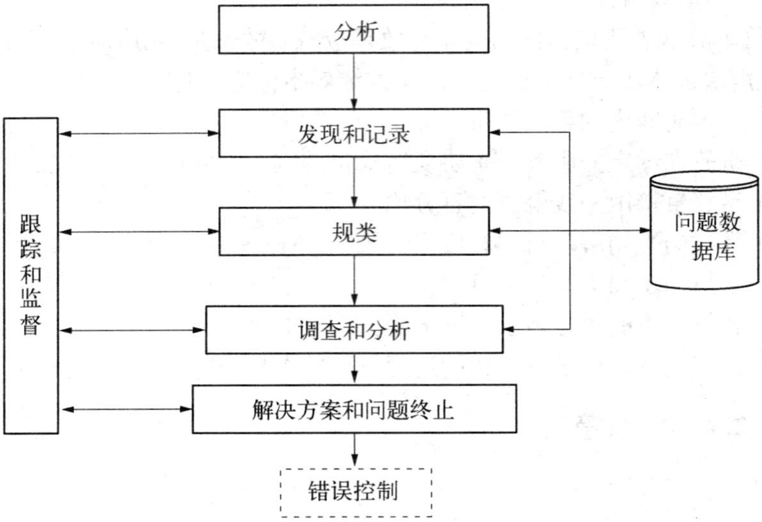

图 10-3　问题控制流程图

(1) 发现和记录问题。该步骤应发现和记录问题，包括事故的症状、与事故相关的基础架构的运行情况等信息。问题记录应关联到所有与其相关的事故，事故的解决方案和应急措施也要记录在相应的问题记录中。

(2) 问题归类。在查明和记录问题后，为了评估问题可能对服务级别产生的影响，应该对问题进行归类。问题归类应根据问题所涉及的领域、影响度和紧迫性，以及优先级等因素综合确定。

(3) 调查和分析问题。问题调查应全面深入，包括对事故管理所制定的解决方案和应急措施的调查。在对导致事故的未知原因展开调查后，需要对这些原因进行分析和测试，从而确认其是否是问题产生的最主要和最根本原因。在确认产生问题的根本原因后，问题就转化为知名错误，问题管理随之进入错误控制阶段。如果未能确定根本原因，应向事故管理人员建议实施应急措施，同时扩大调查和分析的范围，直至找到问题的根源。

5) 错误控制流程

错误控制是对知名错误进行处理和控制的流程。在问题控制将知名错误转交给错误控制之后，错误控制需要向变更管理提交变更请求，再由变更管理实施变更后最终消除知名错误。错误控制流程如图 10-4 所示。

(1) 发现和记录错误。发现和记录错误或知名错误是错误控制流程的开始。问题管理人员需要将有关知名错误的信息记录到问题数据库中。

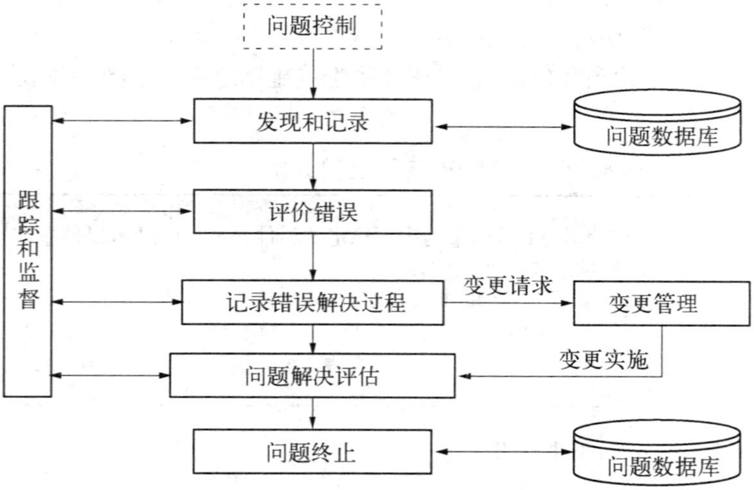

图 10-4 错误控制流程图

(2) 评价错误。在发现和记录错误后,问题管理人员应与其他支持人员一道对解决错误的可能方法进行初步评估,并根据对错误评价的结果制定相应的解决方案。

(3) 记录错误解决过程。在问题管理人员提出解决错误的方案后,错误控制流程应详细记录每个知名错误的解决过程,特别是与知名错误有关的配置项、症状和解决方案,记录的信息可保存于知名错误数据库中。这些信息可为以后类似事故进行事故匹配提供帮助。

(4) 提出变更请求。如果问题管理人员发现制定的解决方案无法从根本上消除知名错误时,应向变更管理流程提出变更请求,变更管理应根据错误的影响度和紧迫性确定变更请求的优先级。

(5) 错误解决评估。在问题管理人员实施错误解决方案或者变更管理人员根据问题管理人员的变更请求实施变更后,问题管理人员需要继续跟踪和监督错误解决过程,必要时应实施后评审来确认问题或知名错误的解决效果。然后,问题管理人员需要根据服务级别目标和解决问题所需的成本确定是否需要进一步对问题展开调查和研究。

(6) 错误终止。在确认问题和知名错误得到较好的解决后,问题管理可以终止错误控制流程。同时,需要将有关问题的更新信息存入问题数据库中。

6) 主动性问题管理

主动性问题管理是指根据对IT基础架构的分析,问题管理人员可以找到可能出现问题的脆弱环节，在事故发生前发现和解决有关问题和知名错误，以尽量减少问题和知名错误对业务的影响。

主动性问题管理流程包括趋势分析和预防措施制定两个部分(参见表10-1)。

表10-1

管理流程趋势分析

趋势分析	(1) 找出IT基础架构中不稳定的组件，分析其原因，以便采取措施降低配置项故障对业务的影响 (2) 分析已发生的事故和问题，研究其变化趋势 (3) 通过其他方式或途径分析，如系统管理工具、用户反馈、与客户和用户的座谈会、客户和用户调查等

预防措施制定如表10-2所示。

表10-2

预 防 措 施

预防措施制定	(1) 提交变更请求 (2) 提交有关测试、规程、培训和文档方面的反馈信息 (3) 进行客户教育和培训 (4) 对服务支持人员进行教育和培训 (5) 确保遵守问题管理和事故管理的规程 (6) 改进相关的流程和程序

7) 关键绩效指标和关键成功因素

衡量问题管理运作效率和效果的关键绩效指标应该包括如下内容：

(1) 通过解决问题而减少的事故总量。

(2) 解决问题所需时间的减少量。

(3) 提交的变更请求的数量。

(4) 调查和分析每类事故所耗费的时间。

(5) 与解决方案相关的成本的降低额。

10.2.5 配置管理

1) 配置管理的概念

配置管理是指由识别和确认系统的配置项、记录和报告配置项状态和变更请求、检验配置项的正确性和完整性等活动构成的服务管理流程。

配置管理流程专门负责提供有关IT基础架构的配置情况的信息。

2）配置管理的目标

配置管理必须实现以下目标：

（1）计量组织和服务中所使用的所有IT资产和配置项的价值。

（2）为其他服务管理流程提供有关IT基础架构配置的准确信息。

（3）为事故管理、问题管理、变更管理和发布管理的运作提供支持。

（4）核实有关IT基础架构的配置记录的正确性并纠正发现的错误。

3）配置管理的流程

配置管理流程在运作过程中需要其他流程为其提供信息，如变更管理流程提供的有关IT组件变更的信息，以及采购流程提供的有关IT组件采购的信息。配置管理同时也为其他流程提供配置管理报告和配置管理数据库中的信息。配置管理除了与变更管理和发布管理相关以外，还与其他流程有着密切的关系。

配置管理的流程主要包括配置管理计划、配置识别、配置项控制、配置状态报告、配置审验、配置管理数据库备份和保管等。

（1）配置管理计划。在正式实施和运作配置管理前应当对配置管理进行充分的计划和安排（参见表10－3）。

表10－3

配置管理计划

配置管理计划	（1）配置管理的目标和范围 （2）与特定的支持小组相关的政策、标准和程序 （3）配置管理角色和责任安排 （4）配置项命名规则 （5）实施配置管理活动的日程安排和程序 （6）与第三方的接口控制 （7）配置管理系统的设计，包括配置管理数据库、配置管理数据的存放地点、配置项运行的受控环境、与其他服务管理系统的联系和接口、构建和安装等支持工具 （8）配置管理的内务工作，包括许可证控制、配置项的存档等 （9）计划的配置基准线、重大发布、里程碑，以及针对以后每个期间的工作量计划和资源计划

（2）配置标识。配置标识是配置管理的一项基础性工作，需要确定配置项的范围、属性、标识符、基准线，以及配置结构和命名规范。

（3）确定配置管理范围。配置管理的范围包括用于构建、发布、验证、安装、分发、维护、恢复和移除配置项的硬件和软件及相关文档。

（4）确认和记录配置项属性。配置管理需要预先确认和记录各配置项，特别是高风险和关键的配置项的属性。配置项属性一般包括配置项的名称、编号、类别、版本号、责任人、来源、提供日期、许可证号、目前状态、计划状态、父配置项关联、子配置项关联、事故号、问题号、变更请求号、变更号、备注等内容。

(5) 为配置项定义标识符。配置管理应为每个配置项赋予一个唯一的标识符,并维护这些标识的准确性。本标准不规定固定的配置项标识方法。

(6) 确定配置基准线(参见表10-4)。

表10-4

配置基准线内容介绍

配置基准线	(1) 过去的、当前的和计划中的发布信息 (2) 过去的、当前的和计划中的变更信息 (3) 批准和实施变更时系统的状态和有关文档 (4) 实施发布时系统的状态和有关文档 (5) 按标准规范配置的管理的硬件和软件

(7) 确定配置结构。配置结构说明了配置项的层次结构以及各配置项之间的关系。配置结构可以是基础架构的配置结构,也可以是服务配置结构。

(8) 确定配置项命名规则。配置项标识、配置文档、变更和基准线等应该使用一致的命名规则。命名规则可以确定各配置项的层次关系、每个配置项的层次或从属关系、配置项与其他相关文档之间的关系、文档与变更之间的关系、事故和变更之间的关系等。配置管理应该建立所有的配置项和控制形式的命名规则。

(9) 配置项控制(参见表10-5)。

表10-5

配置项控制

配置项控制	(1) 注册新配置项及其版本 (2) 更新配置项记录 (3) 许可证管理 (4) 撤销或删除配置项时将相关记录存档 (5) 保护各种配置的完整性 (6) 定期检查配置项并更新配置管理数据库的相应记录

(10) 配置状态报告。配置管理流程应当针对所有受控配置项的当前版本和变更记录定期制作配置状态报告(参见表10-6)。

表 10－6

配置状态报告

配置状态报告	(1) 基准线和发布标识符 (2) 为构建系统或应用所使用的软件的最新版本 (3) 对系统进行的变更次数 (4) 基准线和发布版本的数量 (5) 配置项的使用和变动情况 (6) 对基准线和发布版本的比较结果

(11) 配置审验。配置管理人员需要对配置项和配置项管理数据库进行审验，从而确保所包含的信息能够完全真实地反映 IT 基础架构中配置项的存在和变更情况(参见表 10－7)。

表 10－7

配 置 审 验

配置审验	(1) 实施新的配置管理数据库之后 (2) 对 IT 基础架构实施重大变更前后 (3) 在一项软件发布和安装被导入实际运作环境之前 (4) 灾难恢复之后或事故恢复正常之后 (5) 发现未经授权的配置之后 (6) 任何其他必要的时候

本标准不严格规定配置审验的具体方法，但必须满足审验的一致性。

(1) 配置管理数据库备份、存档和保管。

(2) 应当对配置管理数据库中的数据信息定期备份并保存在安全的地方。

(3) 本标准建议根据 IT 基础架构的规模和变动情况来确定备份频率、备份方式。

4) 关键绩效指标和关键成功因素

衡量配置管理流程运作效果的关键绩效指标应该包括：

(1) 配置管理数据库中配置项属性出现错误的比例。

(2) 成功通过配置审验的配置项的比例。

(3) 未经授权的配置的数量。

(4) 因变更不当而导致的事故和问题的数量。

(5) 批准和实施一项变更所需的时间。

(6) 因配置项信息不准确而导致的服务失败的次数。

关键成功因素应包括：

(1) 保持配置管理数据库的及时更新。

(2) 配置管理与变更管理以及发布管理保持紧密联系。

(3) 定期进行配置审验。

10.2.6　变更管理

1) 变更管理的概念

变更管理是指在最短的中断时间内完成基础架构或服务的任一方面的变更而对其进行控制的服务管理流程。当问题管理通过调查和分析发现问题产生的根本原因，但不能制定恰当的解决方案从根本上予以解决时，问题管理需要向变更管理提交变更请求，从而通过实施必要的变更以从根本上消除问题。

在变更管理流程运作过程中，需要组建变更咨询委员会。变更咨询委员会负责对问题管理流程提交的变更请求进行评审，并决定是否批准该变更请求的实施。变更咨询委员会同时还应为变更经理评估实施某项变更可能产生的影响和确定变更的优先级提供专业意见。变更咨询委员会应当从业务和技术两个角度充分评估变更的影响。为此，变更咨询委员会的成员应当由变更经理、客户、用户经理、用户群代表、应用开发和维护人员，以及有关的专家和技术顾问等人员组成。

2) 变更管理的目标

变更管理目标是确保在变更实施过程中使用标准的方法和步骤，并尽快地实施变更，以将由变更所导致的业务中断对业务的影响减少到最低。

3) 变更管理的流程

变更管理的运作流程是与其他服务管理流程协同进行的，同时也进行着信息的交流(参见表 10-8)。

表 10-8

变更管理流程

输入	(1) 变更请求 (2) 配置管理数据库提供的数据信息，特别是有关变更影响的信息 (3) 变更实施进度表 (4) 能力管理提供的能力数据库以及财务管理流程提供的预算信息等
输出	(1) 更新的变更实施进度表 (2) 触发配制管理和发布管理开始运作的信号 (3) 变更咨询委员会的议程、会议记录和行动项目 (4) 变更管理报告

变更管理的主要流程包括6个步骤：

(1) 记录变更请求。所有的变更请求都应该被记录并分配编号。

(2) 评审和筛选变更请求。在记录变更请求后，变更管理人员应该进行初步评价，以确定是否有不清楚的、不合法的、不切实际的或不必要的变更请求。然后，变更管理人员应根据变更的必要性及对业务的影响来决定接收或拒绝变更请求。如果拒绝某个变更请求，应说明原因并给变更请求提交者解释的机会。

(3) 对变更请求进行分类和确定优先级。一旦确定接受某个变更请求，变更管理小组必须确定该变更请求的级别和优先级。变更管理小组需要根据服务台事故管理和问题管理等对变更初步分类，进一步考虑变更的影响和可用资源的方面的情况，最终决定变更的类别。变更类别表明了变更的影响和其对组织所提出的要求，其结构和复杂性很大程度上是由业务需要决定的。

(4) 制定变更实施计划。在明确了变更请求的类别和优先级后，变更管理小组需要根据变更进度安排表对变更实施判定计划。重大变更需要先由IT管理部门批准，然后再提交变更咨询委员会讨论批准。

(5) 实施变更。该过程主要由构建、测试和实施3个步骤组成。

(6) 评价和终止变更。变更完成后，变更管理小组或变更咨询委员会应该对变更实施的情况进行评价。如果经过评价认为变更实施成功，变更管理或变更咨询委员会应终止变更请求，否则，进一步采取行动进行补救。

4) 关键绩效指标

衡量变更管理流程运作效果和效率的关键绩效指标应该包括：

(1) 变更实施对服务质量的不良影响的减少程度。

(2) 由于变更实施而导致事故减少的数量。

(3) 变更的实施符合变更进度计划表的情况。

(4) 定期对变更请求和已实施变更进行评审的情况。

(5) 由成功地变更管理所增加的业务效益和客户满意度的提高。

(6) 单位时间内完成的变更的数量。

(7) 变更实施的频率。

(8) 被拒绝的变更请求的数量。

(9) 变更撤销的数量。

(10) 实施变更的成本。

(11) 在计划的资源和时间限度内完成变更的数量。

10.2.7 发布管理

1) 发布管理的概念

发布是指经过测试并导入实际应用环境的新增或改进的配置项的集合。发布管理负责计划与实施 IT 服务的变更，并描述变更的各个方面。其主要目标是通过正规的实施变更流程及测试以确保应用系统的质量。

2）发布管理的目标

发布管理负责将经测试无误的软硬件版本发布到目的变更地点，并保证相应的服务级别。具体来说，发布管理需要实现的目标包括：

（1）计划和协调软硬件组件的发布。

（2）设计和实施有效的程序来分发和安装 IT 系统的变更。

（3）确保只有正确的、被授权的和经过测试的软硬件版本才能导入实际运作环境。

（4）结合变更管理，确认发布的确切内容和首次发布计划。

（5）确认所有最终软件库中软件正本的拷贝是安全可靠的，并且在配置管理数据库中得到了更新。

3）发布管理的流程

发布管理是为变更管理提供支持的，发布管理贯穿了变更的整个生命周期，并且发布管理流程的实施应当在变更管理流程的控制下进行。发布管理可应用于设计开发、受控测试和实际运作 3 种环境中。发布管理包含的主要活动如图 10-5 所示。

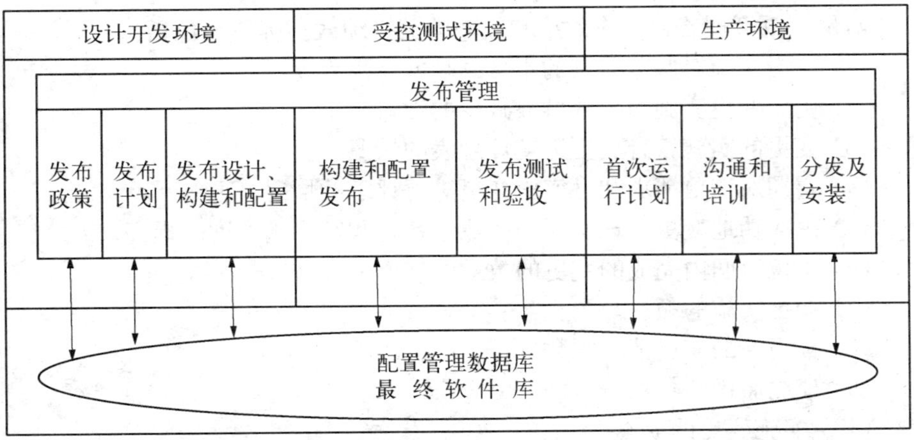

图 10-5　发布管理流程图

（1）制定发布政策。该流程应该明确发布管理中的角色分配和责任划分，并制定发布政策。

(2) 制定发布计划。发布计划需要根据变更进度计划表制定。在发布计划中,应该明确发布日程、角色和职责分配、资源级别、发布撤销计划、发布质量计划等方面的问题。

(3) 发布的设计、构建和配置。发布的设计应当根据发布政策和组织的总体变更计划做出。

(4) 发布测试和验收。在一项发布最终引入实际运作环境之前,必须进行严格的测试和用户验收。

(5) 制定首次运行计划。首次运行计划拓展了当前的发布计划,它应该在发布计划的基础上增加有关安装过程的详细信息和达成一致意见的实施计划。

(6) 沟通和培训。发布管理人员需要与客户关系管理人员、客户和支持人员进行适当的沟通并对他们进行必要的培训。

(7) 分发及安装。在完成上述各项活动后,发布管理需要将拟变更的新版本的软硬件分发至目的地。对于软件的分发,发布管理需要进行适当的设计以确保在整个处理、打包和移交过程中能够保持软件的完整性。

软件分发完成以后,整个变更生命周期的最后一步就是要将发布的应用软件或硬件引入实际运作环境,对引入的软件或硬件进行安装。

4) 关键绩效指标

衡量发布管理流程运作的效果应该考虑以下关键绩效指标:

(1) 在资源预算的限度内按计划构建和实施发布的数量。

(2) 构建失败的次数。

(3) 最终软件库管理的安全性和准确性。

(4) 所有进入最终软件库中的软件都通过了质量检查。

(5) 所有外购软件都符合有关的法律规定。

(6) 准确地将发布的软硬件版本分发至所有远程地点。

(7) 没有未经授权的版本替代以前的版本。

(8) 发布构建中没有出现浪费的复制版本。

(9) 计划的发布项目与实际的发布项目保持一致。

(10) 发布管理所需的 IT 和人力资源得到良好的后续规划和安排。

(11) 发布管理流程的运作效率和效果。

10.2.8　服务级别管理

1) 服务级别管理的概念

服务级别管理是为签订服务级别协议而进行的计划、草拟、协商、监控和报告,以及签订服务级别协议后对服务品质的评价等一系列活动所组成的一个服务管理。服务级别管理旨在确保组织所需的 IT 服务质量在成本合理的范围内得以维持并逐渐提高。

服务级别管理围绕组织业务需求和 IT 服务级别展开，需要协调 IT 服务提供方、客户、内部供应商和外部第三方供应商等 4 方之间的关系。服务级别管理主要通过一套服务级别协议体系来协调这 4 方的关系。这个服务级别协议体系主要包括服务级别协议、运作级别协议和支持合同。这 3 份协议之间的关系如图 10－6 所示。

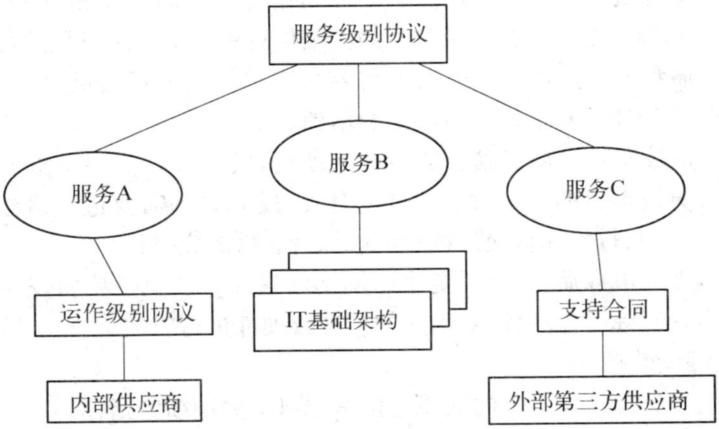

图 10－6　服务级别协议体系图

2) 服务级别管理的目标

服务级别管理应该实现如下目标：

(1) 明确客户的业务需求及相应的 IT 服务需求。

(2) 确保以合理的成本提供约定的 IT 服务级别。

(3) 确保实际的 IT 服务级别达到约定的服务级别的要求。

(4) 改善客户关系和提高客户满意度。

3) 服务级别管理的流程

服务级别管理是协调服务提供者和服务接受方的关键流程，它为规范双方行为、解决双方争议提供了一个管理框架和协商的基础。

服务级别管理应该通过服务级别协议运作级别协议和支持合同来协调 IT 服务各方面之间的关系，如图 10－7 所示。

(1) 识别客户业务需求。IT 服务级别经理必须和客户进行全面和充分的沟通，以帮助客户确认其实际的业务需求。在充分沟通和全面了解的基础上，服务级别管理人员应当撰写服务级别需求(SLR)文档作为制定服务级别协议的依据。

(2) 定义服务项目。在确定客户的业务需求之后,服务级别管理人员应根据服务级别要求整理和设计出可以满足这些需求的真实的服务项目,并形成服务描述单和服务质量计划。

(3) 签署相关协议。在明确了客户的业务需求并针对这些要求定义了服务项目之后,服务级别经理可开始准备和各方签订相关的协议了。在此过程中,服务级别管理人员需要做好以下几项工作:实施客户期望管理、协商服务级别目标、确定协议结构安排、草拟服务级别协议、制作服务目录、签署服务级别协议、签署运作级别协议和支持合同、发布服务级别协议。

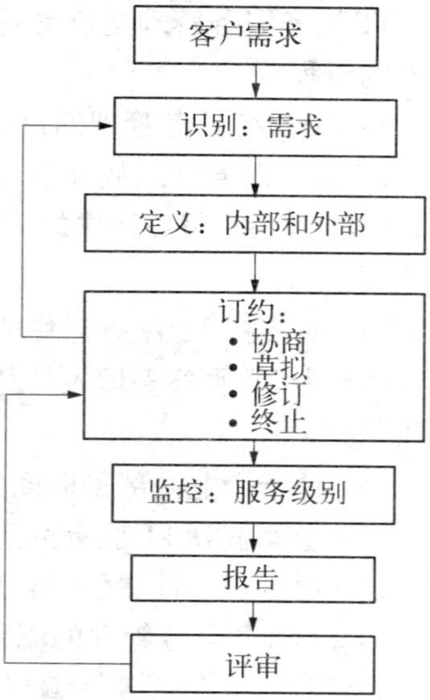

图 10-7　服务级别管理流程图

(4) 监控和报告。在服务级别协议实施的过程中,IT 服务提供方应当启动有关的监控程序对服务级别目标的实现情况进行监控,并定期向客户(或客户代表)及相应的 IT 经理提交服务级别报告。

(5) 评审。服务级别管理人员应当定期和客户(或客户代表)举行服务评审会。服务评审会应当重点关注那些服务级别目标未实现的环节,查处导致服务失败的原因并制定响应的服务改进计划。

4) 关键绩效指标

衡量服务级别管理流程运作效率和效果的关键绩效指标应该包括:

(1) 服务级别协议所涵盖的服务项目的数量和比例。

(2) 所有的服务级别协议均得到支持合同和运作级别协议的有效支持的比例。

(3) 服务级别目标得到满足的数量和比例。

(4) 服务级别目标出现违约的数量以及这些违约的严重程度。

10.2.9　IT 服务财务管理

1) IT 服务财务管理的概念

IT 服务财务管理考虑 IT 资源的效率及经济价值,旨在将基于预算的 IT 组织转变为类似于商业组织的具有成本意识的组织,为用户提供成本合理的 IT 服务。

IT 服务财务管理是负责对 IT 服务运作过程中所涉及的所有资源进行货币管理的流程。

2) IT 服务财务管理的目标

IT 服务财务管理从经济效益的角度对组织的 IT 服务运作进行反映和控制，实现了对 IT 服务运作的价值管理。具体而言，IT 服务财务管理流程应当实现以下目标：

(1) 对支持 IT 服务运作的 IT 资产和资源进行成本效益管理。

(2) 为 IT 服务管理人员基于成本效益原则对每项 IT 投资做出科学的决策提供信息。

(3) 便于企业内部采取商业化形式进行 IT 服务的运作。

(4) 全面核算 IT 服务的运作成本。

(5) 通过服务计费引导客户行为，节约 IT 服务成本。

3) IT 服务财务管理的流程

该流程主要包括预算编制 IT 核算和服务计费 3 个子流程。IT 服务财务管理流程的基本内容如图 10－8 所示。

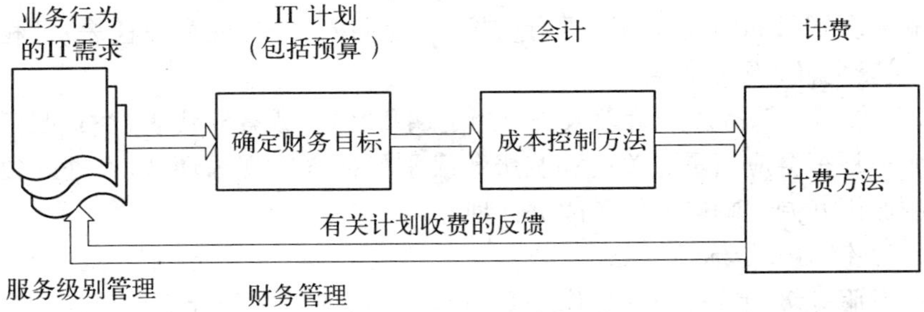

图 10－8　IT 服务财务管理流程图

(1) 预算编制用于预测和控制费用开支。IT 预算应该定期协商以设定预算目标(通常是每年一次)和对当前预算执行情况进行日常监控。

(2) IT 核算对 IT 服务运作过程中产生的各种效益和成本进行确认、计量和报告。

(3) 服务计费(charging)负责向使用 IT 服务的客户收取相应费用。

IT 服务财务管理流程应该包括：

(1) 工作量预测及预算编制。在编制预算之前，先要对未来的 IT 服务工作量进行预测，并结合以前年度的成本数据预测 IT 服务的成本。在对所有 IT 服务项目进行了合理的预测之后，可以着手编制 IT 服务预算。

（2）确立责任中心。在进行会计核算前必须明确 IT 部门属于何种性质的责任中心。一般来说，可以将 IT 部门确立为如下 3 种性质的责任中心：核算中心、成本中心和利润中心。

（3）计算 IT 服务项目的成本。在计算 IT 服务项目的成本之前需要定义 IT 服务的成本要素。

（4）投资评价。通过下列公式对 IT 项目的投资做出评价：

投资回报率＝平均年利润增加额/项目投资额

资本报酬率＝税前净利润/(总资产－流动负债)

（5）差异分析。在取得了实际 IT 服务的成本数据之后，IT 会计人员应将实际的成本数据与相应的预算数据、计划数据相比较，确定其差额，调查差异产生的具体原因并将差异产生的责任落实到人，同时采取适当的措施处理这些差异。

（6）服务收费。IT 部门需要通过向客户收费补偿其 IT 成本或实现其利润目标。通过为 IT 服务客户收费达到以下目的：① 促使业务部门有效地控制自身的需求。② 降低总体服务成本并重点关注那些不符合成本效益原则的服务项目。③ 通过付费，使组织将服务项目与合理业务要求紧密地结合起来。

4）关键绩效指标

衡量 IT 服务财务管理运作效率和效果的关键绩效指标应该包括：

（1）IT 服务的收费标准是否合理。

（2）客户对计费方法的合理性的认可程度。

（3）IT 服务的客户(用户)的行为和体验得到改进的程度。

（4）及时向服务级别管理进行报告。

10.2.10　能力管理

1）能力管理的概念

能力管理主要关注组织业务和 IT 基础架构之间的关系，它不仅要评价和改进现有服务能力，而且还应分析和预测组织未来的业务需求，从而据此以确定未来应当配置的服务能力的级别。因此，能力管理流程应该构成一个积极的具有前瞻性的服务管理流程。

2）能力管理的目标

能力管理需要根据组织当前及未来的业务需求以合理的成本为 IT 服务运作配备所需的 IT 资源。

能力管理需要实现以下目标：

（1）分析当前的业务需求和预测将来的业务需求，并确保这些需求在制定能力计划时得到充分的考虑。

（2）确保当前的 IT 资源能够发挥最大的效能，提供最佳的服务品质。

（3）确保组织的 IT 投资按计划进行，避免不必要的资源浪费。

3）能力管理的流程

能力管理包括业务能力管理、服务能力管理和资源能力管理。其流程应该考虑如图 10－9 所示基本活动。

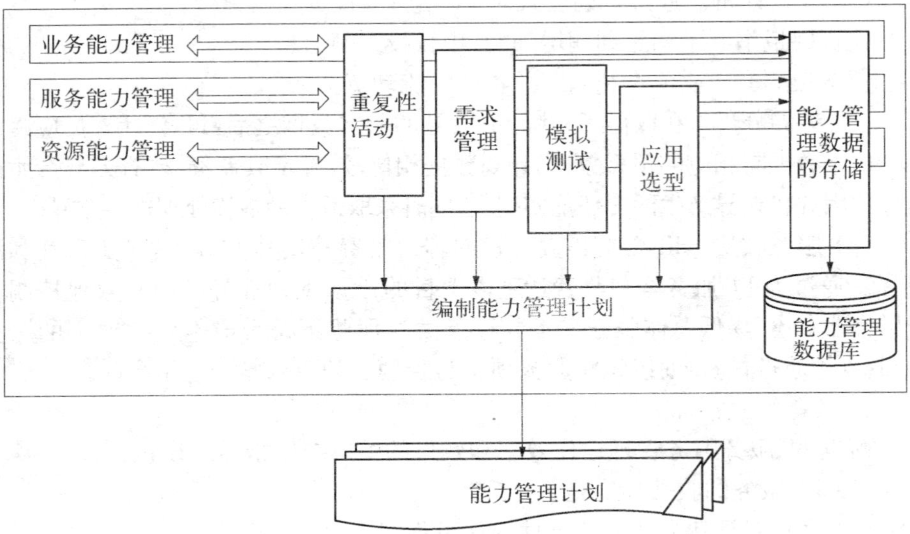

图 10－9　能力管理流程图

（1）重复性活动。重复性活动是需要经常进行的能力管理活动，包括对 IT 组件和服务运作进行监控、分析其变化趋势、调整配置项以改进服务质量和提高利用效率，以及实施变更等活动。

（2）需求管理。需求管理的首要目标是影响和调节客户对 IT 资源能力的需求。需求管理既可以是针对短期能力需求，也可以是针对长期能力需求。

（3）模拟测试。模拟测试是为了分析和测试如果发生变更则可能对能力配置规划产生的影响，从而增强能力规划的前瞻性和适应性。

（4）应用选型。应用选型作为能力管理的一种活动也是整个应用系统设计开发过程中的一个基础部分，进行应用选型活动的目的是对计划的应用系统变更或实施新的应用系统所需的资源进行估计，以确保资源的配置能够满足所需的服务级别的要求。

（5）能力管理数据的存储。在运作能力管理各子流程时，必须及时将流程中采集的各种数据存储到能力管理数据库中。这些数据应该包括业务数据、服务数据、技术数据、财务数据以及资源利用情况数据等。

(6) 编制能力管理计划。编制能力管理计划的主要目的是记录当前资源利用程度及服务品质级别，以及在充分考虑业务战略和计划后预测组织未来IT服务所需要的IT资源。

4) 关键绩效指标

可通过以下关键绩效指标来衡量能力管理运作的效果：

(1) 资源需求预测的及时性。

(2) 资源利用趋势预测的准确性。

(3) 制定能力计划时结合业务计划的程度。

(4) 能够对所有服务和组件的运行情况进行监控的能力。

(5) 根据业务需求实施新技术的时间、成本和新技术可实现的功能。

(6) 降低了临时性采购而增加的效益。

(7) 没有出现重大的超能力运作的事件。

(8) 计划和实施恰当的IT能力满足业务需求的程度。

10.2.11 IT服务持续性管理

1) IT服务持续性管理的概念

IT服务持续性管理是负责预防灾难、增强IT基础架构的恢复能力和容错能力的流程，它需要组织在发生灾难后有足够的技术、财务和管理资源来确保IT服务的持续性运作。

灾难指严重影响系统运行甚至导致系统运行停止的外来事故，如地震、火灾、水灾、失窃、恐怖袭击、网络恶意攻击、大范围电力中断等。

IT服务持续性管理是组织业务持续性计划的一个组成部分。业务持续性管理流程主要侧重于将风险降低至合理水平，以及在业务中断发生后进行业务流程的恢复这两个方面；IT服务持续性管理主要侧重于IT基础构架的技术方面。

IT服务持续性管理与事故管理、问题管理所关注的事故和问题不同，IT服务持续性管理主要关注那些对组织业务运作可能产生重大影响的灾难性事故。

2) IT服务持续性管理的目标

IT服务持续性管理的目标是，确保业务运作所需的IT基础架构和IT服务在灾难发生后的限定时间内能够得到恢复，从而对组织的总体业务持续性管理提供支持。

3) IT服务持续性管理的流程

IT服务持续性计划建议融合在业务持续性计划中。

IT服务持续性管理的实施和运作必须紧密结合业务持续性管理所确定的

业务持续性周期进行。IT 服务持续性管理的流程建议采用如图 10－10 所示的实施模型。

具体流程如下：

(1) 定义 IT 服务持续性管理(ITSCM)流程的范围。在正式实施和运作 IT 服务持续性管理之前,必须先明确 IT 服务持续性管理的范围。此外,还必须对持续性经理和其他支持人员的职责和工作方法、保险需求、质量标准、安全标准、风险管理原则和方法,以及业务影响分析的原则和方法等问题进行明确的定义,如图 10－10。

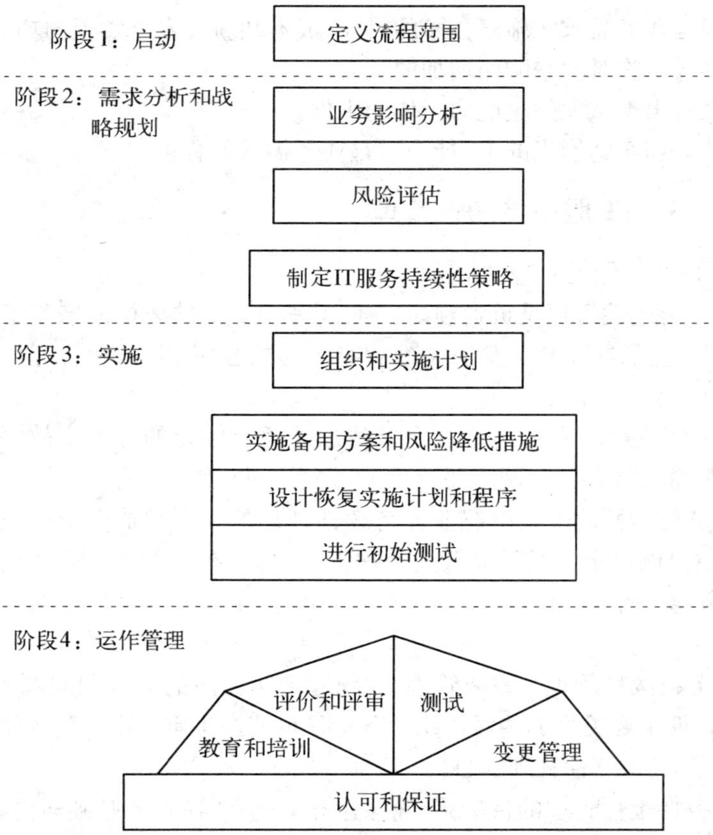

图 10－10　IT 服务持续性管理流程模型示意图

(2) 业务影响分析。为了明确 IT 服务持续性管理关注的重点,必须对 IT 服务进行业务影响分析。业务影响分析有助于实施风险评估,从而可以明确哪些地方需要重点实施 IT 服务持续性管理。

(3) 风险评估。风险评估可以帮助识别 IT 服务运作中存在的脆弱点和潜在的威胁,避免业务中断的发生。风险评估可以分为风险分析和管理两个环节。

(4) 制定 IT 服务持续性策略。根据业务影响分析和风险评估的结果,IT 服务管理人员可以制定 IT 服务持续性策略。制定 IT 服务持续性策略应在风险降低措施的成本与恢复方案的选择之间寻求平衡点,以确保以最低的成本将 IT 服务运作的风险控制在最低可接受水平。IT 服务持续性策略的具体内容包括风险降低措施的制定和恢复方案的选择。

(5) 组织和实施 IT 服务持续性管理流程。组织和实施 IT 服务持续性管理主要包括:组织结构安排、制定实施计划、实施风险降低措施、准备备用方案、制定 IT 服务持续性管理计划、设计恢复实施计划和程序、进行初始测试等。

(6) 运作管理活动。在完成 IT 服务持续性计划和实施后,IT 服务持续性管理流程进入日常运作管理阶段。在此阶段内,需要进行以下活动:对 IT 支持人员和业务人员进行业务持续性和服务持续性方面的意识培养、对 IT 服务持续性管理程序进行定期评审、对 IT 服务持续性管理流程进行定期测试、配合变更管理实施日常变更以及争取高层管理人员对 IT 服务持续性管理流程运作的质量的认可和保证。

4) 关键绩效指标

衡量 IT 服务持续性管理的关键绩效指标应该包括:

(1) 消除计划中已确定的缺陷的数量。

(2) 灾难所导致的收益损失。

(3) 实施 IT 服务持续性流程的成本。

10.2.12 可用性管理

1) 可用性管理的概念

可用性管理是有关设计、实施、监控、评价和报告 IT 服务的可用性,以确保持续的满足业务的可用性需求的服务管理流程。

可用性是指一个组件或一种服务在设定的某个时刻或某段时间内发挥其应有的功能的能力。它通常以可用率来表示,即在约定的服务时段内,客户实际能够使用的服务的时间比例。

与可用性相关的概念有可靠性、可维护性和安全性。

(1) 可靠性是指 IT 基础架构可以无间断运作的能力,它主要取决于单个 IT 组件的可靠性和 IT 基础架构的整体恢复能力。

(2) 可维护性是指 IT 基础架构在出现故障后能够被迅速恢复的能力。

(3) 安全性是指与某项服务相关的数据的保密性、完整性和可用性。

2）可用性管理目标

可用性管理目标是提供确保业务目标为由成本合理的、可用性级别定义的IT服务。即客户需求应该和IT结构及IT组织所能提供的能力相一致。如果两者之间存在差距，就需要由可用性管理流程来提供解决方案。

3）可用性管理流程

可用性管理流程运作过程中所需的信息输入、进行的关键活动和输出的信息如图10－11所示。

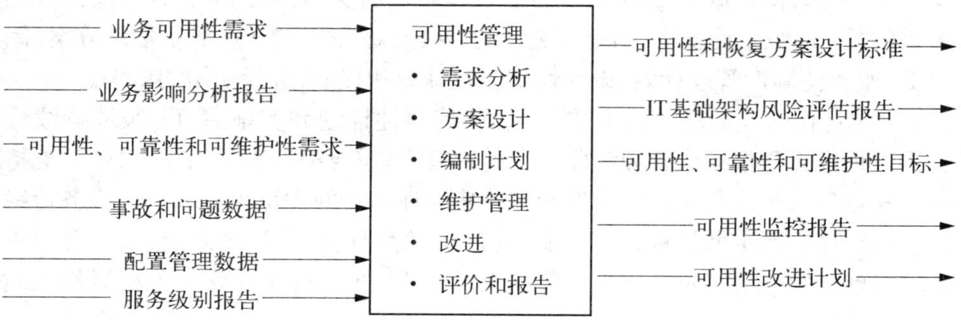

图10－11 可用性管理流程图

可用性管理流程涉及IT基础构架的设计、实施、评价和控制等过程，并且贯穿于IT服务运作的整个过程。在可用性管理流程运作过程中需要进行的活动主要包括：可用性需求分析、可用性设计、恢复方案设计、编制可用性计划、IT组件维护管理、可用性改进、可用性评价和报告等活动。

(1) 可用性需求分析。为了保证IT服务运作能够满足业务可用性需求，在确定服务级别需求和服务级别目标之前，必须确定组织的业务可用性需求和相应的IT服务可用性需求。可用性管理人员在根据组织的业务可用性需求确定服务可用性需求时，必须同时评价实现服务可用性需求的成本相对于其提高的效益而言是否是合理的。

(2) 可用性设计。在确定组织的服务可用性需求和可用性目标之后，可用性管理人员必须为实现该可用性需求和目标设计合理的IT基础构架可用性，以确保IT基础架构足以支持服务可用性目标的实现。可用性设计是一种主动的可用性管理，它通过为IT基础架构设计合理的可用性以避免IT服务可用性故障的发生。

(3) 恢复方案设计。恢复方案是在IT服务故障发生后，以最短的时间恢复IT服务的可用性。构建一个具有完全可用性的IT基础架构是不可能的，或者由于构建这样的IT系统的成本过于高昂而不符合成本效益原则。在这种情况下，恢复方案设计提供了很好的故障后支持，从而以尽可能低的成本维持IT服务的可用性。

（4）编制可用性计划。明确的可用性计划对于成功运作可用性管理和改进IT组件及服务的可用性皆具有重要意义。可用性计划不仅需要关注技术方面的问题，还应对可用性管理的人员、流程、工具和技巧等方面进行综合考虑。

（5）IT组件维护管理。为保证IT组件的可用性，可用性管理人员必须按照可用性计划对IT组件进行定期维护。有计划的维护活动可以使业务部门提前做好准备，从而将维护活动对业务可用性的影响减小到最低程度。有时候，为了减少因维护而导致的宕机时间，可以考虑对多个组件进行集中维护。

（6）可用性改进。当业务可用性需求发生变化或其他情况发生时，可用性管理人员需要考虑采取积极的措施以改进IT组件和服务的可用性。在实施可用性改进的过程中，可用性管理人员需要监控并分析可用性的变化趋势、确定业务可用性需求的变化，以及由此而导致的IT组件和服务的可用性需求的变化，明确可用性改进的成本。

（7）可用性评价和报告。对IT组件和服务的可用性进行评价和报告可以明确可用性管理流程运作的效果，从而有助于改进可用性流程的运作质量。在进行可用性报告时，应当从客户的角度进行报告。可用性报告需要向客户及IT服务经理提供有关关键业务功能、应用服务和数据的服务可用性方面的信息，而不是IT组件的技术可用性方面的信息。可用性报告应当以客户易于理解的语言撰写。

4）关键业绩指标

衡量可用性管理流程运作情况的关键绩效指标应该包括：

（1）IT组件或服务项目可用性百分比。

（2）一定时间内IT组件的停机时间。

（3）停机频率。

（4）实施可用性改进所耗费的成本。

（5）因可用性改进而减少的事故的数量。

10.3　IT服务管理的规划与实施

10.3.1　概述

IT服务管理作为一种IT管理方法，是对IT管理实践的合理抽象。服务提供者和用户必须根据本组织的具体情况进行调整。调整方法宜采用英国标准协会(BSI)提出的“计划—实施—检查—改进”(plan-do-check-act)流程实施方法。

4个阶段的含义分别是：

(1) 计划(plan)：根据客户的要求及其有关政策和规定，确定目标和实现目标所需的流程，以实现期望的结果。

(2) 实施(do)：实施在计划阶段所确定的流程。

(3) 检查(check)：根据有关政策、目标和要求监控和评审所实施的流程并报告结果。

(4) 改进(act)：采取措施以不断提升绩效。

这4个阶段形成的闭环流程管理系统如图10-12所示。

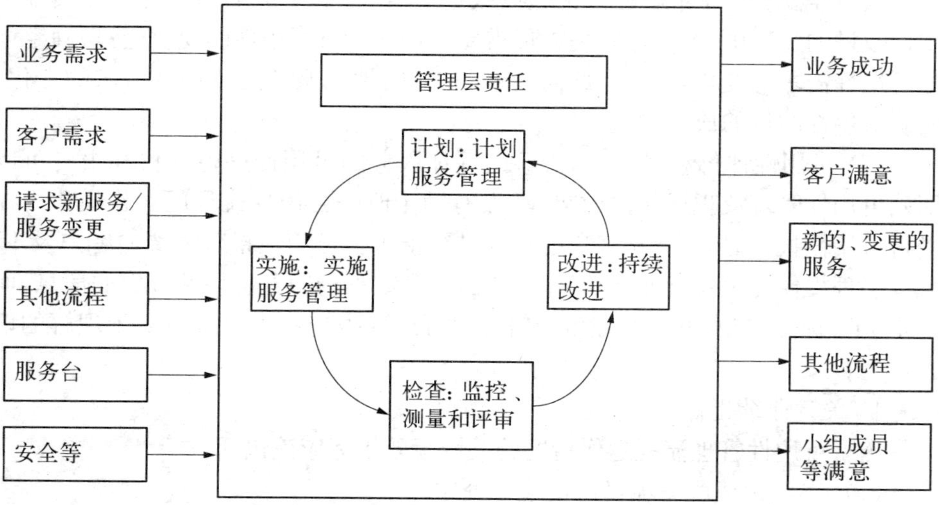

图10-12　服务管理流程的PDCA实施图

10.3.2　计划

1) 必要性和可行性分析

在计划实施IT服务管理之前，应该分析是否有必要实施IT服务管理，可从3个方面考虑必要性：

(1) 业务需求性。

(2) 技术必要性。

(3) 组织内部IT部门的需要。

在IT服务管理实施的可行性方面需要考虑以下因素：

(1) 成本。

(2) 效益。

(3) 困难。

2) 确立战略目标

服务管理战略目标是对服务管理的期望，它是业务部门和IT部门或服务提供者两方根据业务目标制定的。好的战略目标必须起到以下4个方面的作用：

(1) 明确IT服务管理活动实施的方向

(2) 促使有关人员朝准确方向采取行动。

(3) 协调不同人员的整个行动。

(4) 简要有力说明高层管理者的意图。

3) 确定实施目标

为了实现战略目标，应该将其分解成一系列易于实现的目标，然后再通过实施一系列项目来实现这些分解的目标。

4) 撰写项目说明书

评估必要性和可用性，然后确立服务管理战略目标，之后根据战略目标确定每个阶段的具体目标。这些具体目标是通过实施一系列服务管理项目完成的。在进行这些项目的初期，项目启动小组应该撰写一份详细的项目说明书。

项目说明书至少应该包含以下这些内容：

(1) IT部门/IT服务提供者在业务中扮演的角色。

(2) IT部门/IT服务提供者目前的成熟度级别。

(3) 实施服务改进项目的必要性和紧迫性。

(4) 项目失败可能形成的风险。

(5) 实施服务管理项目的好处和不实施它的代价。

(6) 关键利益相关者及其期望的利益。

(7) 实施服务管理流程可实现的业务目标。

(8) 为实现目标而分别在短期和长期时间内进行的活动。

(9) 如何说明实施服务管理项目符合成本效应原则。

(10) 实施过程对业务的影响。

在撰写项目说明书时，建议获得公司高层领导的支持和承诺。

5) 选择软件和服务提供商

在批准实施的服务管理项目需要购买软件或购买咨询服务时，应该在计划阶段确定将要选择的产品和服务，并进行初步洽谈。

在选择 IT 服务管理产品时，应注意以下几个方面：

(1) 产品功能是否适合本企业需求与未来一段时间的发展。

(2) 产品供应商的维护、二次开发支持能力。

(3) 文档资料的规范与齐全性。

(4) 实施服务的方法和质量。

(5) 产品(服务)提供商成功案例。

(6) 产品与实施服务的价格。

10.3.3 实施

1) 评估现状

在实施阶段，首先应该以初步评估结论为基础，对服务管理现状进行全面深入的评估。评估应了解下列内容(包括但不限于)：

(1) IT 部门或服务提供者是否理解业务战略和方向、业务面临的问题，以及这些问题对 IT 的影响。

(2) IT 部门或服务提供者是否理解技术及技术对业务的作用。

(3) IT 部门或服务提供者和业务部门对当前 IT 服务成熟度和 IT 服务质量的看法是否一致。

(4) IT 部门或服务提供者是否清楚了解利益相关者及其需求。

(5) IT 部门或服务提供者是否清楚了解不实施改进的后果。

评估现状应该找出项目实施过程中的关键利益相关者，并评估他们的需求以及服务管理对他们的价值。

2) 差距分析和报告

应该对服务管理的现状和将要达到的服务级别进行足够的分析，确定差距和不足。

3) 人员和组织结构安排

要合理安排有关人员，设置和搭建严密的组织结构。

4) 授权

授权可从以下 3 个方面进行：

(1) 人员。授权的第一步应该是授权给人并消除人员在实施变革时的各种障碍。

(2) 流程。包括明确目标以使规程和管理报告针对特定的结果。责权利分明。员工和流程责任人可以设计和定义自己的规程。正式的项目组织结构和简单的报告关系。用户参与制定升级方法、优先级的编制和其他有关程序。为便于多个不同部门和组织小组之间的协调而开发的规程和工作准则的流程。可以交流、讨论和处理不同意见的体制。

(3) 技术。流程的管理也需要一些技术上的支持，如服务台和变更管理软件。

5) 实施角色

当服务管理的实施目标涉及已有组织结构中的新流程和工作规则，以及在组织内引入新角色时，必须仔细定义和管理这些新角色并根据需要安排适当的组织结构。

(1) 角色。建议采用“ARCI”模型来确定与流程和活动有关的任务及责任。A(责任，accountability)反映负责质量和最终结果。R(任务，responsibility)反映正确执行流程和活动。C(咨询，consulted)反映提供知识和信息。I(通知，informed)反映收到流程执行和质量方面的信息。

(2) 组织结构。应该处理好流程方法与现有组织结构的相互适应关系。

表10-9是“ARCI”模型应用于事故管理流程的例子。

表10-9

“ARCI”模型授权矩阵在事故管理中的应用

职　能		客户	服务台经理	网络管理员/系统经理	服务台分析员	高级IT经理	供应商
事故警告		R/I	A	I	I	I	I
记录信息		I	A	R	R		
归类事故			A/I	R/C	R/C	C	
诊断事故			A/C	R	R		C
初步支持	详细调查解决恢复升级	C	A/I	C	C		
进一步支持	详细调查解决恢复	C/I	A/C/I	R	R	C	R/C
跟踪事故		C	A/R	C	R	C	
终止事故		I	A/I	I	R		
监测		I	A/I	I	R	I	
预防性沟通		C/I	A/R		R		
评审流程		C/I	A/R	C	C	R	C

6）加强沟通和理解

为了使利益相关者理解更成熟的IT管理对业务的价值和计划某些变革与措施的必要性以避免实际进行变革时遇到障碍，项目小组首先应该加强与他们的沟通。

公司员工可分为运作层、战术层、战略层，在与他们有效沟通之前，必须了解他们对IT系统的关注点以及期望值，表10-10列明了不同层次的人员对IT服务管理各个核心流程可能的关心或期望。

表10-10

不同人员对IT服务管理各核心流程的期望

流　程	战　略　层	战　术　层	运　作　层
服务台	保持组织流畅运作，为减少业务压力和摩擦提供一个用户来电信息库	提供信息用以改善当前系统——减少总体拥有成本（TCO） 改良新系统和技术的实施——增加投资回报率（ROI）	有效管理客户关系，防止服务中断、提高服务效果——减少总体拥有成本
事故管理	事故对关键业务系统的冲突	支持新系统和应用软件的能力——增加投资回报率（ROI）	及时、准确解决事物的能力——减少总体拥有成本
问题管理	关键业务系统缺陷的接触	记录与储备、消耗、负荷有关的所有问题的状态——减少总体拥有成本 事前保护IT基础架构——减少总体拥有成本	事故减少——减少总体拥有成本
配置管理	完全控制IT资产：拥有一个准确的数据库，库中包含所有资产、场所及其相互关系的详细描述完全控制所有许可证（license），使其不超过授权期（在与第三方供应商协议中签订的期限） 有着精确和完整的配置数据库，从而保证公司不会为不必要或没有的资源支付费用	维持精确和完整的配置数据库，从而可以估测新业务系统带来的影响——增加投资回报率，维护精确和完整的配置数据库，从而可以保证新业务系统的有效实施，可以将实施后出错的几率减到最小——增加投资回报率	有着精确和完整的配置数据库，可以建立优先级别和记录可能会产生的影响 有着精确和完整的配置数据库，通过使用该数据库作为注入动态服务发布和自动恢复技术等行动的指南，可以减少服务台和服务发布过程的时间和精力——减少总体拥有成本

（续表）

流　程	战　略　层	战　术　层	运　作　层
变更管理	交付业务驱动的变更的速度，从而满足公司摄制的时间表要求 实施成功变更的准确度，从而对公司业务产生最小的影响	计划和管理实施变更所要求的资源——减少总体拥有成本或增加投资回报率（由变更的类型决定）	变更生命周期的控制减少总体拥有成本
发布管理	快速准确地发布，从而把对公司业务运作的影响减小到最低	对新产品拥有准确的信息，从而对成功实施充满信心——增加投资回报率 计划发布时间表——增加投资回报率	实施后对新产品支持的能力——减少总体拥有成本 通过组织的发布，有效地管理员工和资源——减少总体拥有成本
服务级别管理	用当前服务级别来估算新业务系统的花费和影响	可以创建同新业务系统成功集成的新服务级别——增加投资回报率	比较实际的服务级别和协议上的服务级别，从而可以发现差异和采取适当的改进措施——减少总体拥有成本
IT服务财务管理	可以利用准确可靠的财务信息来制定将来IT发展需求的决策	可以精确地计算出支持新业务系统、新服务所需要的花费——增加投资回报率 可以精确地估算实施新业务、新服务所需要的花费——增加投资回报率	有足够的财力资源来满足和改善用户的期望——减少总体拥有成本
能力管理	主要指当前能力，从而可获得新业务系统的影响和花费等各类数据	有足够可用的能力来实施新的业务系统——增加投资回报率（ROI）	有足够的能力满足当前系统的将来发展需求——减少总体拥有成本
IT服务持续性管理	有危机或者灾难发生时，业务可继续按设定的参数运行 在危机或灾难发生后，IT系统可以在协定的时间表内恢复	新业务一旦实施后便有足够的持续性方案 持续性方案不会对新业务系统产生负面影响	有经过完全测试的持续性方案，且员工有足够的培训时间来理解这些方案

（续表）

流　程	战　略　层	战　术　层	运　作　层
可用性管理	熟知当前的可用性，从而可获得用来满足潜在的新业务系统可用性需求的影响和花费等各种数据	存在足够的可用性来实施新业务系统——增加投资回报率	有足够的可用性来满足日常业务系统的需求 比较和职能管理相关数据，用以提高服务可靠性，从而持续为业务团体提供经过改良的服务——减少总体拥有成本

7）人员培训

通过传授知识，给有关人员提供必要的技能，以成功有效地实施和运作服务管理流程。

8）管理组织变革和文化变革

建议采用哈佛商学院教授、世界知名的管理行为学和领导学权威约翰·科特提出的“组织变革八步论”来有效管理服务管理项目实施中的负面隐形因素：

（1）产生紧迫感。

（2）创建指导小组。

（3）设立远景目标。

（4）宣传和推广远景目标。

（5）授权和采取行动。

（6）计划和完成速战速决行动。

（7）巩固取得的成果并采取下一步行动。

（8）把变革制度化。

9）识别和管理风险

项目说明书应该提供足够的信息给组织高层领导，以使他们能够决定业务需求和改进这些业务项目的优先级，并保证这些项目成本合理、效益可量化、风险预先发现和得到及时全面的管理。在项目实施过程中，必须高度关注风险，及时发现有关风险并对它们加以有效的控制和管理。

除了在项目实施过程中管理风险外，还可在项目早期阶段即开发业务计划阶段考虑固有风险和获得性风险。

固有风险主要来自3个方面：服务管理战略目标、现有流程，以及环境和业务方面的限制。有必要考虑制定意外事故处理计划以减少这些风险的影响。

获得性风险通常与项目范围、项目组织和控制，以及项目小组的能力、经验和获得的支持3个方面有关。通过恰当的管理，即使有风险也可以减少甚至消除。

10）确定流程实施顺序

实施服务管理项目涉及多个相互独立又彼此关联的服务管理流程。具体对某个组织而言，在正式实施服务管理项目之前需要确定先实施的流程和这些流程的实施顺序。

为了确定应该实施哪个流程，必须首先详细了解组织当前的和期望的服务管理成熟度级别，分析现状和目标之间的差距，然后找出那些实施效果最为明显的流程。

【案例】

广东移动公司的IT服务管理

广东移动通信有限责任公司（以下简称广东移动）所有业务的运营，都是围绕着业务卡为中心开展的。运营过程中伴随着大量业务卡的生产、发布、更换、修正等工作。这些工作直接影响着移动公司对客户承诺的服务，影响着移动公司的经营是否有效、是否盈利。确保业务卡生产的有效性管理，是保障移动公司其他业务开展的关键。

1. IT服务管理的需求分析

1）业务需求

业务卡生产管理部门是广东移动整体业务中的关键部分，为了保证公司的整体业务的开展，必须满足高质量（可靠性、可用性和安全性）、高绩效和高回报的要求。而这些目标的实现都依赖于对业务卡生产管理业务流程的良好管理。另外，在广东移动业务卡生产的各个环节，大多都是采用外包给制卡厂商和系统提供商，广东移动需要对第三方的质量、效益等进行监控和管理，实现外包透明化。为了保障业务卡生产工作，必须改善现有业务流程，并制定符合IT服务管理流程规范的业务支撑流程。

2）技术需求

为了贯彻移动集团总公司电子化运营（E-OMS）的总体指导思想，业务卡生产管理部门迫切需要搭建一个能够处理生产管理复杂任务的管理平台。同时，IT技术的快速发展和应用已使IT几乎成为所有业务运营的核心组成部分，越来越多的企业也采用越来越复杂的技术，来支持和保证业务运营。但是，IT技术应用并非包治百病的，必须全面深刻地了解业务卡生产运营业务流程和IT在这些业务流程中所起的作用及局限性，才能更加有效地进行技术变革，且必须在实施变革的同时，保证已有的服务质量，以及控制和降低IT实施和运营成本。

3) IT部门的发展需求

广东移动业务卡生产管理部门是一个IT责任部门。IT部门职责之一就是要将相关IT资源进行整合，并更加高效地为业务卡生产业务提供服务，保障生产业务的连续性、高可用性以及可控性。但当时该部门的相关IT运营系统基本各自为政，在工作中大家都以自身职能为中心，并没有以业务卡生产为核心。因此，必须对IT系统进行整合，并将之同业务卡业务紧密结合在一起实施变革，调整IT部门的角色和定位。

2. 广东移动ITIL服务管理实施框架

采用符合ITIL/IT服务管理工作规范的业务流程处理平台，是将IT系统整合，并紧密捆绑在业务卡生产上的最佳切入点，同时，该平台也是对IT部门的一次有着重要意义的变革，它将IT部门由以技术为核心真正扭转为以业务为中心。

由于ITIL是利用IT的手段来规范企业业务管理、服务管理、IT基础架构管理等的IT服务业标准，因此选择了ITIL作为业务卡管理系统的管理框架，依据ITIL制定统一的管理思想。通过充分调研，他们选择了CA公司服务台产品Unicenter Service Plus Service Desk6.0产品，并在此平台上根据业务需求进行定制扩展开发。

因为业务卡管理系统最终目的是为了解决业务卡的业务管理、服务管理和业务卡支撑系统的支持问题。框架的中间部分代表服务台(业务卡管理系统)，是通过平台工具来达到业务目标和实现业务功能。右上部分则是业务卡管理系统的主要业务目标，是根据ITIL思想而制定的。右下部分是业务卡管理系统服务台的具体功能模块，这些功能是以业务需求为基础、业务目标为指导而制定的。

3. 服务管理平台的实施效益

通过将ITIL/IT服务管理在广东移动业务卡生产管理系统中的实现，其在商业价值、财务利益、员工收益、创新和内部利益等方面实现了质的飞跃，这些效益具体体现在以下几个方面：

(1) 有效整合了业务卡生产和业务的需求。

(2) 增加了业务卡生产流程的透明度，促进了业务方和业务卡生产过程之间的沟通。

(3) 提高了业务卡生产业务的质量。

(4) 更好地预算业务卡生产、业务卡发放、业务卡激活等周期。

(5) 提高了制卡厂商、用卡部门、监管业务卡生产人员的工作效率。

(6) 整合了广东移动业务卡生产管理部门的各相关业务，同时也充分调动了各相关资源。

(7) 通过知识库的建立提高了组织的学习能力和效果，更大层面上解决了新系统推广的工作过程。

4. 经验总结

广东移动实施ITIL服务管理的经验主要有以下4点。

1) 务求实效

广东移动业务卡生产管理部门对ITIL/IT服务管理的理解，都从其业务的实际应用出发。在ITIL中提炼的每一个业务流程或功能，都是为了解决业务卡生产管理过程中的业务瓶颈。对业务卡生产管理业务流程的建立本着可管理、可控制、可考核、可实施等原则，使这些业务流程实实在在地渗透到实际的管理过程中。

2) 分步实施

广东移动业务卡生产管理部门通过对ITIL的充分理解，按照ITIL的最佳实施经验将其业务实现有机地分为几个阶段，先实现这种管理模式的雏形，从而从思想上影响相关处理人员，也从根本上厘清业务卡生产管理的业务流程。基于这些管理基础，广东移动业务卡生产管理部门又加大相关功能建设，逐渐扩大管理范围，加强业务流程控制的力度。

3) 过程参与

在整个系统的实施和建设当中，广东移动业务卡生产管理部门一方面投入了专人充分参与整个实施过程，并控制系统实现功能与业务的贴切性和质量。另一方面业务卡生产管理部门还将每一部分的业务需求和相关管理部门做充分讨论，使每一个需求都具有真实性，同时也在相关管理部门中进行了管理模式的推广。

4) 积极配合

由于广东移动业务卡生产管理系统的业务需求都来自各相关部门人员的深入参与，所以这些需求相对容易被使用部门和人员接受。另外，该管理系统包含了先进的管理方式，这些管理方式的实施不仅仅需要IT技术体现，同时还需要相关业务管理上的配合。对于这些管理方式的推广，业务卡生产管理部门坚定决心，层层深入，将管理融入业务流程，对相关处理人员进行实际工作考核，从而促使相关人员能够接受并积极配合使用。

5. 案例分析思考

(1) 案例中，广东移动的IT服务需求包括哪些？

(2) 广东移动为什么采用ITIL作为基本架构？

(3) 广东移动ITIL架构包括哪些内容?

(4) 案例中如果将服务作为项目来管理,那么如何制定框架?

(5) 如果你是这个项目的董事会成员,用什么框架和方式来衡量和审计项目的成败?

复习思考题

1. 什么是IT治理?你是怎样理解的?
2. ISO17799适用于什么场合?
3. IT审计的主要思想是什么?框架如何?
4. ITIL的基本框架如何?如何实施?
5. 简述IT项目管理的方法及特点。
6. IT审计的思想包括哪些内容?如何实施?

第 11 章

IT 应急响应管理

本章学习要求

- 掌握应急响应的目标、设计、组织结构等
- 熟悉应急响应的一般过程和处理内容
- 了解主机等主要设备的故障恢复要求

11.1 应急响应概述

11.1.1 目标及范围

网络与安全应急体系是电子商务的重要组成部分。信息安全应急体系建设的目的是保证组织经营管理活动的连续性，消除经营管理活动出现的各种意外的中断，尤其是保护关键业务免受重大故障或灾难的影响。

应急体系应是基于支持组织开展工作的计算机信息网络系统的安全运行的基础上建立的，与技术方案、管理措施共同组成电子商务信息系统安全体系。技术方案关注于针对系统结构的技术控制措施配置及有效部署，管理措施关注于系统的安全运行与管理控制，应急响应关注于事件的后果影响的消除。

应急响应体系通过预防措施和恢复控制相结合的方式，使由意外事故（如由自然灾害、事故、设备故障和故意行为）引起的破坏减少至可接受的水平。

信息安全应急体系包括事件定位、影响分析、控制风险、限制损害事故的后果、经过演练后加以执行、确保在所要求的时间期限内恢复业务处理、减少事件的影响，降低系统的风险等。

11.1.2 应急响应设计

经过评审批准的关键业务体系是组织应急预案保护的对象和组织进行应急预案设计的依据。应急预案的设计应当包括 IT 应急措施、非 IT 应急措施、相关

部门的协调、应急资源的保证、应急预案启动条件等。

1）IT应急措施的设计

对关键业务的应急保护，首先应该通过IT内部的应急措施加以实现。这些IT措施主要是数据备份、网络备份以及系统和网络的应急调用等。IT应急措施的设计应当具有可操作性。

2）非IT应急措施的设计

对关键业务的应急保护，尤其是与计算机信息网络系统关联程度一般或者与计算机信息网络系统关联程度极高的核心关键业务的应急保护，应当考虑采用非IT应急措施加以实现。非IT应急措施是在关于计算机信息网络系统短期内无法恢复的假设基础上进行关键业务连续性设计的，如切换到手工的方式进行业务的操作，或通过介质传输的方式进行自动业务操作等。

3）相关部门的协调

组织的应急预案设计是以保护组织整体利益、降低组织整体风险为基本出发点，因此，对关键业务的应急保护涉及组织的各个部门和各个方面的配合和支持。关于关键业务应急保护相关部门的关联方式是组织应急预案设计的关键。

4）应急资源的保证

应急预案设计应当将应急活动程序化，并通过程序化确定执行应急预案所需的组织资源，包括人员、设备、资金和其他物资，尤其是人员的保证和其他资源的统一指挥调度等。应急资源的保证还包括供应商、开发商、系统集成商，以及其他外协和相关单位的支持。

5）应急预案的启动条件

组织应急预案的启动条件是组织应急预案设计的重要内容，也是实施应急预案的必要条件。组织应当严格规定应急措施的实施和应急资源调用的程序、决策者和责任人。同时，启动应急预案的决策信息必须来自组织规范的报告制度，并有记录及可追溯。

6）应急预案的演练

组织的应急预案正式批准之前都必须进行演练。演练也可以在仿真条件下进行，但参加演练的人员必须与实际执行应急预案人员的组成相近。应急预案演练是组织应急预案完善的重要工作，包括应急预案演练的计划安排、演练过程和效果的详细记录，演练活动的评估报告和应急预案改进建议等。

（1）应急预案演练的计划安排。应急预案演练应当事先进行周密的组织和安排。组织的信息部门应当将初步形成的应急预案下发至各个相关部门，由相关部门根据本部门的实际情况细化应急预案，确定本部门的应急程序、资源配置和调用情况，以及需要其他相关部门协助的请求。组织的信息部门通过对各个部门的应急演练具体方案的整合调整，制定组织应急预案的演练计划安排，确定时间，报组织信息领导小组批准实施。

(2) 演练过程和效果的详细记录。应急预案演练目的主要是检验应急预案的实施过程是否符合经济性、合理性和可操作性，是否有更实际的、高效率的替代方式和途径，以及如何表示或提示使实施更为简便和明确。因此，组织应当对演练过程进行跟踪，并对演练过程和效果进行真实详细的记录。

(3) 评估报告和改进建议。对应急预案演练的效果应当进行评估，评估报告应当对应急预案是否可操作、应急程序是否科学合理、应急资源是否迅速到位做出明确的结论，评估报告必须有明确的责任人。对应急预案演练中存在的问题，应当提出改进意见，如果是设计应急预案演练能否正常进行的重大问题，应当承认演练没有取得成功，建议改进后重新进行演练。组织应当重视应急预案演练的评估报告，对存在的问题进行改进和调整。

(4) 应急预案的批准与实施。经过演练和改进的应急预案应当报组织信息安全领导小组批准，并形成正文下发。组织的各个职能部门和责任区域的负责人应当将应急预案相关内容和要求纳入各自日常的工作范围，明确责任人和职责。应急预案临时调用的各种资源和资金应当落实部门，必要时应建立组织的信息安全应急专款。

11.2 应急响应组织

11.2.1 应急响应组织结构

应急响应组织结构(参见图11-1)。

11.2.2 领导协调小组

领导协调小组由电子商务企业分管信息化的领导(组长)、CIO(副组长)和应用及安全集成商领导(组员)组成。对信息系统的运行维护以及应急响应负主要领导责任，具体包括：

(1) 提出运行维护和应急响应的具体要求。

(2) 监督检查运行维护和应急响应的工作落实情况。

(3) 接收信息中心的工作报告、建议。

(4) 应急预案的批准。

(5) 应急预案的启动或终止决定。

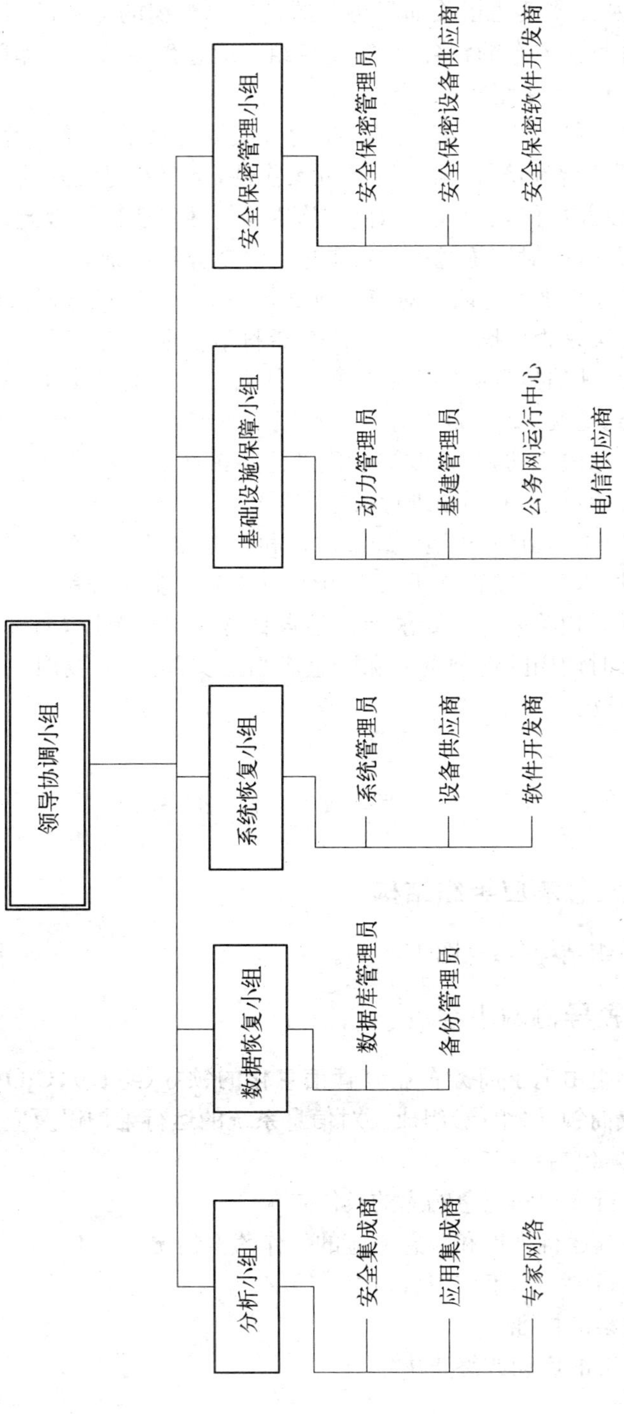

图 11-1 应急响应组织结构图

（6）应急事件的指挥。

（7）对应急处置过程重大事项进行协调。

（8）应急事件信息发布。

（9）警戒与防护指挥。

（10）非IT措施（切换到手工方式、法律诉讼等）的指挥。

（11）对相关人力、物力等应急资源进行调配。

11.2.3 分析小组

由应用集成商技术负责人、安全集成商项目技术负责人、技术专家共同组成。对应急事件分析与应急预案选择与制定负有直接的技术责任，具体包括：

（1）应急事件分析。

（2）应急预案选择。

（3）应急预案设计。

（4）技术协调。

（5）应急预案测试。

（6）应急预案的复审与维护。

（7）人员培训。

（8）应急响应指挥支持工作。

11.2.4 数据恢复小组

数据恢复小组成员由数据库管理员、备份管理员共同组成，负责日常数据维护与备份工作，应急事件发生时负责数据恢复工作的实施，具体包括：

（1）日常数据维护。

（2）日常备份工作。

（3）备份介质的管理。

（4）数据恢复措施有效性验证与测试。

（5）应急数据恢复工作。

（6）其他相关恢复工作。

11.2.5 系统恢复小组

系统恢复小组成员由系统管理员、软件开发商、硬件供应商共同组成，负责日常网络、主机、应用系统故障的排除工作，应急事件发生时负责相关恢复工作的实施，具体包括：

(1) 日常网络、主机、应用系统、PC 排错工作。

(2) 应急网络设备故障的恢复工作。

(3) 应急主机故障恢复工作。

(4) 应急应用系统故障恢复工作。

(5) 其他相关恢复工作。

11.2.6　基础设施保障小组

基础保障小组由动力管理员、基建管理员、网络中心、电信供应商共同组成，负责基础设施的日常保障工作，应急时负责基础设施的保障与恢复工作，具体职责如下：

(1) 日常动力供应保障(电、空调等)。

(2) 日常基础防护设施完好性保障(如防盗、监控设备)。

(3) 日常外联网络畅通保障(协调电信、公网运行中心)。

(4) 应急电力供应保障。

(5) 应急基础防护措施保障。

(6) 应急外联网络畅通。

11.2.7　安全保密管理小组

安全保密管理小组由安全管理员、保密管理员、安全保密产品供应商、安全保密软件开发商共同组成，负责系统的日常安全保密工作，以及应急时安全保密分析调查与故障恢复工作，具体职责如下：

(1) 日常系统安全工作(防病毒、入侵检测、审计、漏洞扫描、系统加固、日志查看、防火墙配置等)。

(2) 日常系统保密工作(加密机维护、数字证书管理、访问控制列表管理等)。

(3) 应急安全事件调查协助工作(入侵检测、日志分析、审计信息、审批记录等)。

(4) 应急安全产品故障恢复工作(防火墙、加密机等)。

11.2.8　名单的维护

名单包括运行维护和应急响应小组的成员名单以及专家支持网络的成员名单，成员名单中的联系方式每月一次进行确认，及时保持其正确性，尤其是处于外部的专家支持网络人员，以免由于通信方式的变动而在紧急情况下无法与专家取得联系。

11.3 应急响应一般过程

11.3.1 关键资产

系统中的关键资产一般包括以下部分：

(1) 核心交换机。

(2) 核心交换机之间的光缆线路。

(3) 机房动力、空调。

(4) 应用服务器(OA,Mail)。

(5) 数据库服务器。

(6) 备份服务器。

(7) 数据库服务器中的数据。

11.3.2 事件及影响

根据电子商务系统的网络结构，可以将需要进行应急响应的事件列表，如表11－1所示。

表11－1

应急响应事件表

事件	涉及资产	事件影响	发生的可能性	建议优先级	采取的防范措施	采取的补救措施	投资	收益
病毒	重点服务器，多数PC	业务受到影响	中	1	防病毒、加强内部管理、数据备份	杀病毒	购置杀毒软件、加强内部管理	病毒发生时业务不中断
网络入侵	网络、重点服务器	业务受阻，影响中	中	2	入侵检测、漏洞修补、内部管理、应用备份、数据备份、日常检查	调查取证、应用、数据恢复、追查、法律诉讼	需要投入数据、应用备份系统	内部入侵发生后的恢复

（续表）

事件	涉及资产	事件影响	发生的可能性	建议优先级	采取的防范措施	采取的补救措施	投资	收益
网络故障	核心交换机	所有用户无法进行全区网络工作	中	2	核心交换机备件、低一级交换机备份、日常维护检查	交换机更换、备份	需要投入核心交换机的备份设备	网络核心交换机损坏后业务快速恢复
主机故障	重点服务器、硬盘	应用中断、数据破坏	中	2	备件、备机、系统备份、应用备份、数据备份、日常维护检查	硬件恢复，切换	投入主机备份机，或双机热备	主机发生损坏后业务的迅速恢复，双机热备可以实现业务无中断
软件故障	应用软件、数据库软件	应用中断	中	2	系统备份、应用软件备份、数据备份	软件重新安装、恢复	投入应用、软件备份系统	软件发生故障后业务迅速恢复
灾难	核心交换机、重点服务器、基础设施	系统大面积破坏，业务中断，破坏性非常大	很低	3	防火、防雷击、网络、主机、应用、数据的异地备份、备份检查	网络、数据、主机、应用、数据的灾难恢复、业务重建	需要在异地建立备份中心、投入整套的备份设备、建立远程链路、构建异地网络	灾难发生后迅速恢复工作
线路故障	光缆	部分用户无法开展工作	中	3	备用线路	切换到备用线路	投入备份网络	光缆损坏后业务迅速切换，恢复

11.3.3 事件分析

事件发生后，首先是对事件进行判断，评估系统损失，继而选择相应的应急计划。此阶段的参与人员是应急分析小组的成员。在经过事件的定位后，选择相应的应急响应小组成员，执行应急响应预案。

11.3.4　预防控制措施

1）技术措施

（1）基础设施：UPS、电力冗余、空调维修、物业维修、通信中断抢修、供应商服务。

（2）网络：设备备件、配置备份与恢复、临时连接措施、线路维修、供应商服务、平台切换。

（3）主机：设备备件、双机热备、供应商服务。

（4）应用系统：系统备份与恢复、限制服务、系统暂停。

（5）数据：数据备份、数据恢复。

2）非技术措施

（1）信息通告。

（2）警戒。

（3）业务切换到手工或半自动状态。

（4）调查取证、法律诉讼。

11.3.5　通知和启动

一旦确认系统遭到破坏、紧急状况发生或即将发生，通知是最初采取的应急活动，包括通知应急恢复人员、评估系统损失和执行应急计划。在通知和启动阶段完成后，恢复人员将执行应急措施，恢复系统功能。

（1）技术恢复措施。

（2）基础设施：电力切换、基础设施修复。

（3）网络：备件更换、配置恢复、临时连接、线路修复、供应商服务、平台切换。

（4）主机：设备备件切换、双机热备切换、供应商服务、应用系统、系统恢复。

（5）数据：数据恢复。

（6）非技术措施：信息通告、业务切换数据处理与切换。

11.3.6　测试

对于应急响应预案涉及的各类保障措施应进行测试，以确保计划的完好有效。主要测试的内容有：

（1）替换设备是否有效。

（2）恢复流程是否有效。

（3）通知程序是否顺畅。

（4）应急预案是否能够有效执行。

计划的审核通过形式化审查与实际操作模拟两种方式进行。形式化审查主要是对计划中的内容以问答的形式进行逻辑上的验证，实际模拟则是在可控的状态下模拟各类事件的发生，并进行实际的演习。

11.3.7　培训与演练

对于应急响应的内容以及涉及的人员需要进行相关的培训与演练，培训包括以下3个方面：

（1）关于应急响应预案的培训。

（2）关于人员相关技能的培训。

（3）通过演练进行协作培训。

11.3.8　应急计划的维护

由于环境变化，系统业务经常会发生变更，因此需要对应急计划进行定期的复审与更新。一般要求当应急计划中涉及的任何部分发生重大变化时，应急计划需要进行相应的复审，应急计划全面复审至少每年进行一次。应急计划复审的基本内容如下：

（1）运行要求。

（2）安全需求。

（3）技术程序。

（4）硬件、软件和其他设备（类型、规格和数量）。

（5）主要设备供应商和联络方式（备品、备件）。

（6）应急响应小组成员名字和联络方式。

（7）替代设备和备份需求。

（8）重要记录（电子、纸质）。

11.3.9　应急预案

电子商务网络应急预案应该包括以下几种：网络设备应急预案、主机故障应急预案、安全事件应急预案、灾难性事件应急预案。应该对上述大类中的每一个关键设备进行预案申明、人员职责、启动条件、总体流程、响应流程、恢复流程的详细方案制定和演练。

【案例】

某业务系统主机故障应急预案

1. 预案申明

主机部分(服务器)是企业电子商务信息中心信息系统的承载主体,主机的故障将直接导致业务的中断。本预案的目的是尽量保持业务连续,减小由于主机故障发生给业务带来的影响。

2. 人员职责

值班人员:初步认定故障,排错尝试,故障上报。

分析小组:故障定位,上报领导小组。

领导协调小组:应急预案启动、协调预案实施。

系统恢复小组:应急响应、系统恢复。

3. 启动条件

根据信息系统特点,主机部分的故障分为以下3个等级:

(1) DNS服务器故障。核心业务服务器指实时运行的、利用率比较高的业务服务器主机。或者如DNS等利用率比较高、中断将引起系统中断的服务器。

(2) 普通业务服务器故障。普通业务服务器是指实时运行的、利用率不高的业务服务器主机。

(3) 邮件服务器故障。邮件服务器属于本身的实时性要求不高的服务器。

本预案所指的故障指设备本身由于环境、机械方面造成的在现场无法修复的故障造成业务中断,或者在工作时间维修恢复时间预计将超过4小时的故障。

当发生业务中断或效率严重降低,造成业务受到影响时,经分析小组确认为上述3类故障中的一种后,可书面上报领导协调小组,由领导协调小组决定是否启动应急预案。

4. 响应流程

(1) 出现故障、发现问题时,首先通知值班人员。

(2) 值班人员对故障进行处理与初步判断,当怀疑为主机设备故障时,立即通知系统分析小组网络负责人,并填写值班记录。

(3) 分析小组网络负责人应首先在电话中指导值班员进行进一步的分析指导工作,初步判断为主机故障时应立即赶赴现场,并通知领导协调小组负责人,当分析在现场确认故障满足应急启动条件,应立即通知领导小组负责人,并填写应急预案启动申请。

(4) 领导协调小组负责人批准应急预案启动申请，并组织系统恢复小组、数据恢复小组、设备备件保管人员以及供应商启动应急预案。

5. 恢复流程

(1) 系统恢复小组根据故障的类型调换发生故障的设备，采取应急措施。

(2) 设备厂商对发生故障的设备进行故障分析，进行调试与检修直至设备恢复正常状态。

(3) 在下班或休息时间，系统恢复小组对已修复或更换的设备进行性能和功能测试，测试通过后恢复系统。

(4) 将备用设备转为备用状态，由设备管理员负责入库。

6. 恢复内容

核心服务器恢复包括如下内容。

(1) 热备份：核心服务器采取了双机热备的方式，数据集中存储在 EMC 中。当核心服务器中的一台发生故障后，系统可以不间断地自动切换到另一台服务器中。

(2) 设备维修：当核心业务服务器元器件损坏时应立即通知供应商，进行备件的更换与维修。

(3) 系统恢复。

<u>启动备用服务器</u>

本系统设置了远程备用设备，在此服务器上配置有各服务器上运行的应用程序和各种参数，在正常情况下此备份服务器处于不工作状态，一旦某个应用服务器发生故障，无法提供服务时，在本地或远程都可以立即使备份服务器投入工作，以暂时代替使用。此方式为服务器平台硬件提供了备份功能。当服务器出现故障时应首先启用硬件备份措施。

<u>设备维修</u>

当切换到了备份服务器后，应立即通知供应商对设备进行检修，如发现元器件损坏应立即协调供应商进行备件的更换与维修工作。

<u>数据恢复</u>

如表 11-2 所示，对于现有的服务器制定了以下的备份措施。

本预案为主机出现故障后，启动应急措施的步骤与流程。当设备维修完毕应首先进行设备中的操作系统与数据的恢复工作。

操作系统恢复流程(略)。

数据恢复流程(略)。

表 11-2

服务器备份措施表

主机类型	应用	操作系统	现有数据容量	备份需求
××××	××××	××××	××× MB	全备/周
××××	××××	××××	××× MB	增量/天,全备/周
××××	××××	××××	××× MB	增量/天,全备/周

运行恢复

应在非工作时间对恢复的设备进行测试,当测试通过后进行系统的切换工作。

测试流程(略)。

切换流程(略)。

7. 保障资源

1) 人员通讯表

人员通讯表如表 11-3 所示。

表 11-3

人员通讯表

姓 名	职 责	联系电话	紧急联系电话
	值班员		
	分析小组负责人		
	领导协调小组负责人		
	设备供应商		
	系统恢复小组负责人		
	设备管理员		

2）应急物资清单

应急物资清单如表 11－4 所示。

表 11－4

应急物资清单

编　号	资 源 名 称	所在位置	责任人	联系方式
	备份与恢复操作手册			
	磁带介质存放处			
	领导 PC 备份介质存放处			

8. 应急预案启动申请

应急预案启动申请如表 11－5 所示。

表 11－5

应急预案启动申请

编号：

值班员：	日期：
情况描述	
事件分析	

（续表）

启动预案建议——对系统可能的影响
分析人：
领导批示： 签名： 日期：
处理结果 签名： 日期：
领导批示： 签名： 日期：
备注：情况描述包括审计日志异常、病毒警报、发现入侵行为等各种安全事件，描述时应写明分析的依据

9. 预防措施

1）定期巡检

在下班或休息时间定期进行检修电器连接、环境、状态，发现问题及时进行更换、维修，确保各类设备的完好。计算机房内安全检查表如表11－6所示。

表11－6

计算机房内安全检查表

日期：			
检　查　项			
设　备	检查内容	检查结果	备　注
电源	是否有异常		
交换机	是否正常工作		
服务器	是否正常工作		
介质	涉密介质是否放入保险柜中		

(续表)

设　备	检查内容	检查结果	备　注
文件	涉密文件是否放入保险柜中		
保险柜	是否妥善关闭		
刻录机	工作是否完成,是否有盘在内		
软驱	软驱内是否有未取出的磁盘		
磁带机	备份是否完成,介质是否放入保险柜中		
安全审计仪	是否正常工作,日志是否将满		
门	是否妥善关闭		
其他			
检查人:	离开时间:		

2）系统备份

(1) 冷备份：备份系统未安装或未配置成与当前使用的系统相同或相似的运行环境,应用系统数据没有及时装入备份系统。一旦发生灾难,需安装配置所需的运行环境,用数据备份介质(磁带或光盘)恢复应用数据,手工逐笔或自动批量追补孤立数据,将终端用户通过通信线路切换到备份系统,恢复业务运行。

(2) 温备份(备份主机方式)：备份系统已安装配置成与当前使用的系统相同或相似的系统和网络运行环境,安装了应用系统业务定期备份数据。一旦发生灾难,直接使用定期备份数据,手工逐笔或自动批量追补孤立数据,将终端用户通过通信线路切换到备份系统,恢复业务运行。

(3) 热备份：备份处于联机状态,当前应用系统通过高速通信线路将数据实时传送到备份系统,保持备份系统与当前应用系统数据的同步。也可定时在备份系统上恢复应用系统的数据。一旦发生灾难,不用追补或只需追补很少的孤立数据,备份系统可快速接替生产系统运行,恢复营业。

3）备份策略

(1) 数据量少时,可以每次都用全备份数据,这样,恢复时,只需要指定一个数据源即可。

(2) 数据量大时，如果每天作全备份，效率会很低。我们可以结合全备份和增量备份方式。比如每星期作一次全备份(如星期天)，其他时间，每天作一个增量备份(如星期一到星期六)。恢复时，只要依次恢复最多 7 个备份介质即可。(如上周日、星期一、星期二……直到出事前一天的数据。)

(3) 数据量特别大时，每星期作全备份对系统的压力也会很大。这时，我们可以结合全备份、累计增量备份、增量备份 3 种方式，提供相对效率高、恢复快的备份手段。比如每个月作一次全备份(如每月初)，然后每星期日作一次累计增量备份，其他时间，每天作一次增量备份。恢复时，先恢复月初的全备份，再恢复上周日的累计增量备份，再依次恢复以后每一天的增量备份(如星期一、星期二……)，直到出事前一天的数据(最多恢复 8 份数据，相对的，如果不采用累计增量备份方式，恢复时最多可能需要恢复 31 份数据，恢复速度和复杂程度都会不理想)。

4) 备份管理

(1) 备份系统管理员的职责。如同系统管理需要设置系统管理员、数据库管理需要数据库管理员、网络管理需要网络管理员一样，管理备份系统也需要有相应的人员来负责。备份系统虽然不如这些系统那么复杂，但也需要相当的学习才能对备份系统进行有效、安全的管理。备份系统管理员可以是专职的也可以由系统管理员、数据库管理员或网络管理员兼职。或许这些角色都集中在一个管理人员身上。至少应安排一个备份系统的管理人员，如果条件允许，也可以安排另一个管理人员以防止主要管理员不在的时候有人负责对备份系统进行管理。

尽管备份系统管理员可以对整个备份系统进行任何操作，但实际上备份系统管理员的主要职责应该是协助其他管理者使用备份系统。

(2) 备份策略制定的角色。无论制定新的或改变已有的备份策略，备份系统管理员都应与系统管理员和数据库管理员进行沟通，由他们决定备份策略的内容，也就是说备份策略的制定者应该是系统管理员和数据库管理员而不是备份系统管理员。备份系统管理员只是负责协助他们使用备份系统。由系统管理员和数据库管理员决定对哪些数据进行备份、备份在什么时候进行、备份是使用全备份或增量备份以及备份的保存周期等。

(3) 修改备份策略的过程。有时，根据服务器系统的改变或数据库的改变以及应用的需求等，需要进行备份策略的修正以适应这些改变。当需要对备份策略进行改变时，应按一定的程序进行而不是由备份系统管理员自行决定进行修改。

开始应由应用、系统或数据库管理员提出需求，将需要改变的内容如备份内容、备份时间、备份类型、备份频率和备份保存周期等以书面方式提交给备份系统管理员。

管理员收到修改需求后，需要确定修改内容的合理性以及修改对其他备份部分的影响。如果确认可以进行修改再对备份系统进行修改。管理员将备份系统修改的内容以书面方式记录下来，以备后用。应对修改后的备份部分进行相应的测试。

10. 恢复的管理

恢复的操作直接影响到实际的应用。如果进行了不正确的恢复操作可能会造成可怕的后果。因此，恢复操作应严格按一定的操作程序进行，而绝不能由备份系统管理员或某一个应用者进行恢复操作了事。

1）故障确认

在进行恢复之前首先应该确认造成故障的原因。故障的原因非常多，应该分清是操作系统的故障还是数据库的故障。如果是数据库的故障，不同的数据库应采用不同的故障分析方法，有时可以使用数据库提供的故障诊断工具进行故障分析。这些工作应由相应的管理者如系统管理员或数据库管理员负责进行，再完成制定恢复计划。

备份系统管理员在收到故障分析报告后，应与相应管理者一起制定详细的恢复计划，包括恢复的内容、恢复的时间、恢复的操作步骤、恢复对应用造成的影响等，最后形成一个书面的恢复计划。备份系统管理者应将故障分析报告与恢复计划一起提交到相应的主管领导审批。主管领导应确认恢复对生产造成的影响，在批准执行恢复前应以相应方式与有关部门进行沟通和通知有关部门进行恢复前的准备工作。

2）恢复操作

(1) 在进行实际的恢复前，备份系统管理者与相应管理者应再次确认恢复计划的可行性及造成的后果。确认无误后进入到实际的恢复操作。

(2) 在进行恢复前，还应该做的一件事情是对现有的内容作相应的备份，以防止在恢复的过程中发生更进一步的错误。这可能是由于恢复计划制定得不合理造成的，也可能是操作失误造成的。

(3) 进行恢复操作时应将每一步的执行过程记录下来，以备后用。

3）恢复后的操作

(1) 完成恢复后应测试恢复的结果。在完成恢复结果测试成功后，对恢复后的系统进行相应的备份。

(2) 将执行恢复操作的管理者、恢复操作的时间、恢复操作的过程、恢复操作的完成状况等形成书面报告,报有关领导进行审批。

(3) 有关领导确认恢复完成后,通知相应部门恢复有关的应用。

(4) 审批后的恢复报告应与故障分析报告、恢复计划、恢复操作报告一起进行存档。

11. 介质管理

1) 介质的安全性

存放在备份磁带中的数据的重要性是不言而喻的。因此,应防止因环境、人为等因素对磁带造成损坏,还要防止人为泄密等,需要对备份磁带进行有效安全的保护。

备份系统管理者应随时将磁带库上锁,同时,在可能的情况下防止非授权人员接触备份系统。备份系统管理者还应该严密保存备份系统管理者的口令,以防止有人无意或恶意对备份系统及备份进行破坏。

2) 介质的存放

为了防止灾难的发生,备份的介质必须定期送往异地进行存放。建议对所有关键数据进行介质复制,备份完成后将复制的介质取出存放到异地,将所有备份数据的介质从备份磁带库中取出存放到异地。对于每天进行的增量备份可以每天完成备份后将备份数据介质从磁带库中取出进行异地存放。

取出数据备份介质的同时也应将备份系统数据库的备份介质一同取出进行异地存放,以便于在灾难恢复时能够快速重建原有备份系统。

12. 对长期保存的备份进行校验

应该定期对长期保存的备份进行校验,以防止在需要时备份不可用的情况发生。校验应使用 BAKBONE DATACENTER 的校验工具 SCAN 进行。

13. 备份切换

本系统设置了远程备用设备,在此服务器上配置有各服务器上运行的应用程序和各种参数,在正常情况下此备份服务器处于不工作状态,一旦出现某个应用服务器发生故障,无法提供服务时,在本地或远程都可以立即使备份服务器投入工作,以暂时代替使用。此方式为服务器平台硬件提供了备份功能。

14. 案例分析思考

(1) 分析案例中技术性措施和非技术性措施是如何实现结合的。

(2) 结合案例谈谈一个全面的信息系统应如何进行应急响应设计。

复习思考题

1. 应急响应的技术性措施有哪些?

2. 应急响应的非技术性措施有哪些？

3. 一个完整的应急响应应该包括哪些步骤？

4. 应急响应中组织如何设计？它们的定位如何？

5. 应急响应的演练为何非常重要？如何演练？

第 3 篇　商务篇

——IT 企业视野下的投标

第 12 章

投标系统工程概述

本章学习要求

- 理解 IT 投标中的整合营销
- 了解 IT 投标成功的要素
- 初步了解投标系统工程中各种原理
- 掌握中标的细节工程内容

12.1 IT 投标中的整合营销

IT 项目的投标原则上是一场市场营销活动，在进行市场营销工作时，营销组合是经常用到的基础理论工具，其中最普遍的当属科特勒的“大市场营销”理论，这个理论发展了几十年，以“P”贯穿于市场营销活动的全过程，被称为市场营销学的“第二次革命”，如图 12－1 所示。

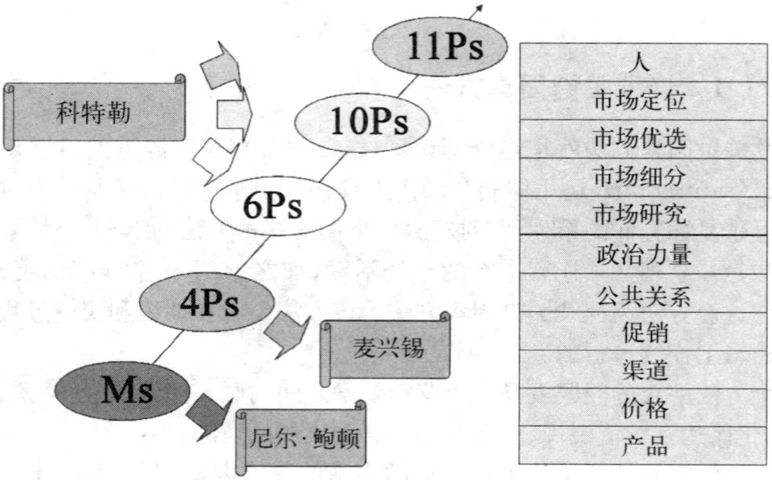

图 12－1　市场营销理论发展脉络图

然而,市场营销理论仅仅考虑了市场的主题,没有更多地从客户的角度去考虑,因此又发展出以客户为基准的营销理论 4Cs。随着 4Cs 的发展,人们发现,仅仅从客户角度考虑,会对回报产生困惑,因此建立在互动和共赢基础上的 4Rs 又发展起来,如图 12－2 所示。

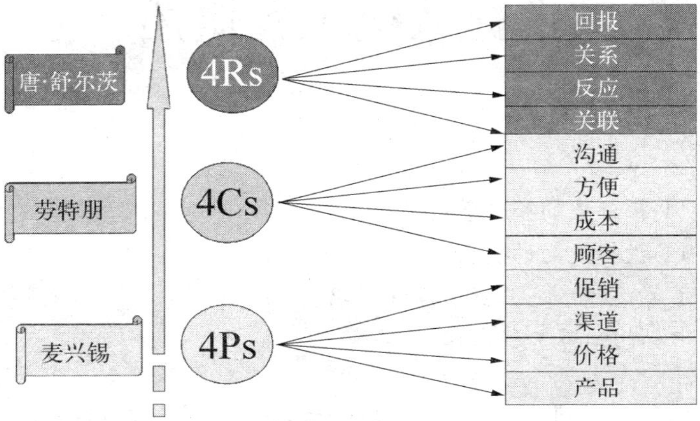

图 12－2　从 4Ps 到 4Rs 示意图

以上营销理论的快速发展,并不能减轻人们在营销过程中的困惑。如何将所有营销要素有效地整合起来成为一个体系并且能够在实践过程中成为一个流程而有所指导,是每一个营销实践者都面临的困惑。并不是所有客户都需要所有的传播技能,但凡是运用两种以上的技能就该有整合的动作。而整合传播的基本概念就是协同,不同的乐器,必要时能够一起合奏,并且演奏出悦耳的和谐音乐。本章就是一种整合营销的管理实践方法。

12.1.1　连续关键因素方法

连续关键因素方法就是在资源识别(recourses)、在资源链的重要环节贯彻饱和渗透(saturation)、运用体制和操作工具(tools)来保障市场营销质量的过程管理和可重复性方面的系列营销技巧(以下简称这种方法为 RST 方法),又由于这套方法是一系列必须连续进行的市场活动,加之 RST 3 个连续的英文字母,我们又称这套方法为连续关键因素方法。该方法要求在训练和实施过程中 3 个因素是逻辑上连续进行的。

这个方法解决的问题就是各个营销要素之间的联系问题,通过资源、饱和渗透、工具化而达到价值展现、信息对称和管理集约的目的(参见图 12－3)。

该方法的提炼特征是基于业务活动实施的关键因素,并不是提出一个新的市场和销售管理理论,而是专注营销组合建设一个环节,超出该方法的应用边界

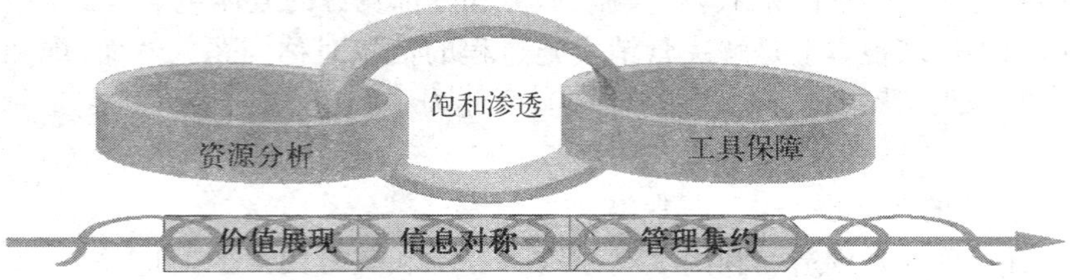

图 12-3　通过 RST 方法的营销过程图

将会导致该方法的效率降低或完全失效。

1）技巧的战略层面：基于 6Ps 的资源识别

资源识别从本质上讲就是营销管理组合中的 4Ps 和 6Ps，其中 4Ps 就是营销过程的内部资源，6Ps 增加的政治力量和公共关系就是外部资源。当一名营销人员进入自己的工作之中，就必然地进入自己营销工作的资源链，所以高素质营销人员的首要任务是学会识别自己的资源，并依据业务目标将不同的资源整合成不同的资源链，进而编织成一张资源网络。从一个营销人员的主观角度出发，他的资源包括：

（1）个人：个人核心价值和与项目相关可控资源。

（2）内部：企业的核心价值和品牌市场。

（3）外部：5 种力量和政治经济外部环境。

如何将这些资源组合起来利用呢？必须以营销主体的组织和自己的营销目标作为主线把它们连成一个资源链，且营销目标是资源链的起点。从实践经验看，80%的人都有主动识别资源的动力和习惯，但大多数人的识别是朴素和孤立的，可能有 50%的人能够从系统的角度，从销售目标出发来识别自己的资源。通过资源分析，解决的是企业和个体的价值发现、价值展现和价值挖掘。

2）技巧的策略层面：用饱和渗透方法来体现营销的执行力

饱和渗透的要点是营销人员成为资源的组合者。简单的描述是形成销售工作实施关键因素和资源的 DNA 关系，即关键因素和资源之间有一一对应的关系。一般而言，具体的某个销售规划和销售项目涉及很多因素，但总是离不开政策决定者、技术决定者、财务决定者和关键人物影响者等 4 大重要因素。饱和渗透可以分为以下类别：

（1）纵向：销售人员、经理、公司管理层对客户的相应人员在一定遗忘曲线的时间间隔内错开访问。

（2）横向：销售人员、经理、公司管理层对客户的相应人员要一一形成互补的联系。

(3) 立体：公司市场、技术、实施、服务和外部资源的立体包围。

饱和渗透从根本上是解决营销实施过程的信息对称问题。然而，饱和渗透的颗粒度越细，营销过程的成本就越高，因此为了解决这个问题，采用工具保障方法。

3) 技巧的执行层面：工具保障

工具保障就是创造和利用工具来维持资源和关键因素的对应关系，就是将个体的营销要素用组织机制、组织流程和工具来保障，变个体行为为营销的总体行为，这也是本方法的关键点。工具是把公司的基本工作思路、流程、检查手段、信息交流方式物质化，从无形的思想变成有形的、可视的、可交流的、可拷贝的、可比较的表格，规定，工具等，如会议培训、灌输、文化、会议纪要、流程、计划、预算、日报、周报、月报等形式。理论上就是集约和综合使用顾客管理、成本管理、沟通管理、便捷管理和互动管理、竞争管理、关联管理、反应管理。工具保障是解决营销管理过程中的管理集约问题。

值得指出的是，中国传统文化对工具具有抵触性，根据实践经验，在制造和利用工具方面有意识的公司和营销人员不到10%，例如能用好通用电器六西格玛工具的可谓凤毛麟角。

通过以上分析，RST方法的目的就是变营销要素为营销过程，使营销过程成为执行有力、沟通高效、精确出击的过程，而完成这个过程通过的手段是信息对称、管理集约和价值展现。

12.1.2 RST方法与理论方法之间的关系

从内容来说，RST方法并不是一种新的市场营销理论，而是一种连续的关键因素技巧方法。通过RST方法，营销者和学习者可以更容易掌握住理论方法的关键。从某种角度上讲，这种方法通过采用Ps、Cs、Rs等营销要素解决彼此之间有机联系的问题(参见图12-4)。

例如，在这种分析方法中，4Ps就是RST方法中的内部资源、政治力量和公共关系，就是RST中的外部资源，人就是RST中的主观资源，包括市场研究(probing)、市场细分(partitioning)、目标优选(prioritizing)和市场定位(positioning)，就是RST中饱和渗透和工具保障的内容。

12.2 投标成功要素

从表面上看，投标只有中标和不中标两个结果，但是对IT企业来说，投标不仅包含着一系列复杂的投标活动，是一个系统的工程，而且投标活动作为IT公

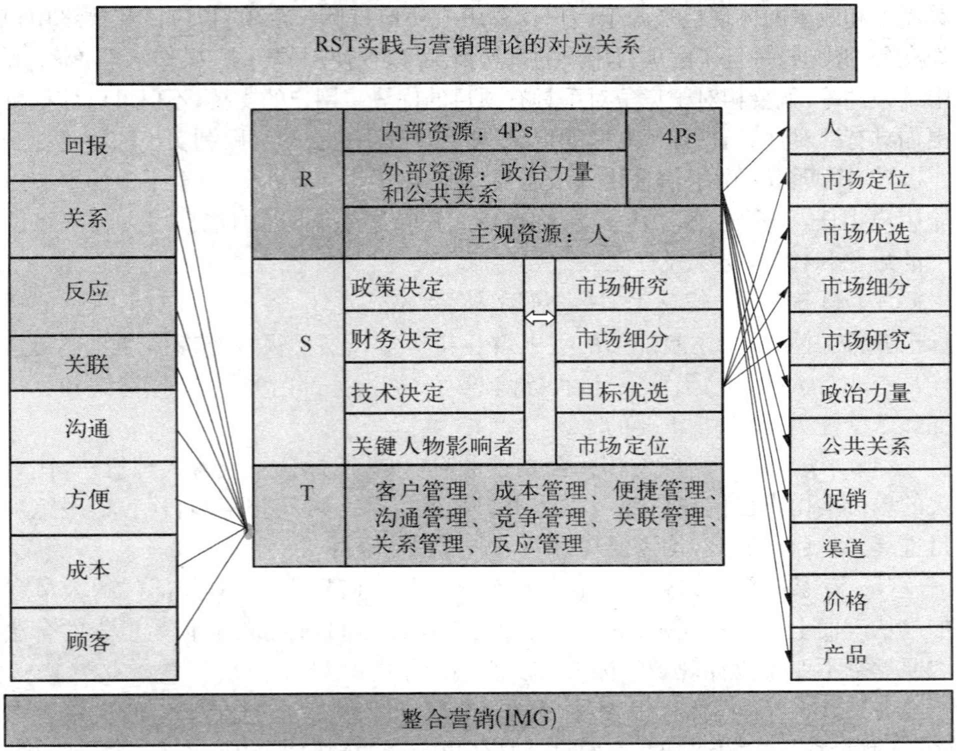

图 12－4　整合营销全景图

司的经常性业务活动，贯穿了企业的整个发展过程，不只是一个项目的事情，通过项目达到增强企业能力和获得客户不断认可也是投标活动重要的营销过程。

成功投标的 3 个重要因素为资源、饱和渗透和工具化。其中，资源是指包含着有利于投标的公司和项目资源；饱和渗透就是如何将有利于投标的项目和公司资源展现给邀标方、信息对称化的过程；工具化就是在投标一系列活动中保持质量和项目集约可重复的手段。将资源(R)、饱和渗透(S)、工具化(T)3 个英文字母的缩写联系起来，称为 RST 连续成功因素法。

12.2.1　资源

1) 项目资源

对于一个投标项目来说，直接的就是项目资源，也就是所争取的项目中直接具备的优势。其中包括以下几方面：

(1) 用户：信息系统的用户不同于一般的产品，其用户往往和管理方相分离，更多的是服务于其他行业，起到工具的作用。一个信息化项目，最终服务于用户，其需求和效果的体现也来源于用户。要想成功地投标一个项目，应该和最终用户作充分的沟通，一旦了解项目用户的真实情况、以往使用的历史、操作水准、需求和限制条件等，就会相对于竞争对手具有项目的优势。用户的支持，不但可以使标书更加具有针对性、赢得评标专家的青睐，项目过程中也更容易顺利实施和验收。

(2) 管理者：由于信息化一般需要专业采购和专业管理，一般招标的甲方由非用户担任，而多由信息中心或者信息办等单位承担。准确把握甲方在决策链中的角色和权力，对于投标至关重要。

(3) 财务部门：信息化项目不好考核、价格不透明，各种单位对信息化的招标也非常关注，其中财政部门的关卡就显得非常重要。很少有像信息化项目这样具有非常大弹性的预算项目，投标前准确掌握财务部门的想法，摸清楚预算情况和承受能力，是非常重要的。

(4) 采购部门：一般的招标会委托采购中心、招标公司或者代理机构，比较大的单位会由自己的设备部门进行组织采购。第一时间获得项目信息、跟踪项目进展、答疑、质疑等，均需要较好的采购部门的资源。

(5) 专家：评审专家可能由中立专家、用户、信息中心、财务部门的人员参加。从表面上看，一个项目的投标评审是在很短时间内完成的，但是事先的合法沟通丝毫不亚于投标现场的标书展现所起的作用。

(6) 影响者：投标有很多种，有些专家会推荐几家备选单位以便决策者参考，有些投标标书的评分办法本身就具备决策者的倾向性。因此，事先与项目的影响者与决策者合法沟通，显得非常重要。

(7) 信息合作伙伴：一个IT项目，往往包含着很多潜在的利益厂商，他们不直接投标，但是却非常关注项目的进展，也对项目的资源掌握部分情况。合适的合作伙伴往往会起到事半功倍的效果。

(8) 销售人员：一般投标过程，IT公司均会派销售员全程跟踪项目，很多单位不把销售员当作重要的资源来考虑。其实，这个内部资源往往是关系成败的关键。合适的资源激励与考核是非常重要的，尤其是很多单位销售还负责商务标书的协作。

(9) 竞争对手：对于外单位的销售或者技术、售前力量要心中有数，对于竞争对手的习惯、技术能力要充分了解。

(10) 售前：真正展现在评标专家面前的技术方案，是由售前人员完成的。很多单位具有专门的售前人员，这种针对性的人员具有文笔好、技术整合能力强、沟通能力强和新技术学习能力强的特点，是非常有利于投标的。一个好的售前，要具备销售的沟通能力、实施的技术视野、研究的拓展能力等，非高素质的人不能完成。

(11) 协调者：整个项目一定要有项目经理协调沟通不同部门和内外资源、

安排项目计划、监督项目进展等，同时公司各个部门的领导和业务领导也是项目的重要资源。

2）公司资源

除了以上和投标项目直接相关的内外部资源之外，还需要明确项目的备用和用于展现公司实力的资源，具体包括：

（1）品牌资源：投标公司的品牌、案例、资质、信誉和财务报表、审计报告、获奖证书、企业排名等，一切有利于项目的公司构成明细，都应该在项目经理的视野范围给予适当展现。

（2）技术资源：公司的技术实力、专利、承担的国家和企业的项目情况、公司的技术能力等，均需要项目经理仔细掌握。

（3）人才资源：公司的老总、核心技术人员、与项目相关的技术人员以及公司人员的关系链和人脉，都应该在项目经理的视野中。项目经理应该重点了解公司技术和其他公司的主要区别，知晓不同技术人员之间的细微差别，便于项目合适的时候使用。

（4）政府部门资源：如果是政府项目，牵涉到相关的管理部门、许可部门和审批部门的话，投标方应该仔细掌握相关情况和细节，必要的时候主动沟通获取支持和帮助。

（5）专家资源：项目之前的“打招呼”是不受欢迎的行为。然而，IT项目专业面广，日常的专家库对于公司实力的了解是很有必要的，一个再公正的专家在评标过程中，也会出于私心倾向于了解的和信任的服务商。

（6）地域特色资源：对于投标项目所在地的文化背景和习惯以及地方法规和潜规要有充分的认识和了解。

（7）政策壁垒资源：要充分地利用政策的壁垒，了解和突破不利于自身的壁垒情况。比如有些项目要求本地服务队伍，有些项目要求国产设备等，这时，采用合作伙伴会有很好的作用。

（8）行业合作和竞争资源：任何一个IT公司都有很多合作伙伴、代理商等，要充分利用这些资源为项目服务。

12.2.2 饱和渗透

以上我们分析了投标项目可能涉及的项目资源和公司资源情况，只有掌握了全面的一手和准确的资源情况，投标才能不盲目。在掌握了全面资源以后，要做的就是将这些资源整合和全面展示到应该展示的目标场所和人群，不要指望偶然的重要资源发生了作用。作为一个持续的公司，应该力求将所有具备的优势整合推向和渗透到目标，达成项目的必然结果。

横向：横向饱和渗透主要是指针对与项目资源相关的客户决策点。公司的项目相关人员（销售人员、经理、公司管理层、技术、售前）要根据项目的周期特点，对客户的相应人员在一定的时间间隔内错开访问，形成立体的合围，加强比较好的印象，避免遗忘曲线的真空地带。

纵向：纵向的饱和渗透是指针对项目决策链上的可能人群（领导、用户、信息中心、招标、财务）等人员。公司的相关人员（技术、销售人员、经理、公司管理层）对客户的相应人员要一一形成互补的联系。

饱和渗透的目的就是让公司资源成为项目资源，让公司的实力和能力水银泻地般无孔不入地展示给用户。更加重要的是，在评书的安排上，公司所有的实力，也要饱和渗透到标书的过程并予以展现。

12.2.3　工具化

通过对公司和项目资源的分析，以及对项目横向和纵向的饱和渗透，固然能够对项目起到巨大的推动作用。然而，如果不掌握好方法，资源消耗和效率损失是惊人的，展现的形象也是没有经过优化的，这就需要工具化来对资源和饱和渗透的过程进行优化和管理。

工具是把公司的基本工作思路、流程、检查手段、信息交流方式物质化，从无形的思想变成有形的、可视的、可交流的、可拷贝的、可比较的表格、规定、工具等，如日报、周报、月报、内审、外审、项目立项等形式，其目标是使资源的饱和渗透方式达到优化。

12.3　投标系统工程

投标不仅是结果，更是一个工程过程。IT投标项目技术发展快、决策复杂、效果模糊、效益潜在，因此更加需要用系统工程的思路去管理。投标管理工程一般包含以下5个原理。

(1) 项目、人员之间是有联系的：系统性原理。

(2) 项目、人员、资源之间是变化的：动态性原理。

(3) 资源、工具、饱和渗透互相影响的：增值互补原理。

(4) 关键因素缺一不可：木桶原理。

(5) 流程需要裁减：风险代价原理。

12.3.1　系统性原理

系统的首要特性是整体突现性，即系统作为整体具有部分或部分之和所没有的性质。将整体不等于(大于或小于)部分之和称为系统质。与此同时,系统各组成部分受到系统整体的约束和限制,其性质被屏蔽,独立性丧失,这种特性可称为整体突现性原理,也称非加和性原理或非还原性原理。整体突现性来自系统的非线性作用。系统存在的各种联系方式的总和构成系统的结构。系统性原理的具体表现如下:

(1) 项目的空间排列和时间序列是有联系的,关键是摸清楚投标项目的关键成功因素。

(2) 从项目总体上把握,不要被枝节所干扰。

(3) 项目之间是互相影响的,不要短视和仅仅看到一个项目的成败而伤害长久利益和品牌,尤其是不要做影响口碑和专家看法的事情。

(4) 昨天的原因是今天的结果,今天的结果又是明天的原因,要滚动地准备和铺垫成功的因素。

(5) 在事实面前永远是我错了,不要随便埋怨,不要抱怨偶然性,彻底寻找必然的原因。

12.3.2 增值互补原理

IT 行业分散程度很高,用户也需要一个持续的稳定的供应商,因此,无论是对资源还是饱和渗透以及工具化的努力来说,都符合增值互补原理,一旦在行业确定品牌,今后的成本就会急剧下降;另外,获得的项目信息越多,情况就越准确,饱和渗透越好,品牌价值就越凸显,工具化程度越流畅,项目进展就越顺利。增值互利原理的具体表现如下:

(1) 永远热爱和改良你的资源、饱和渗透方法、工具化,当一切汇集的时候,好事会成堆地找上你。

(2) 找到项目的高杠杆解:关键资源、关键方法、关键工具。

(3) 找到汇集资源的关键点。比如,一个行业的群众组织、专家的、客户群的领袖,这种天然的品牌推广被《海星模式》称为触媒人物,他们的作用比投标单位简单地推销效果好得多。

12.3.3 动态性原理

一切实际系统由于其内外部联系复杂的相互作用,总是处于无序与有序、平衡与非平衡的相互转化的运动变化之中,任何系统都要经历一个系统发生、系统维生、系统消亡的不可逆演化过程。系统存在本质上是一个动态过程,系统结构不过是动态过程的外部表现。而任一系统作为过程又构成更大过程的一个环节、一个阶段。动态性原理的具体表现如下:

(1) 找到影响重大的、长远的、能够影响资源之间关系的事情作为市场活动而不是销售或项目活动。

(2) 不要透支资源：对于违法的和违规的行为要坚决避免，尤其是评标现场打招呼。

(3) 为未来做准备：人无远虑，必有近忧，IT项目过程中变化很快，今天的优势很可能很快丧失，IT企业应该时刻改善将来的资源情况。

(4) 重视每一个细微变化，衡量对未来的影响。在投标过程中，应该密切注意客户的态度变化、新技术的出现、新的竞争对手的加入和新的价格信息。

12.3.4 木桶原理

一个由若干木板拼成的木桶容量是由最短的一块木板决定的即为木桶原理。要使企业发挥出最大效益首先就要减少信息安全工作中的薄弱环节。根据这个原理，在投标中，我们要做到：

(1) 我要干市场认为重要的事，而不是我擅长的。很多IT人员和IT公司容易犯一个错误就是尽量展示自己的强势，而不注意用户的需求。需要展现给用户的往往是以用户需求为出发点的，太自以为是很多时候成为项目失败的“短板”。

(2) 衡量每一个重要因素的重要程度，朝最坏方向想。很多时候，很多投标人员总是报喜不报忧，乐观主义至上。其实，很多具有多年经验的项目经理共同的感受是“如履薄冰”，换句话说，总觉得不踏实的时候，胜利为多，事先讲“搞定了”一般会是失败。

(3) 要跳出项目关注总体，不要小河沟里翻船。

(4) 要注意到几个最经常会出现的问题：价格、版本、时间、资格、专家的反对意见、性能细节。

12.3.5 风险代价原理

风险代价指的是风险成本，即风险的存在和发生给人们造成的经济利益损失，包括经济成本和社会成本。由于风险存在的客观性、普遍性及其发生的必然性，人们为了预防风险的发生和减少风险发生所致的损失总要采取某种措施，从而支付一定费用。此外，还必然要承担因各种风险的发生所致的直接经济损失和间接经济损失，同时风险的存在还给社会造成种种危害，这一切便构成了风险成本。风险成本由两部分组成，即风险的经济成本与社会成本。风险的经济成本又包括风险所致的直接损失成本及间接损失成本。由于风险的客观存在必然要求经济单位和个人承担风险成本，因此每个经济单位和个人都需要系统地认识自己所面临的各种风险，并尽可能地降低风险成本以实现经济利益最大化，这就要求各个经济单位和个人必须对所面临的风险进行系统分析，并进行有效的管理。要审视事实，理性接受不可改变的要素。对于一个投标工程来讲，要注意以下几点：

(1) 要有勇气去改变资源、饱和渗透和工具化中能够改变的要素。很多项目经理或者销售人员，抱怨太多，而实际行动太少，即使有行动，也不是花在可以改变和有所作为的地方。

(2) 要有肚量去承受不可改变的现实。任何一个公司、一个项目，都具有天然的优势和劣势，对于自己公司的技术实力、商业实力、客户资源实力、品牌实力等可能的劣势要有充分的估计和准确的判断，从可以有所作为的地方入手，评判项目的可能性和经济性。

(3) 要有智慧分辨以上要素之间的区别。任何一个长期生存的 IT 公司，再强也有弱点，再弱也有优势，用户需要找到合适的服务商。

(4) 风险和代价在宏观上是符合统计规律的，在微观上是需要决策甚至赌的，不要被竞争对手的强大所震慑，同时要对项目可能的风险和机会做出准确的判断，不要感性化地大赚或亏损。

12.4 争取中标重要过程的细节事项

12.4.1 重要资源的细节工程

(1) 专家：对于评标专家库的专家或者甲方的监理、咨询专家，要尊重，不要势力和以世俗的眼光去对待。有的公司并没有采用非法和违规的手段，但是对专家的长期尊重为他们赢得了好的声誉，还有的公司采用专家对专家和老总亲自接送的方式，体现出对专家的尊重，比很多拿不上台面的措施好很多。

(2) 决策者：对于政府官员或者决策者，比较忌讳的是太主观，比较适合的沟通方式是只说事实，不说结论，沟通和说话、文字材料不要啰唆。习惯作决策的人，会根据提供的事实得出必要的自己的结论。

(3) 采购部门：对于采购部门的沟通，重点要放在价格和性能价格比上，价格上要有优势。

(4) 信息部门：信息化管理部门无论在企业还是政府都处在比较微妙的位置。它们既不是用户，又没有财权，但是很具有专业判断力，需要一方长期的帮助，需要成就政绩，因此要注意分寸。

(5) 信息中心：有些单位还有信息中心等执行机构，对于这些以技术人员为主的沟通和支持，要以事实服人，以典型事件和标志案例争取他们的支持。

（6）内部其他部门：很多公司和项目经理只把外部资源当作资源，其实，对于一个IT公司来讲，除非特别重要的项目，内部资源的竞争也是非常重要的。为了项目的成功，项目经理在事先考核的时候，应该主动为相关合作部门着想，把好处让给别人，争取最大的支持。

（7）内部专家：在项目的节点把握上，很多公司会请内审专家进行评审。我们一般给外审专家专家费，对于内部专家没有激励。其实，内部专家对于专业更加了解，应该给予当场的劳务报酬或者激励。

（8）线人：对于主动通报项目信息的，无论是怀着帮助的心情还是盈利的目的，都应该主动地给予回报，一是鼓励这种有利于投标的行为，二是防止为竞争对手通报信息。

12.4.2　重要饱和渗透的细节

（1）总次数："一个重要的客户至少去30人次"，这是一个上海著名的信息安全公司的总结，不一定适合所有的行业或者类型的投标，但是其量化管理的思路值得借鉴，每个公司应该找到自己量化控制的模型。

（2）决策链："一个重要的客户至少派5个不同角色的人去"，这是上海某电子政务公司的过程考核指标，揭示了它们所在行业客户的心理习惯和决策行为以及成功的必要条件。

（3）影响者："在一个遗忘曲线内，起作用的人至少去2次"，这是一家上海系统集成公司的决策链饱和渗透模型，其目的不仅仅是增加自己的印象，还屏蔽了很多由于不了解而无端增加的反对力量。

（4）重要方案至少经过头脑风暴、框架评审、内审、外审等阶段，可以参照CMM或者ISO9000的质量控制过程，对标书的过程作严格把关。

（5）项目内审和外审专家的选择一定是能够提出疑问和有所帮助的，应该听取不同意见，不要走过场。

（6）非常重视失败后的复盘和成功后的宣扬。对于标志性的项目，应该尽早进入公司的案例库，让所有的客户和员工知道；对于失败的项目，参照围棋复盘模式对项目的成功度提高非常具有好处。

（7）提高项目技术标的第一名比率。某IT单位提出的"技术标第一名要达到65%"这个指标非常有道理。因为，技术标书是控制质量的，商务部分是影响因素比较多的。

12.4.3　重要工具化的细节

（1）质量管理专人和专门考核。应该有一个独立的质量角色对标书过程进行管理、检查和监督。

(2) 相关部门利益关系要考虑清楚。很多项目的失败的原因是公司的优势和项目的优势没有充分展示出来，其原因很多是没有调动起公司相关部门的积极性。

(3) 专人负责，改变非常不好的习惯。要严格项目管理的程序，坚决杜绝标书最后一晚上开夜车，给质量管理和内部评审留下充足的时间。

(4) 项目经理或者公司领导要敢于否定一些项目，敢于对不成熟的项目说“不”。

复习思考题

1. 简述关键因素方法在 IT 投标中的作用。
2. 投标成功的要素有几个？分别作简单介绍。
3. 投标系统工程的原理是什么？

第 13 章

投标准备

📖本章学习要求

- 了解投标信息的类型
- 理解投标过程中与用户沟通的注意事项
- 掌握投标项目风险的识别与管理

13.1 投标信息的获取

投标信息是指潜在投标人转化为现实投标人，并在投标过程中所需要的各类信息的总称。这类信息按照其适用程度可划分为通用信息与专用信息两大类。

13.1.1 通用信息

通用信息是指任何投标项目都需要掌握的各类信息，它在投标中具有普遍适用性。这类信息包括有关招标的法律、法规、规范、定额标准和价格信息等。这类通用信息一般是由立法和行政部门颁布的，其中有的具有强制性，有的具有指导性、约束性。

招标投标的法律、法规是确保招标投标健康顺利进行，确保招标人和投标人权利与义务合法性的强制性规定。全面准确地掌握投标地区、投标项目的有关法律、法规是参与投标的前提条件。比如，需要认真学习《中华人民共和国招标投标法》及与此相关的其他法律，同时也需要认真学习了解和把握国家发改委和与项目有关的行政主管部门所制定的各类法规。

IT 建设项目涉及劳动保护、环境卫生、农民工的使用，凡立法部门和行政部门制定的相关法律、法规所涉及工程建设的规定，均具有强制性，应该明确，这也是投标中应该掌握的法律与法规信息。

13.1.2 专用信息

专用信息是指投标项目自身的信息和该项目所涉及的诸方面的信息。这类信息不具有普遍适用性，一般只用在投标项目上，例如投标项目的性质、投标人的资金来源、合同的主要约定、技术文件、实施现场资料、项目所在地文化环境（例如政府、学校的要求以及上班时间、施工时间限制）、竞争对手的情况等。所有这些都属于仅用于投标项目上的信息。它们中有的会在招标文件中披露、公布，有的则需要投标人通过搜集分析、整理与归纳。

需要注意的是，招标文件中所公布的信息是潜在投标人决定是否投标和如何投标的最核心、最基本的信息。其中的经济类信息，如招标人的资金来源，招标人的支付方式、支付比例，有无预付款，缺陷责任保证金预留比例及缺陷责任期的时限，违约的经济责任等。这些可以用货币量表示的信息尤为重要，不仅要无一遗漏地予以掌握，而且还要结合招标人和招标项目的性质进行反复深入的分析，对其真实性、准确性做出明确判断。只有信息真实、可靠，投标时才会“胜券在握”。

按照招标投标的法律、法规规定，强制性的招标项目，必须有资金保证，但在实际的招标投标实践中，没有资金保证，或者资金保证不充分的项目也往往仓促“上马”了，最终导致招标人的拖欠。因此，竭尽全力地让经济信息对称乃是投标人在进入“角色”前的首要问题。

应公布的信息，但又是投标决策必须掌握的信息。这里主要讨论项目所在地的社会经济文化状况和竞争对手情况等两类信息。

1. 社会经济文化状况

如果项目所在地的社会治安环境良好，民风淳朴，经济健康发展，项目建设中所受的外界干扰会显著减少；反之，干扰会增加，更有甚者会导致停工。项目所在地的产业结构、价格水准及其变化趋势、经济发展水平、居民生活状况、居民风俗习惯等，这些都是一个投标者在投标前必须掌握的信息，且在中标后的建设过程中必须继续把握和进一步掌握的信息。在环境与施工建设关系的意义上，这类信息不可小视，它起着推动和制约工程进度的作用。因此，项目所在地的社会经济文化状况是项目所处的宏观环境，它是项目建设的重要约束条件。

2. 竞争对手的状况

招标投标市场是投标人博弈的市场。它表现为投标人资格上的竞争、业绩上的竞争、价格上的竞争、技术上的竞争、信誉的竞争和实力的竞争，并充分展现在投标的各个环节上。因此，掌握同一项目的各个投标人的信息，即各竞争对手的信息，这就成为投标人所必须高度关注的“热点”。具体地说，要搜集和掌握的竞争信息主要有：

（1）关注竞争对手的数量，即投标人的数量，这一数量在招标人发出投标邀请书、组织现场活动时即可知道。

(2) 深入了解每一位竞争对手的实力。它包括每一竞争对手的资质等级，曾经完成的工程项目及完成情况，企业的技术力量、经济实力、管理水平、公关能力。

(3) 尽量掌握每一位竞争对手的营销策略，其中主要是投标报价策略。“知己知彼，百战百胜”，只有充分掌握竞争对手信息才能做到竞争信息对称，从而才能制定投标人自身的投标方略。

13.2　与用户交流

投标须知中通常会注明，在与用户的沟通中哪些方式是受鼓励的，哪些方式是被禁止的，甚至会导致剥夺竞标资格的。在许多公共部门的采购中，投标人与用户的直接联系仅限于递交书面问题，这些书面问题通常要求澄清事实或解释投标须知中的某些条款。基于“公正、公开”原则，与用户私下谈论项目的做法往往是不被允许的，但是在大多数情况下，用户还是愿意投标人接触他们的，当然这要在时间充足、标的额度许可的情况下。当然，用户会邀请投标人到他们的办公室来获取项目的第一手资料，并与这些项目的实施者进行交谈，这种情况并不鲜见。通常，用户会举行一个简短的标前会议，并希望有兴趣的投标人参加。投标人必须仔细阅读投标须知，领会用户的意图，并且要充分利用自己拥有的一切机会。

根据项目本身的特点和对项目背景的熟悉程度，投标人会发现对项目进行实地调研是非常有利的。和其他与本项目利益相关的人或组织进行讨论，也可能会得到一些非常有用的信息、观点等，而仅仅待在办公室里是不会得到这些东西的。

如果用户已经安排了简短的标前会议，投标人要确定自己参加会议的目的。如果会晤不是由用户而是由投标人来安排的，那么投标人要对日程安排给出尽可能详细的提前通知。和用户会面的时间必须精心选择，不宜过早，否则投标人可能不知道该提哪些问题；也不宜过晚，这样就会由于时间紧迫而不能充分利用用户给出的答案。在许多情况下，与用户会面的最合适时间是当可利用的标书准备时间过去1/3或1/4时。比如说，如果收到投标邀请的时间为星期一，递交标书的截止日期是星期五，那么与用户会面的最恰当的时间可能就是星期二。

13.2.1　与用户沟通时的注意事项

下面的注意事项在大多数人看起来好似常识，但是经验表明这些常识不一定都能付诸实践，通常投标人很容易将它们抛在脑后。

(1) 在与用户会面之前，应该选定一个对投标和合同都能发挥作用，并且能够在项目的技术方面表达明白的人作为团队的领导者。

(2) 在与用户会面之前，投标人要尽量预计用户可能提出的问题，也要准备好自己要提的问题。

(3) 当有关信息在头脑中的印象还比较清晰时，赶快记录下来。会后，要补写一份会议纪要，把会议讨论的内容、观察到的信息以及投标中应该强调的要点都要写进去。

(4) 如果投标人以一个团队与用户会面，一定要自我介绍，不要以为用户会认识整个团队。一定要交换名片，尤其是用户方如果有其他不速之客也列席了会议，请将他们的姓名和职位准确地记录下来。

(5) 要同用户展开讨论，不要局限于必须提及的内容，但是也不要喋喋不休。要积极地聆听用户所说的内容，这就意味着要对用户的解释仔细斟酌，并加以提问来加深、确认理解，同时配合身体语言来说明问题。

(6) 投标人要记住自己的目的在于给用户留下一种专业和诚信的印象，要让用户感觉自己就是合适的中标人选。当谈及专业经验时，不要将应该保密的事透露出去，也不要对过去或现在的用户的事务和想法加以评论和抱怨，否则用户将认为投标人很可能会把他们的事务也透露出去。

(7) 尽可能获取所有相关的、有价值的资料复印件，比如公司政策、商业计划、研究报告和统计数字等。投标人应在能够获得的最有价值的资料中，列出电话号码、传真号码和电子信箱，以及关于用户的部门、单位、管理职位和职责等组织结构方面的信息。

(8) 投标人需要捕捉的一个重要的信息就是评标小组的构成；同时还要判断标书是仅由技术人员评定，还是由技术专家、管理者、采购专家、合同管理者和其他方面专家组成的小组来评定。

(9) 一定要注意关于合同的提醒信号。如果用户不愿意讨论投标须知或对项目表现出犹豫不决，可能是由于安排得比较匆忙，他们不能肯定预期的目标，也可能投标人信以为真的项目根本就不存在，投标邀请仅仅是空穴来风。

13.2.2 与用户相互考察时的注意事项

(1) 如果需要带上用户考察产品或者自己的案例，需要长时间旅程，那么一定要留出时间来缓解旅途的不适，并适应当地的水土，因为如果在与用户的会面中表现得不够完美，代价将是沉重的。如果能够提前一两天到达，就可以用这段时间同当地的合作人联系，与其他组织商谈获取其他的相关信息和情报，对未来可能的工作环境作进一步的了解。

(2) 将考察活动设计为一次高强度的出差，在活动中规划和起草标书的某些部分。考察活动的议程要有明确的目标，但在时间和路线的安排上要具有灵活性，这样就可以利用一切接触和参观的机会来完成一份更加完美的标书。不要刻意关注能否按预定的日期返回。

(3) 要让用户知道自己的联系方式、住在什么地方、怎样与自己联系等。

(4) 投标人往往希望同与合同有密切关系的管理者或职员进行交谈，但同时也要尽量同其他决策者会面。注意这些人员时间安排比较紧凑，所以会面时不要待得过久。

(5) 当同第三方交谈时，注意不要过多地暴露自己投标的意图和已获取的合同信息。他们很可能会将这些信息告诉其他竞标者。

(6) 考察过程的招待要正式，符合规定，不卑不亢，否则很可能认为张狂或者自卑。

13.3 项目风险的识别和管理

许多类型的项目会以相同的方式给业主和投标人带来高度的风险。除了商业风险、金融风险和法律风险外，对社会、经济和环境有一定影响的项目决策还有一定的政治风险，参与项目设计和实施的投标人，以及与投标人签约并对其服务进行管理的业主，都承担一定的专业风险。

懂得如何准备有效的投标须知的业主，都会确定和评估项目中对结果有重要意义，或使合同处于一定的风险之中的环节。他们很可能已经将保证措施写入了投标须知中了，其目的是为了将可预见且有责任控制的风险化小，至少将其降低到可以承担的程度。投标人需要记住的问题包括：可能希望在多大程度上将风险转移给自己，自己对风险转移的接受程度，具体报价在多大程度上反映了这些转移的风险等。某些情况下，投标中要包括风险清单，投标人需要确认自己准备承担的全部责任或部分的风险。如果投标人被邀请参加谈判，在合同上签字就意味着接受了。

13.3.1 风险分析

没有一个工作环境可以完全避免事故，事故是在所难免的，没有人能完全预见事故并因此采取所有预防措施。政治上或制度上的改变可能会使工作重心和方向发生变化；项目可能会遇到来自外部集团的压力反对；如果业主的责任是与其他组织或外部投资人分担的，那么各方之间的变化将可能减慢工作进度。这些都可能造成工期延长，导致成本增加，并产生更多的问题。但无论怎样，在进行投标计划时，要预先考虑可能出现的问题，并且帮助业主将这些问题解决在合同之外。就投标人在合同的作用而言，最有可能将合同置于风险之中的情况是资源的缺乏和工作关系的低效。

13.3.2 问题确定

如果参与到项目中的人员数量少、能力低和缺乏经验，或工作态度不认真，或不善于交流，那么投标人和业主将会面临一系列的问题。一个员工的不胜任就足以危害到整个合同的实施。投标人能承担起这样的风险吗？投标人对协助自己工作的人员了解多少？有没有当面同他们谈过话，不是仅仅看到过他们书面形式的姓名和简历？团队的成员是否曾经在一起工作过？如果这些成员曾经为其他业主出色地完成过类似的任务，那么要突出强调这一点。

合同经常仅仅由于人为的错误而陷入困境。如果可能的话，标书中应注明团队中的人员能够胜任的证据，将他们曾在类似合同中工作过的准确证明资料附到简历中。例如，如果某个人员的工作涉及调查设计和公共咨询程序，那么就应该考虑将他曾经做的调查表格作为附件附在标书中；如果某个人员准备从事培训工作，那么就应该将他的为培训准备的相关资料附到标书中。

另外一个可能导致问题的因素就是，标书中指定的专家可能正在其他用户的合同项目中担当重任，或者不能按时参加本项目的实施，或者正承担着其他竞争性的工作。为了解决这些问题，用户会在投标须知中明确要求，投标文件中要包含一份保证被指定的人员都能按时投入的承诺，同时还要附上经团队的每个人员签字的保证书，以确保每个人员都能接受分配的任务。即使业主的投标须知中没有提出这点要求，在标书中附上这样的承诺也能向业主再次保证，安排资源的方案是切实可行的，也是尽职尽责的。

如果投标人计划将工作的一部分分包出去，那么业主就会顾虑分包商在动机上、产品的质量和可用性上会发生变化。总投标人应该把分包商当做自己的员工，并对其行为负责。标书中应该包括项目主要分包商的简历，并且要说明拟采用的监督分包商的质量管理程序。投标人如果有力地向业主保证，分包商能够充分按照业主的质量和交付意愿服务，将是很有用的。

在给分包商分配任务之前，要让他们明了目前谁是他们的业主，因为利益冲突可能会影响项目的实施。

13.3.3 密切沟通

当业主认为投标人的交付成果并不理想时，问题常常在于彼此间交流的缺乏,也可能在于说明和执行合同任务的关键环节中缺乏相互沟通。这种情形就好似投标人在用业主的费用学习自己的业务,同时还希望业主为他们着想。另一种可能情况是,投标人仅仅简单地分析资料,而没有对工作进行深入的调查。当项目结束时,结果就可能是不理想的。

通过事后观察,投标人就能发现,如果合同职责分配更加明确,投标人对业主的偏好更加了解,双方能建立起更加有效的工作沟通,问题是可以避免的。投标人应该以用户的专家型伙伴的身份来进行其工作,旨在帮助业主达到他们预期的目标,这种意识对于投标人是非常必要的。应该真正当做一种承诺来遵守和履行中标项目,这不仅仅是一种建设性关系,而且是一种为业主提供最大效益、最优价值和最小风险的关系,是非常重要的。

13.3.4　降低风险

在开始编写标书时,投标人要向业主明确以下几点:

(1) 已经考虑到合同中己方的风险因素。

(2) 投标人懂得如何管理这些风险因素,并能使得项目按部就班地进行。

(3) 假如当问题真的发生时,投标人能够立即采取果断措施以阻止其恶化。

解决这些问题的方法在于把合同管理当做一种预防性的管理措施来考虑,其设计目的是为了使合同交付成果免受破坏。投标人要把自己的管理方案作为业主控制手段的组成部分,而业主将会把以下这些方案看作投标对其偏好的理解和尊重。

(1) 对任务和职责的明确解释。

(2) 持续的交流和评审程序,程序中有清晰的管理职责划分线,管理信息有一定的透明度。

(3) 对参与合同的每个人员应该完成的工作、目标和截止日期都有准确地说明:对背离既定的质量、性能和交付标准的工作的监督。

(4) 快速高效地解决问题的程序。

(5) 针对在时间和费用上的背离所采取的紧急措施。

(6) 保证一致性和一贯性的应变计划。

(7) 如果合同的实施进程需要调整或重新定向,那么就要准备好采取应变措施。

在标书中仅仅使用一些套话是不够的,成熟的用户不注重花言巧语,而想让投标人详细地给出切实可行的、令人信服的、真实的实施程序。对风险管理程序的准备表现出对业主的尽职尽责。投标文件应该既能传递方案的技巧,又能传递方案的经济价值,这才是最重要的。

复习思考题

1. 何谓投标信息中的通用信息和专用信息?
2. 何谓投标决策信息?
3. 结合实际,谈谈投标过程中,与用户沟通的注意事项。
4. 论述如何降低投标项目风险。

第 14 章

投标方案

📖本章学习要求

- 了解好的投标方案的特点
- 熟悉各种 IT 方案的相关要点
- 熟悉方案在各个阶段的特点

14.1 IT 方案的分类

总体来讲，一个 IT 项目包含以下种类：产品方案、技术方案、管理方案、运行方案、服务方案、规划方案、策略方案、全面解决方案。从方案的阶段来讲，有建议阶段、设计阶段、实施阶段 3 个阶段的方案。如果项目有招标过程，方案的情况还复杂一些。表 14－1 是各个阶段推荐的方案类型需求。

表 14－1

各阶段推荐的方案类型需求

	建　议	设　计	实　施
产品方案	*	*	*
技术方案	*	*	*
管理方案	*	*	
运行方案	*	*	*
服务方案	*		*
规划方案	*		
全面解决方案	*	*	*

14.1.1　产品方案

如果客户明确需求一种产品，投标方一般需要在投标之前不断地展示自己产品的特点，其中，方案就体现了一个沟通的作用。甲方也往往根据不同厂家的展示和自己的实际情况撰写标书需求文件。

产品方案的要点如下：

(1) 重点在具体产品的配置、使用上。其特点是产品的描述占绝大多数，需要论证产品选择的合理性、可行性、性价比等。

(2) 对比表最重要。由于选择产品，客户一般对功能和需求是相对比较明确的。因此，将技术对比、产品对比、性能对比等关键的有助于甲方了解产品选型的信息展示出来非常重要，也可以相对客观地对比自己和竞争对手主要的区别和特点。

(3) 要站在甲方立场上。在产品的选型上，很多方案失败的主要原因是站在自身优势和技术的立场上看问题，没有站在一个甲方选择产品的立场上。甲方具有需求导向、管理导向、目标导向的特点，关注重要的性能指标、关注将来的融合性和产品性能和服务，关注自身的业绩和效益，同时甲方具有接触多个厂商产品的动机和优势。因此，方案尽可能地照顾到甲方的感受和阅读习惯非常重要。

(4) 多产品方案，关键是整合。如果甲方选择的方案包含多个产品，甚至多个厂家的产品，对于方案来讲，它们之间的整合甚至与其他产品的关系就非常重要，要通过整合凸显方案提供者经过思考的有益提示。整合中的逻辑关系要非常清晰，从技术的发展到产品的发展再到产品选型和性能价格比都要客观地评价和建议。

(5) 不要贬低任何一个市场存在的产品。由于客户具有接触多家厂商的优势和动机，因此信息也更加全面一些。一个负责任的甲方会公正地评判和选择产品的，也对不能提供有益帮助的服务商保持警觉，因此不要贬低任何一个市场存在的产品，针对“友商”的产品可以客观地评价，针对客户的需求可以论证自己是最适合的。

(6) 多产品篇幅要均衡。如果多个产品，尤其是产品价格和重要性相对均衡的产品方案，很多方案提供者详细程度不是根据客户需要，而是根据资料的资源情况，给人以堆砌的感觉。多产品的篇幅要均衡，产品的详细程度要对称。

(7) 资质是支撑点。客户选择产品很重要的是这个产品的资质情况。对于IT方案来讲，产品的测评证书、销售许可证书、产品的用户报告等非常重要。如果安装和服务比较复杂，产品方案提供商的服务能力证明也非常重要。

(8) 特色是亮点。一个 IT 产品,具有非常庞大的性能技术指标,如果竞争对手的情况非常清晰,那么共同之处就应该合理地进行简化,应该突出自己和对手的不同之处。

14.1.2　技术方案

IT 项目很多情况是现有产品并不能完全满足客户需求,客户需要提供一种技术解决方案。这个时候,除了产品方案需要注意之外,还应该重点关注以下方面:

(1) 在对客户信息系统需求分析的基础上,重点提出对各种技术手段的需求,并提出相应的措施、手段、产品的解决方法,需要论述所选择手段的合理性、对用户需求满足的程度、实施的可行性等。

(2) 重要的是灵魂,理论根据,不就事论事。客户由于对现有产品一头雾水,才寻求技术方案的帮助,而客户往往不是某个方面的专家,因此需要方案对所涉及的技术问题,尤其是有争议和多个选项的技术问题进行从理论开始的分析,使论述层层深入,切忌就事论事。

(3) 客观阐述现有技术是支撑点。在对技术方案的选择方面,应该客观地阐述现有问题所有可能的技术解决办法,对于推荐的技术办法应该准确描述和恰当地分析适用点。

(4) 现状把握要准确、全面。技术解决方案中,应该以用户的实际情况为出发点,而不是以自己的性能技术为出发点,应该仔细分析用户的现状、存在的问题、现有的解决办法、所提供的技术方案的优势甚至劣势。

(5) 针对性是亮点。很多技术方案的失败不是技术问题,而是针对性不足。一个好的技术方案,处处体现着对客户的关怀。很多情况下,客户不是选择了一个好的技术,而是通过选择方案的过程,选择了一个好的合作伙伴。

14.1.3　管理方案

很多情况下,用户不仅仅需要提供一个技术解决方案,还需要提供一个技术的管理方案,这个时候应注意:

(1) 在对客户需求分析的基础上,重点提出相应的管理措施、手段,需要论述所选择手段的合理性、对用户需求满足的程度、实施的可行性等。

(2) 用心是亮点。由于管理方案本身不好进行评判,因此,在管理方案中更加要体现的不是你技术的高超,而是处处为顾客着想的用心,用户的人员、硬件、业务、环境、操作、竞争、发展等情况,都应该在管理方案中仔细体现。尤其是用户需要的管理制度、标准、执行策略等,切忌抄袭其他客户的情况。

(3) 管理方案往往是手段而不是目的。很多时候，提供给用户的管理方案本身甚至管理实施本身并不能获取利益，因此很多厂家和投标商不注意和用心。其实，管理方案本身是非常容易地和客户建立起工作信任的手段，比起很多市场手段，其效果更加能够体现公司的技术价值。

(4) 形式比内容更重要：由于管理方案的实施效果更加不可见，这个时候要非常注意用形式化的东西来体现管理方案的工作内容：沟通、装订、评审、讲解等。

14.1.4 运行方案

系统运行和操作是最终使 IT 技术得到实现的环节，这个时候，也要提供预先的方案，尤其是中标签订合同后，实施方案就非常重要了。

(1) 在对客户信息系统安全需求分析的基础上，重点提出相应的安全运行措施、手段，需要论述所选择手段的合理性、对用户需求满足的程度、实施的可行性等。

(2) 专业性是支撑。实施方案中，要去除包装和“秀”的成分，用数据、表格、流程图、甘特图等专业化的工具和专业技术的支撑感觉，让客户信任的同时也仔细将实施过程思索一遍。

(3) 实战是基础。实施方案中，尽量用实际的案例、实际可能出现的情况、实际高手的简明直白的表达来说服用户。

(4) 体系性是亮点。实施方案中，流程、质量、项目管理、阶段等非常重要的手段应该明确地提出，应该在整体框架中明确体系特点。

14.1.5 服务方案

服务方案包括售后服务方案和增值服务方案，服务由于是一个过程和不可见，应该注意以下几方面：

(1) 告诉客户我们所提供服务的具体内容。方案的重点应说明这些服务内容对于用户的意义、必要性。同时，服务内容应根据用户的实际情况进行调整和优化，要让客户感觉到这些服务是自己需要的。

(2) 典型事件是亮点。服务方案中，除了将服务体系、服务表格、服务质量等支撑性文件展示之外，更加重要的是，应该以一个实际可能或者已经发生的案例，来情景化地描述一个服务过程所经历的和所动用的资源。

(3) 过程比结果重要，文化比技术重要，虚比实重要。由于服务不可见，因此服务过程性文件的预先展示，服务过程中所体现的公司价值和理念，调动客户的预期，才能够争取更多的机会。

14.1.6 规划方案

一个项目还没有启动，需要方案商提供一个未来的远景的时候就需要规划方案，应该注意以下几点：

(1) 根据用户信息系统建设的实际情况，为用户提出一套规划。该方案的目的是帮助客户明确信息系统安全实施应涉及的内容、时间安排与资源投入。

(2) 紧紧抓住套路，形式化是支撑。很多时候，规划是一种关键点的整合，因此仅仅抓住规划的套路非常重要，不但适合客户的胃口，也能够节省方案的写作时间，更好地理解客户的需求。例如，上海某年要写一个来年的信息安全规划，有一家单位承担了30多个局的规划，它们掌握了套路(每一段写什么、要有几个要素、达到几个目标、解决几个问题等)，结果30多个不同的方案非常快又完全不同地、针对性地完成了。

(3) 针对性是亮点，找到区别。实际上，在规划方案中，每个甲方都有自己喜欢和沿用的套路，这方面不用花太多的时间，而真正要花工夫的是理解和思索用户规划中的几个关键问题，也就是针对性的几个问题，再把这些问题的解决方案糅合到用户沿用的格式中去。

14.1.7 全面解决方案

全面解决方案包含了以上解决方案中的全部或者几种，用户试图寻找一个集成商来解决问题，这个时候的特点如下：

(1) 该方案是前面各类方案的大成，内容可能涉及前述各方案的所有内容，具体情况根据客户的实际情况确定。

(2) 逻辑关系总结构。全面解决方案最重要的第一步就是首先明确整个解决方案的逻辑总结构、各个部件的关系梳理。只有理清楚各个子方案的关系并且寻找到全面解决方案的总方案的价值，全面解决方案才有意义。

(3) 承上启下。在全面解决方案中，各个子方案之间的连接非常重要，在每个方案的最后总结和另外一个方案的前言中，都应该明确说明和其他方案的接口和关系，起到承上启下的作用。

(4) 摘要。一个全面的IT解决方案，有时候包含的子系统非常多、材料非常复杂，因此全面解决方案的摘要非常重要，尤其是对于评标过程，十几家的标书、每家很多本，评审专家和甲方的工作量非常大，因此一个好的摘要能够起到提纲挈领的作用。非但如此，好的摘要还应该重点讲述集成商的价值和作用以及容易争议的地方。有很多单位在写方案的时候把几家单位的子方案凑在一起，这样的结果就体现不出集成商的作用。好的综合解决方案，不但融合和理解各个子方案的成果，还应该提供自身独特的价值，不但不隐藏一些悬而未决的难题，反而应该将问题公开讨论，通过选优来体现自己的用心。这样，在专家评审的时候，反而不容易引起争议。

(5) 目录结构和索引体系。一个清晰的目录体系是非常重要的，尤其是对于有多个方案进行备选的时候，用户或者专家首先会从目录好的方案中着手。如果一个全面的解决方案非常庞大，一个方案的索引体系也是非常重要的。另外，一个好的方案最好用IT语言(图表)来表示，图表最好占整个方案篇幅的1/3左右，以便于阅读。对于整个方案，最好有一章描述整体结构的逻辑图，以便于甲方能够理解和重视。

(6) 灵魂是亮点。全面解决方案一般不大可能选用一家厂商的产品，子方案也可能是不同人甚至不同公司完成的，因此，整体方案的价值点一定要集中在“整体”上，不仅仅要完成客户的子需求的集合，还要通过集成所提供的全面解决方案来实现预定的目标。全面解决方案最好使用一种或者几种不同于竞争对手的理论体系来贯穿和论述，并且能够提供特殊的亮点。

14.1.8 标准化方案

除了以上的各种解决方案外，一个营销过程不可能一下子给客户非常全面的方案，一般需要一个标准的方案抛砖引玉，不但节省投标商的时间，也便于甲方层层深入地了解。

(1) 目的是为了吸引不太熟悉的客户和项目，一般在初期引起用户的关注。

(2) 由销售员完成。标准化的方案是方案产品化的产物，尽量总结分类的结果，一般由销售员或者方案提供者等低层技术人员完成提交。

(3) 不要有漏洞。标准方案可以针对性稍微差一些，但是要逻辑严密，不要有漏洞或者不适合之处。

(4) 讲解和沟通比给出方案重要。一个标准化方案的目的是抛砖引玉，那么，所期望得到的就是客户进一步明确需求，讲解和沟通的过程比方案要重要得多。

14.2 方案的阶段特点

14.2.1 建议阶段

(1) 特点。对用户信息系统的了解有限，用户有多种方案的选择，因此此阶段方案的重点是吸引用户，争取拿下订单。

(2)“秀”是关键。在建议阶段,最主要的目的是争取进入用户的候选厂家或者争取以自己的指标进入用户的招标文件,因此争取机会是第一位要确定的目的。“秀”自己的案例、实力、队伍,“秀”自己的技术能力、针对性、用心程度。

(3) 将客户最需要的作为亮点秀出来。对于客户来说,每天面对大量的厂商和方案提供者,抓住重点,抓住客户的最需要和最困惑的地方,即使暂时没有最好的解决办法,这个阶段把问题提出来不断寻找也是价值。

(4) 概念是重点。在建议阶段,要把解决方案的价值和自身的价值浓缩成为客户能够接受的概念性符号,才能够不被淘汰和争取机会,例如品牌、销售额、市场份额、标杆项目、新技术、公司故事等。

(5) 客户需求是支撑点。建议阶段也是寻求客户需求的过程,由于IT项目本身的不可见和模糊,客户的需求往往也是变化的。另外,IT项目客户的隐含需求和不安全感更加突出,挖掘出客户的隐含需求,消除不安全感,机会就增加很多。

(6) 区别于对手作为亮点。在建议阶段,用户也在筛选,因此除了要维持必要的基础条件的展示之外,更要让用户各方了解自身的不同之处。

14.2.2 设计阶段

比起建议阶段的方案,设计阶段要更有针对性,一般是基于对客户IT需求详细分析的基础上,结合客户信息系统和网络系统的实际情况完成的。设计阶段的方案应明确给出详细的配置情况、设备数量等,并给出精确的经费预算。原则上,设计阶段的方案需要与用户交互数十次才能够最后确定。

(1) 综合专业和“秀”作为特点。在这个阶段,要掌握专业和“秀”的尺度,不断让用户有新的认识,让用户体会到实力和更多潜在的期待。

(2) 沟通是关键。在设计阶段,要注意与使用方、管理方、关联方的多方沟通,对于客户道听途说正确或者不正确的需求和要求,要给予充分的理解和交互。

(3) 针对性为支撑。在设计阶段,要对用户的环境和软硬件情况充分了解,对使用目标和可能的限制做出准确估计,力求设计的针对性。

(4) 与实施人员充分沟通。设计人员与实施人员往往要求不一样,在设计阶段,要求总结和整合能力强的人担纲,这样方案的效果会更好一些,然而要注意倾听具有实施经验的人的意见,不要犯硬伤。

(5) 体系和结构为亮点。在设计阶段,要非常注意整个方案的体系结构的完整性,设计阶段的竞争非常激烈,评判专家往往更加注重整体,因此系统性和综合性非常重要。

14.2.3 实施阶段

实施阶段的方案则是在获得客户授权和许可后，开展实施时需要的安全方案。实施阶段的方案是实施的基本依据，因此应非常明确，可操作性极强，应包括设计图等。

(1) 细节为支撑点。实施阶段的方案除了给用户看，更多的还要担负项目管理的任务，因此细节要清晰。

(2) 关键事件为亮点。关键的事件，例如里程碑、会议等的过程以及它们之间所设计的过程文件要预先讲清楚。

(3) 实用和可操作性为上。这个阶段的方案，不要使用太多的感情色彩的语言，以务实和可操作性作为原则。

(4) 一般来说，不同方案由不同人员完成，要注意格式的统一、前后的照应以及解决冲突和共识的达成。

复习思考题

1. 写 IT 方案时需要注意哪些问题？
2. IT 方案分为几类？分别是什么？
3. IT 方案的阶段性特点是什么？

第 15 章

投 标 决 策

本章学习要求

- 掌握决策风险的含义和决策风险的分类
- 理解投标决策的风险分析方法
- 理解现有报价策略和方式
- 理解基于复合标底的投标报价方式
- 理解基于决策树法的 IT 项目投标决策方法

15.1 投标决策的信息研究

投标过程包括调查、研究和投标决策 3 个阶段。调查是指获取招标项目及其建设的内外环境信息过程;研究则是对获取的信息进行“去粗取精,去伪存真,由此及彼,由表及里”的改造制作过程;投标决策则是指解决问题的过程。

搜集投标决策信息途径主要有 3 种:① 通过立法机构、行政机构、行业组织公布的法律法规、规范文件及与招标项目有关的其他规定搜集信息。② 通过招标人发布的招标文件搜集信息。③ 通过投标人的现场调查、市场调查和对竞争对手调查搜集信息。当获得全面而充分的投标项目信息后,即进入对信息筛选、归类、分析及判断的研究阶段,也称改造制作阶段。基于投标项目信息进行决策判断,需要从 4 个层面展开研究,即对招标人及项目的研究、对招标项目建设环境的研究、对竞争对手的研究和对投标人自身的研究。

15.1.1 招标人及招标项目的研究

1) 招标人的研究

对招标人的研究主要集中在招标人的诚信度和合作系数上,通过研究对其形成肯定或否定的判断。一方面判断招标人项目资金来源和额度可信度;另一方面判断招标人能否及时支付项目工程款,满足承包商的合理要求,承包人指定的项目监理能否公正处理问题。同时,还要判断招标人的偏好,招标人是否有明显的授标倾向等。

2）投标项目的研究

从以下4个方面研究投标项目：① 判断投标项目是否合法合规，审批报建手续是否完备。② 判断招标人的设计文件在实施过程中是否会出现修改，即设计变更的可能性和程度有多大。③ 判断工程建设的风险程度，即项目建设的技术要求程度、施工难度、工期的合理性等。④ 判断项目建设过程中对自有资金的需求程度，即自有资金的准备度及投入期。

15.1.2　招标项目的环境研究

招标项目的环境不会随着投标人的主观意愿发生改变，但它会受到项目所在地的社区经济、政治文化、历史风俗习惯等方面影响，具有不确定性、不可预见性，因而具有一定风险。

对于投标人而言，在对招标人和招标项目做出肯定判断后，判断招标项目环境成为投标决策的主要问题，具体对招标项目的研究包括以下几方面：第一，项目施工条件的判断，即判断项目所在地的水文、地质、气候、交通、通讯、水电供应是否适合判断项目的环卫要求、安全要求。第二，项目干扰度的判断，即判断社会经济、政治、文化、风俗习惯可能给项目建设带来的干扰及干扰的可克服程度。第三，项目市场供应的判断，即判断项目所在地生产和生活资料的供应状况和供应水平，特别是项目所在地供应大宗材料的可能性及其能力。

15.1.3　竞争对手的研究

招标投标市场是卖方竞争市场，投标人将至少面对两个或两个以上竞争对手，且均具有承包投标项目的能力。因此，投标人在确定参与投标后，必须对竞争对手进行仔细研究，并在此基础上设计投标策略和战略决策等，具体可从以下3个方面对竞争对手进行判断：第一，竞争对手实力的判断，即判断竞争对手的资金实力，技术施工实力，管理实力和公关能力等。第二，投标参与度的判断，即判断竞争对手参与投标的决心和能力。第三，竞争对手策略的判断，即判断竞争对手的投标策略，特别是报价策略。

15.1.4　投标人自身的研究

对投标人自身研究的目的是为了扬长避短，回避不足，突出优势，使投标文件的编制建立在坚实的基础上，一旦中标，不会因自身条件限制造成施工障碍。因此在投标决策中，投标人应清醒地认识自己，并从多个方面研究自己，做出必要的判断，具体包括判断自身是否有承担投标项目的能力、判断即将承担项目的机会成本、判断承担项目的工程风险和财务风险、判断与竞争对手相比自身的优势与劣势、判断所承担的项目有无伙伴(如材料供应商、设备供应商、劳务供应商等)的可能及合作伙伴的支持力度、判断自身的融资渠道是否畅通等。投标人在对招标人、招标项目、招标项目环境、竞争对手及自身研究判断后,如果认为可参与投标,则上述投标可行,否则,可以做出取消或终止或放弃投标的决策。

投标决策贯穿于投标全过程,除了决定是否参加标的战略决策外,还有战术决策,即对投标某一方面或某一问题的决策,包括: ① 投标方式的决策,即是以联合体投标还是独自投标。② 经济效益决策,即确定最低目标利润值。③ 技术方案决策,即技术方案和设备的配备档次和选择。④ 施工组织方案的决策,即对材料、管理的配备与安排的确定。但无论是战略决策还是战术决策,两者都是在调查研究之后完成的。

15.1.5　对标书的研究

标书研究主要包括以下多个方面,即分清承包商的责任和报价范围,不发生任何遗漏;了解各项技术要求,以便制定先进合理的施工方案;及时调查了解工程所在地工、料、设备等的市场价格,以免因盲目估价而失误;弄清开、竣工日期及总工期的要求以及奖罚条件,以便制定合理的施工进度计划;弄清工程款支付条件,有无工程预付款要求;弄清工程款结算方式,拖延付款的责任和利息支付等,以便做好资金使用计划;弄清有无特殊材料、设备及施工方法要求,以便采取相应对策措施;弄清工程量清单中各个工程项目组成的内在含义,防止漏项发生;弄清总包与分包的规定,以便当自身施工能力不足时便于分包及协作;弄清施工期限内的涨价补偿规定,以便报价决策时充分考虑利益风险等因素;对含糊不清的问题,均应及时提请招标单位予以澄清。

15.2　决策风险

15.2.1　决策风险的含义

风险是指不能确定地知道,但能够预测到的状态,或者说风险是指未来状态会出现的各种可能性。不确定性分为外生不确定性(例如自然、政策,市场的不自定性等)和内生不确定性(例如决策者对决策信息的掌握、决策的经验、面临的经济机遇等)。外生不确定性产生的风险可保,而内生不确定性产生的风险则不可保。

决策风险指决策可能会出现的状态,具有内生的不确定性,这种风险不能通过工程一切险和第三责任险化解，因此它是一种不可保的保险。比如，在决策投标价格时是具有决策风险的，该决策可能出现盈利，可能出现亏本，还可能出现不亏不盈等3种状态。除第三种状态外，每种状态又可能会有多种状态。由于对这些状态出现的概率和程度难以确定，因而也就难以对其进行保险。

因此，投标决策是一种风险决策，而且是不可保的风险决策，具有内生的不确定性。但风险理论认为，企业家的利润正是来自内生不确定性的风险决策，即只有敢于承担投标项目、投标价格、工程质量、工期和施工管理等方面的决策风险的人，才能获得利润。实践表明，在对投标不确定性的处理中，信息对决策失败或减少失败的可能性至关重要。

15.2.2 投标中决策风险的分类

在招投标过程中，每一程序投标人都面临决策，每一决策行为都具有风险。本书中主要讨论投标人的经济标决策和技术标决策所带来的风险，即工程风险和财务风险。

1）工程风险

工程风险是指投标人的施工组织方案决策形成的工程建设效果的不确定性，或者说施工组织方案决策可能引起的各种可能性，即工程建设质量、工期、安全文明施工等可能出现的状态，如质量合格、优良、不合格、报废等状态，又如工期满足合同要求、提前、延迟等可能状态。

对于投标人而言，IT工程项目建设的理想状态是指质量优良、工期提前、用户满意、施工环境保护水平高；次之为一般状态，即质量合格、工期符合承包合同要求、无重大安全事故、环境保护一般；投标人不愿看到质量、工期、安全文明施工和环保中的任何一项与理想状态或一般状态产生偏差。理想状态能给投标人带来超额利润，好名声，提高企业的知名度。

2）财务风险

财务风险是指投标人的报价决策和财务管理决策所带来的投标项目及经济效果的不确定性，或者说它会出现的各种可能性。

财务风险，首先是中标与不中标的可能性，其次是中标后有无利益与利益多少的可能性，第三是施工过程中资金的安排与管理，成本控制措施等财务管理决策为效果带来的各种可能性，给经济效益带来的各种可能性等。

理想状态下的报价决策和财务管理决策不仅能使投标人中标，还能使投标人的利润最大化；一般状态下的报价决策和财务管理决策则带来一般效果，获得正常利润，施工过程能顺利开展；而亏本的决策会阻碍施工顺利进行，因此应尽量避免。

追求利润最大化是任何企业经营活动的最终目的，从事 IT 设计、勘查、监理、施工的企业也一样，因此财务风险是企业首先应该予以了解和克服的风险。审慎的报价、精细而严格的财务管理，对各种可能出现的状态及状态出现的概率进行分析和判断，并以此为基础进行决策是每个投标人必须具备的基本态度。

同施工组织方案的决策一样，报价决策和财务管理决策也具有内生的不确定性，是一种不可保的保险。报价决策和财务管理决策来源于投标人自身的资质、智力、决策能力和决策水平，以及投标人掌握信息的充分和可靠性程度。总的来说，这些取决于决策的科学性、合理性和切合项目实际及自身条件的程度。

15.2.3　投标决策的因素分析和风险分析方法

一般的投标决策包括 3 个步骤：首先分析本企业在现有资源条件下，在一定时间内可承揽的工程任务数量；其次选择和决定可投标工程，当只有一项工程可供投标时，决定是否投标，当有若干项工程可供投标时，在满足招标人质量和工期要求的前提下对工程成本进行估价，即结合工程实际对本企业的技术优势和实力做出合理的评价；再次通过搜集各方信息，从竞争谋略的角度确定采取高价、微利或保本投标报价策略。

1）影响决策的因素

一般来说，影响投标决策的因素主有以下几种：

（1）管理水平指投标企业能否抽出足够的和水平相应的管理工作人员参加该工程。管理人员的水平、经验和资质往往对项目实施的成败起决定作用。从另一角度来看，管理水平也指投标企业的工作负荷度。在许多正式的国际工程招标文件中，用户都要求 IT 承包商提交本年度或下年度的工作负荷，对于特大型项目，还要求提供两三个年度的工作负荷和人力负荷安排。

（2）人力资源条件指员工的技术水平和工人的工种、人数能否满足该工程的要求。

（3）机械设备条件指该工程需要的施工机械设备的品种、数量能否满足要求。

（4）对该项目有关情况的熟悉程度，包括项目本身，业主和监理情况，当地市场情况等。

（5）项目的工期要求及交工条件指公司有无可能达到，同时还包括以往对同类工程的经验。

（6）竞争对手的情况，包括竞争对手的多少、实力以及与业主的关系等。

2）风险分析方法

投标前应该对项目进行风险分析，可从经济、技术和管理等方面进行分析，一般可采用“单纯评分比较法”进行，具体分析方法如下。

首先，对上述分析因素进行分类、排队，并分别为各个因素确定权重；其次，将每个风险因素按出现的可能性大小确定等级，即分为风险很大、比较大、中等、不大、较小，并赋予各等级一个定量数值，即可以 1.0，0.8，0.6，0.4 和 0.2 打分；最后，将每项风险因素的权数与等级分相乘，计算出该项风险因素的得分。若干项风险因素得分之和即为此工程项目风险因素总分。总分越高说明该项工程风险越大，估价时风险费也应较高。

15.3 报价策略与方式

在报价计算阶段必须做好认真核实工程数量和防止计算失误的工作。对此，一方面，要认真研究招标文件，复核工程量，吃透设计技术要求，检查疏漏，改正错误；另一方面，通过实地勘查取得第一手资料，掌握一切与工程量有关的因素，包括搜集现场情况信息和报告，特别注意基础设施情况和用户方面需求成熟度情况。对有关费率的计取应结合施工实际发生的需要、投标者自身管理水平及市场各方面因素综合考虑，灵活取舍，以便做出具有竞争力的报价。

制定报价策略时，首先要弄清楚成本，可采用成本加成分析，即：

$$\text{投标总价} = \text{总成本价} \times (1 + \text{利润率}) \times (1 + \text{税率}) \qquad (15-1)$$

成本加成分析法报价是以预测成本为基础的，因此必须保证预测成本的准确性。

在上述计价模式中，投标总价可以表示为：

$$\text{投标总价} = \sum \text{综合单价} \times \text{工程量} \qquad (15-2)$$

$$\text{综合单价} = \text{成本单价} \times (1 + \text{利润率}) \times (1 + \text{税率}) \qquad (15-3)$$

(15－1)式和(15－3)式中的利润率是指企业的预期利润率，是可以变动的。在保持项目总利润率不变前提下，对不同的分部工程可采用不同的利润率，但税率则由政府部门统一规定，不能随便更改。此外，可适当考虑一定的风险系数组成投标单价，由此而得出综合单价。

(15－3)式中的成本单价则包括企业用于本项目的所有直接费、管理费、开办费等，可以用公式表达为：

$$\text{成本单价} = \text{直接成本} \times (1 + \text{开办费分摊率}) \times (1 + \text{管理费分摊率}) \qquad (15-4)$$

(15－4)式中的直接成本为人工工资、材料费和施工机械费总和。其中，工资是根据目前市场上各类工种人工工资确定；材料费则是根据目前市场上各种材料的市场价格乘以材料消耗量（可根据定额消耗量结合企业的施工经验所得）计算得到；施工机械费则是各分部工程的机械摊销费，可根据企业定额或参考市场租赁价格得到。开办费分摊率和管理费分摊率是企业根据所积累的施工经验，结合施工管理水平综合取得，由公式(15-4)所得出的成本单价是当前市场的最低成本，投标单价必须高于该成本单价，否则将会造成亏本，而该单价也是中标后成本控制的依据。

根据成本分析法进行报价，企业能够掌握工程成本，对工程利润一目了然。当业主对企业提出让利要求时，企业能够根据报价时的成本测算，在保证一定利润前提下，合理让利。

15.3.1 报价策略

常见的报价策略有以下几种。

1）高价盈利策略

高价盈利策略是指在报价过程中以较大利润为目的的投标策略。通常用于以下情形：

(1) 当提出新产品、新技术、新方案时可采用此策略。

(2) 如施工条件差时可采用此策略。

(3) 招标项目对专业要求高且属于技术密集型工程时，而本公司在此又有特长及良好声誉时可采用此策略。

(4) 若招标项目总价较低，且本公司并不是特别想干时，可采用高报价策略，即使不中标也无所谓。

(5) 当招标项目属于特殊工程，如高楼，需要特别设备时可采用此策略。

(6) 如果招标项目属于业主要求多、需求不明确、变数大且工期紧急的工程，可增收加急费。

(7) 如招标过程中竞争对手少可采用此策略。

(8) 若支付条件不理想可采用此策略。

2）微利保本策略

(1) 微利保本策略是指在报价过程中企业降低期望利润值甚至不考虑利润的一种报价策略。通常用于以下情形：如果招标项目工作较为简单，工作量大，一般公司都可以做时可采用此策略。

(2) 如果本公司在此地区干了很多年，但现在面临断档，有大量的设备处置费用时可采用此策略。

(3) 该招标项目本身前景看好，能为本公司创建业绩则可采用此策略。

(4) 该招标项目分期执行或该项目能以上乘质量赢得信誉，公司可因此续签其他项目时可采用此策略。

(5) 如招标过程中竞争对手多可采用此策略。

(6) 中标后企业有可能将工程的一部分以更低价格分包给某些专业承包商时可采用此策略。

(7) 如果企业长时间未中标，希望有一个项目维持日常费用，支付开支时可采用此策略。

3) 低价亏损策略

低价亏损策略是指在报价中不仅不考虑企业利润，相反以一种低于成本的价格进行报价的策略。该策略在报价中不考虑风险费用，如果风险不发生，则承包商报价成功；如果风险发生，则意味着承包商要承担极大的风险和损失。通常用于以下情形：

(1) 承包商为打入某一地区目标市场，暂时放弃利润，以求中标后逐步树立良好的声誉，实现持续发展战略时可采用此策略。

(2) 承包商对于分期建设的项目，先以低价中标获得一期工程，在后续工程实施中以良好表现扩大影响，创造后期工程竞争优势，并在以后工程实施中获得合理利润时可采用此策略。

(3) 当承包商经过认真调查研究和询价，认为以低价中标后，有可能将部分或大部分工程分包给其他报价更低的分包商时可采用此策略。

(4) 当承包商在较长时期内没有中标工程项目，急需获得工程维持日常开支时，即使该工程利润再低或无利润可言也必须争取中标时采用此策略。

值得注意的是，在使用低价亏损策略时应注意业主肯定是按最低价确定中标单位且这种报价方法属于正当的商业竞争行为。

15.3.2　报价方式

常见的投标报价方式有以下几种。

1) 不平衡报价法

不平衡报价是相对平衡报价(正常报价)而言的，指在总价基本确定以后，通过调整内部的子项目报价，通过既不提高总价影响中标，又能在结算时得到理想经济效益的一种报价方式。

一般情况下，项目工程款是按施工进度和完成工作量分期支付的。由于在施工过程中会不可避免地存在设计更改，因此可在确定合理的工程报价区间后，在不改变总价前提下，依据招标文件，针对不同分项工程特点，对分项工程的综合单价依据不同定价目标和策略进行调整，形成最终报价(商务标)。通常可对能够早日结账收款的项目、预计今后工程量会增加的项目和暂定项目中肯定要做的项目等提高单价。

以下几种情况可考虑采用不平衡报价法：

(1) 项目业主要求投标报价一次报定且不予调整时，则宜适度抬高标价。

(2) 能够早日完工的项目，如基础工程、布线等，则可以报较高的单价，以利于早收回工程款，加速资金周转。

(3) 后期工程项目，如机电设备安装、装饰工程、调试等，则可适当降低单价。

(4) 经工程量核算，估计今后工程量会增加的项目，其单价可适当提高；而工程量可能减少的项目，其单价可适当降低。

(5) 设计图纸不明确或有错误的，估计今后修改后工程量会增加的项目，则可提高单价。

(6) 没有工程量只填报单价的项目，其单价可适当提高，这样做既不影响投标总价，以后发生时承包人又可多获利。

(7) 经分析会做可能性较大的暂定项目或选择项目，价格可定得高些；反之，单价可定得低些。

(8) 零星用工(计日供)的报价应高于一般分项工程中的工资单价。

不平衡报价法的运用是建立在对业主招标书中具体条款仔细分析基础上做出的一种综合单价调整配置方法，使用时必须掌握好尺度，提高或降低单价范围一般应控制在10%左右，以免引起业主反感，甚至导致废标。

2) 突然降价(或加价)法

在投标过程中，为迷惑对方，承包商可有意泄露一些虚假情况，如宣扬自己不打算参加投标(或准备投高标)，表现出如无利可图不予投标等假象。但在投标截止前几小时，可突然前往投标，并压低投标价(或加价)，从而使对手措手不及。

3) 联合投标法

联合投标是指两三家主营业务类似或相近的公司采用联合方式进行投标。

当市场竞争非常激烈，估计单独夺标有困难或项目实施风险较大时，或者对该地区环境比较陌生，缺乏在此类地区或气候条件下施工的经验，或缺乏与该工程所在国家或地区的雇主和政府部门打交道的经验时，应主动采取联合投标方式，提高中标概率，减少工程风险。这种方法可以做到优势互补、规避劣势、利益共享、风险共担，相对提高竞争力和中标几率。

4) 多方案报价法

多方案报价法是指承包商在标书上可以报两个或多个价格，既按照原招标文件报一个价，然后再提出“如果技术说明书或招标文件某条款作某些改动时，则本报价人的报价可降低多少”，从而给出一个较低价，吸引业主。通常当招标文件中的工程说明书或合同条款不够明确、不很清楚，或很不公正，或技术规范要求过于苛刻时，承包商为了减少风险可采用多方案报价法。

5）增加方案报价法

增加方案报价法是指承包商在按指定方案要求报价后，还可根据本公司的工程经验，提出推荐方案，并列出总价和分项价，以吸引业主，使自己区别于其他投标商。推荐方案一定要比较成熟，应突出项目质量改善、工期和节省投资等方面的优势，但是不能描述太过具体，应保留关键技术，防止业主将此方案转交给其他承包商。

6）降价系数法

降价系数法是指承包商在计算标价时，可事先预留一定的降价空间，做出主动降价的姿态。具体做法是：先确定某一降价系数 x，然后将各分项单价按此系数降低 1 个百分比，或将原计算单价除以（$1-x\%$），最后根据投标最终决策，在投标致函中提出标价降低某一百分数。采用该方法报价时，必须事先考虑好降价的幅度，再根据情报分析判断，最后做出决定。

7）有条件降价法

正规的项目投标中不允许投标人自行修改招标文件，即使是改正招标文件中的错误。一些有经验的承包商除了按原招标文件填报标价之外，常在投标致函中对招标项目的某些部分提出合理化的建议并做出相应的降价。当然，这些建议不是要求雇主降低该局部的技术要求和标准，而应当是改进工艺流程或工艺方法，也可以是提高产品质量和降低生产成本等。如果属于改变材料和设备的建议，则应当说明绝不损害或降低原设计要求，但可起到降低建设费用的作用。

8）辅助性方法

承包商为了在 IT 市场上取得竞争优势，主要应该在先进的技术管理、较低的投标价格上下工夫，但一些辅助性方法对中标也会产生影响。

（1）增加技术交流。技术交流应作为开拓市场、扩大影响的重要手段。通过主动技术交流不但可以了解工程市场的情况、拟招标的项目、雇主对招标项目的总体设想和要求，而且可以宣传承包商、制造商技术水平，管理能力，商业信誉等，逐步扩大自己的影响和知名度，给潜在的雇主留下深刻的印象。成功的技术交流可以为以后的技术合作打下良好的基础，甚至可以影响雇主对未来招标项目技术规格的确定、中标人的选择。

（2）提供优惠条件。为了吸引用户，承包商有时会在投标报价中附带优惠条件，雇主评标时，除了主要考虑投标人的投标报价和综合实力、信誉等状况外，还会考虑其他条件，如工期、支付等。所以，在投标时承包商主动提出缩短工期、缓期支付、赠予雇主设备、免费转让技术专利、帮助培训操作人员等合同要求以外的优惠条件，往往可以起到吸引雇主、帮助投标人中标的辅助作用。

(3) 选择合适的代理人。当承包商对工程所在地的社会、法律、经济、商务等不太了解时，代理人的作用显得十分重要。代理人的作用主要有以下几个方面：

(a) 介绍招标项目及潜在招标项目的具体情况，进行相关的公关活动。

(b) 提供当地政治、经济、法律情况和有关市场商情资料，如当地各种生产要素的价格。

(c) 作为承包商开展业务的顾问，如处理当地事务咨询、辅助技术服务等。

(d) 帮助承包商在当地办理各种手续，如施工设备的进口、清关等。

(e) 调解承包商同雇主、当地相关部门之间的矛盾，争取友好解决问题。

因此，选择好当地代理人不仅有利于投标、中标，而且对中标以后工程的顺利实施也有重要的作用。

在选择当地代理人时，应挑选声誉良好、关系广泛、熟悉业务和具有合法地位的代理公司。重要的是，应订好“代理协议”，明确代理人为雇主的利益应尽的职责和义务、代理人佣金和支付方式、应负的法律责任等。

15.4　复合标底的投标报价

15.4.1　复合标底概述

1) 复合标底的概念

复合标底包括以下几种形式：

(1) 招标单位事先不作标底，由各投标单位在有效报价范围内的报价平均值作为标底。

(2) 招标单位将自己所作的标底乘上一定权数，并和各投标单位的有效报价加权平均作为标底。

(3) 招标单位将投标单位的报价取加权平均值后下降一定比例作为标底。

通过上述方法确定的标底都称为复合标底。一般情况下承包商的报价若高于标底，那么扣分比重大于报价低于标底的扣分比重，因此谁在低于标底的情况下报价越接近标底，谁的报价得分越高，就越容易中标。

2) 复合标底的特点

(1) 不可预知性。由于标底是由投标单位和招标单位共同确定，因此招标单位不知道标底是多少的。

(2) 竞争性。各投标单位都想中标，但报价高于标底的扣分比重一般大于报价低于标底的比重，因此高报价是很难中标的。

(3) 合理性。由于不切实际的低报价既有可能中不了标，又有可能中标后面临更大的困境，因此，各投标单位一般会采用保本微利的经营思路进行报价，从而使得复合标底的投标报价比较合理，真正做到合理低报价中标。

15.4.2 基于复合标底的投标报价过程

在进行投标报价决策时会面临很多复杂的问题，从复合标底的制定上可以看出，复合标底的确定不但与投标单位有关，还和竞争对手有关，把这些不确定性的指标综合成投标价，则投标价也具有不确定性和不精确性。

对于招标方而言，通过招标这种方式可使竞标者互相竞争，目的是要从中选择最符合自己预期利益的中标者；对于竞标者而言，对投标报价进行竞争性分析，决策时不仅要综合考虑自身利益、用户方偏好以及竞争对手策略，同时还要把这些因素反映到最终的报价决策中。以下将给出竞标者在投标报价过程中的竞争性分析和决策步骤。

1) 投标报价的初步计算

投标报价是指根据招标文件要求，对项目预算成本进行修正后得到的项目工程造价。因此，在制定投标报价时，一定要能对项目预算成本有比较准确的估计。竞标者可根据既定的工程施工方案和工程所在地的技术经济条件确定预算成本，并在初步分析后对之进行调整，得到工程项目的初步报价。

2) 初步报价的合理性分析

计算出初步报价后，可从以下 3 个方面再对其进行合理性分析和调整。首先，对报价进行静态分析，即：根据经验数据总结出的费用比例结构分析报价的合理性，并对之进行调整；其次，通过综合考虑自己的整体战略、经营状况、对投标预期利润的要求，以及各种风险(因为市场波动及施工方案可能出现的调整等因素造成的费用以及汇率等的变动风险和一些难以预测的其他风险)，对报价进行动态性分析和调整；最后，根据招标方的期望和竞标对手可能采取的投标报价策略，做出竞争性的报价调整策略。

投标报价可分为两部分：一部分为根据招标信息和调查资料计算的预算成本，用 X_1 表示；另一部分为根据项目特殊情况和投标人经验估计的风险性费用，用 X_2 表示。因此，初步投标报价为 $X_1 \pm X_2$。分别对 X_1 进行静态分析和对 X_2 进行动态分析，确定合适的项目预算成本和合理的投标报价，为最终报价决策提供依据。

3）投标报价竞争性决策

报价决策是指报价决策人员召集预算工程师和相关人员就初步投标报价计算结果进行静态和动态风险分析，同时结合招标人规定的评标办法，定量分析投标报价区间，做出有关调整报价的最后决定。其中最优报价问题是投标报价决策的中心环节。

报价决策的主要依据是预算工程师测定的预（概）算、项目期望成本、项目期望收益，以及根据投标经验模拟计算得到的用户方标底、评标标底及随机报价（竞标单位有效平均报价）。

15.4.3　基于复合标底的投标报价决策

1）基于复合标底的最优报价评估

在投标报价中，标底的竞争力与指标相关，指标选取的不同，报价结果自然也就不同。通过研究，把影响报价的评价指标分为两类：

（1）从工程造价角度出发，承包商的投标报价、业主标底、评标办法是影响投标报价的主要因素。承包商的投标报价一般由项目施工成本和利润两部分组成。施工成本是投标报价的基础，利润是每个承包商在投标报价中所追求的，是影响承包商报价的重要因素。因此，将投标报价分成项目施工成本和利润两个指标。

（2）从风险角度出发，风险因素也是影响投标报价的主要因素。在市场环境下，项目实施除了受到工程状况条件的影响，还会受到市场风险影响。因此，风险也将作为影响投标报价的一个重要指标。

基于复合标底的投标报价评价指标如图 15－1 所示。

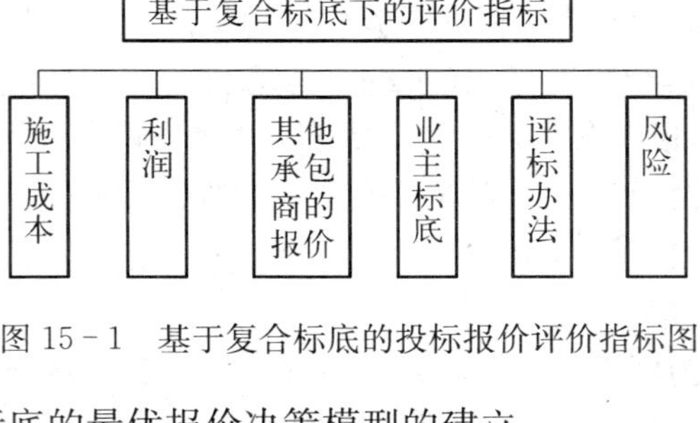

图 15－1　基于复合标底的投标报价评价指标图

2）基于复合标底的最优报价决策模型的建立

根据线性规划定义，目标函数和约束条件均是线性的，目标函数在约束条件的限制下达到最优。有标底招标的投标报价，正是在相关指标约束下，进行最优报价。基于上述评价指标上，构建由评价指标组成的投标报价线性规划决策模型。复合标底下投标报价决策模型的线性函数为：

$$Y = f(A_1,\ P,\ D,\ A,\ A_0,\ R)$$

Y：投标报价。

P：利润指按照国家有关部门的规定，施工企业在承担施工任务时应计取的利润。

D：其他投标者的投标报价指模拟其他投标人报出的投标报价。

R：风险因素指工程项目在设计、施工和竣工验收等各个阶段可能遭到的风险，即在工程项目目标规定的条件下，该目标不能实现的可能性。

A_1：工程项目施工成本指施工企业以项目施工成本作为成本核算对象的施工过程中，所耗费的生产资料转移价值和劳动者的必要劳动所创造的价值的货币形式。

A_2：承包商的投标报价指在承包商施工成本基础上考虑本次的利润及风险，即：

$$A_2 = A_1 \times (1 + P)$$

A：模拟计算的业主标底。在实际的投标工程中，业主标底是无法获知的，但为了反映业主标底，通常通过降低系数 β 模拟计算模拟计算的业主标底（A）。

$$A = A_2 \times \beta$$

A_0：评标标底。按照评标办法规定得出的评标标底。

$$A_0 = WaA + (1 - Wa) \times D$$

Wa：业主评标办法规定的业主所占复合标底的比重。

$1-Wa$：业主评标办法规定的承包商所占复合标底的比重。

在招标文件规定以后，按照有关标底招标办法的规定，可以建立如下关系：

$$\begin{aligned} Y = {} & (1-\gamma b)\{Wa \times A + (1 - Wa) \times D_1\} = \\ & (1-\gamma b)\{Wa \times A_1(1+P)(1+R) \times \beta + (1 - Wa) \times D\} \end{aligned}$$

γb：为评标标底的报价最高得分点。

所以，

$$Yi + 1 = (1-\gamma b) \times \{Wa \times A_1(1+P) \times (1+R) \times \beta + (1 - Wa) \times D_1\}$$

对于成熟的投标报价人来讲，投标报价总是向着最接近复合标底的最优分值靠近。因此，Y 与 D 的关系就是投标人一次又一次复合的关系，即：

$$Yi+1=f(Yi)$$

$$Yi+1=(1-\gamma b)\times\{Wa\times A_1(1+P)\times(1+R)\times\beta+(1-Wa)\times Yi\}$$

随着实行工程量清单投标报价模式，一般工程量统一，而单价则主要还是参考工程造价部门提供的市场指导价居多，由此可知各个投标方的施工成本都是相差无几的。因此，为了简化上述公式中的 A_1，可令：$A_1=1$，有：

$$Y_i+1=(1-\gamma b)\times\{Wa\times(1+P)(1+R)\times\beta+(1-Wa)\times Y_i\}$$

当 $i=0$ 时，

$$Y_1=(1-\gamma b)\times\{Wa(1+P)(1+R)\times\beta+(1-Wa)\times Y_1\}$$

当 $i=1$ 时，

$$Y_1=(1-\gamma b)\times\beta(1+P)(1+R)=(1-\gamma b)\times\{Wa(1+P)(1+R)\times\beta+(1-Wa)\times(1-\gamma b)\times(1+P)(1+R)\times\beta\}$$

为了简化运算，因此在这里令：

$$(1+P)\times(1+R)\times\beta=m$$

$$(1-\gamma b)=x$$

$$Wa=a$$

$$(1-\omega a)=b$$

由此得：

$$Y_2=x\{am+bmx\}=amx+bmx^2$$

$$Y_3=(1-\gamma b)\{Wa\times(1+P)\times(1+R)\times\beta+(1-Wa)Y_2\}=x\times(am+bY_2)$$

$$Y_4=(1-\gamma b)\{Wa\times(1+P)\times(1+R)\times\beta+(1-Wa)Y_3\}=x\times(am+bY_3)=x\times[am+b(amx+bmx^2)]=amx+abmx^2+b^2mx^3=x\times[am+b(amx+abmx^2+b^2mx^3)]=amx+abmx^2+ab^2mx^2+b^3mx^4$$

…

当 $i=3$ 时，

$$Y_n=(1-\gamma b)\{Wa\times(1+P)\times(1+R)\times\beta+(1-Wa)\times Y_n-1\}=amx+abmx^2+ab^2mx^3+ab^3mx^4+\cdots+mab^{n-2}x^{n-1}+mb^{n-1}x^n$$

当 $i = n + 1$ 时，

$$Y_n + 1 = (1 - \gamma b)\{Wa \times (1 + P) \times (1 + R) \times \beta + (1 - Wa)Y_n\} = amx + bxYn = amx + abmx^2 + ab^2mx^3 + ab^3mx^4 + \cdots + amb^{n-1}x^n + mb^nx^{n+1}$$

假设 $f(y) = Y_n + 1 - Y_n$

由于投标报价的竞争性，函数具有极限性，因此，当 n 足够大的时候 $f(y) \approx 0$，即，$Y_n + 1 - Y_n = 0$。

有：$amx + bxY_n - Y_n = 0$

得出：
$$Y_n = amx/(1 - bx)$$

原式 $= Wa \times (1 + P)(1 + R)\beta(1 - \gamma b)/[1 - (1 - Wa) \times (1 - \gamma b)]$

最终投标报价最优价与评标办法规定的 Wa、γb 有关，如果公布了评标办法，Wa、γb 均为已知数据，如果业主标底模拟计算比较准确，那么 β 也就可以认为是已知数据。计算报价时承包商重点考虑预期的利润 P 和风险因素 R 后代入上式计算即可。

目前国内工程投标报价中，风险费在投标时一般按工程成本的 3%～5% 考虑，也可对风险因素分析后通过模糊评价的方法予以确定。确定投标利润时，既要围绕争取最大未来收益这个目标而订立，又要考虑中标率和竞争对手的人数、工程难易、现场条件、工期长短等多种因素的影响。在国内市场上，根据招标项目大量开标资料分析表明，施工企业的利润一般占成本的 3%～10%。

15.4.4 案例分析

某 IT 公司 2008 年 4 月份参加某地区一 IT 项目工程投标，参照 2008 年 3 月份该地区另一 IT 项目开标采用的办法，采用复合标底评标。目前，共有 6 家单位参加该项目竞争。业主在招标文件中有以下规定：

(1) 复合标底 $C =$（业主标底 $A +$ 各家投标报价平均值 B）/2。

(2) 最佳报价 $D = bC$，其中 b 为 94%、93%、92%中的一个，且在开标现场随机抽出。

(3) 投标人的报价等于最佳报价为最高分 70 分；投标人的报价高于最佳报价 1 个百分点扣 2 分，低 1 个百分点扣 1 分。

由于该 IT 公司在该地区已参加过多个项目的投标，收集了业主标底与自己编制的基础报价的有关资料，如表 15 - 1 所示。

表 15 - 1

业主标底与自制基础报价

次　　数	1	2	3	4	5	6	7
业主的标底(X)	4 497	8 241	20 567	15 401	9 743	7 701	12 101
投标人编制的基础报价(Y)	4 546	8 411	20 347	15 923	9 831	7 809	12 360
X/Y	0.989	0.980	1.011	0.967	0.991	0.986	0.979

根据公式(15 - 5)、公式(15 - 6)、公式(15 - 7)计算业主标底与基础报价的偏差系数 Γ(其中 α 取 0.17)。

$$\Gamma' = \frac{1}{n}\sum_{i=1}^{n}\frac{X_i - Y_i}{Y_1} \tag{15 - 5}$$

$$\Gamma_1 = \frac{X_1 - Y_1}{Y_1} \tag{15 - 6}$$

$$\Gamma = \alpha\Gamma' + (1-\alpha)\Gamma_1 \tag{15 - 7}$$

其中：Γ' 为以往历次业主标底与投标人基础报价的相对平均偏差；Γ_1：最近一次业主标底与投标人基础报价的相对偏差；Γ：业主的标底和投标人编制的基础报价的偏差系数；X_i：业主以往第 i 次编制的标底；Y_i：投标人第 i 次编制的基础报价；X_1：业主最近一次编制的标底；Y_1：最佳报价；α：平滑系数，为一经验数据，α 取值大时，表明最近一次报价偏差的倾向性变动影响小；反之，表明近期数值的倾向性变动影响大。

$$\text{偏差系数}\ \Gamma = -0.015\,1$$

同时该公司收集的另外 5 家竞争单位近期参加投标的开标记录，如表 15 - 2 所示。

表 15 - 2

竞争对手投标报价与最佳报价比较表

	统计次数	1	2	3	4	5	6
单位 1	投标报价	8 698	14 860	17 506	6 956	7 414	23 054
	最佳报价	8 976	14 757	18 486	7 164	7 755	22 536
单位 2	投标报价	11 995	12 710	8 698	5 623	4 982	9 986
	最佳报价	12 693	12 813	8 885	5 791	5 457	10 468

（续表）

	统计次数	1	2	3	4	5	6
单位 3	投标报价	13 061	9 986	10 113	7 656	15 163	2 168
	最佳报价	14 321	9 714	10 184	8 790	16 608	2 034
单位 4	投标报价	6 885	5 803	19 823	3 316	7 414	11 135
	最佳报价	6 582	6 247	22 050	3 408	8 120	10 495
单位 5	投标报价	18 100	2 798	8 813	7 709	10 652	6 495
	最佳报价	20 000	2 918	8 556	7 492	11 667	6 227

由表 15－2 和公式(15－8)可计算出另外 5 家单位的投标报价与最佳报价的偏离程度。

$$\sigma = \frac{2}{m}\sqrt{\sum\nolimits_1^n\left[\frac{H_i}{D_i}-1\right]^2} \tag{15-8}$$

其中：σ 为投标单位的投标报价与最佳报价的偏离程度；H_i 为投标人第 i 次的投标报价；D_i 为投标人第 i 次报价中该标段中的最佳报价。

偏离程度分别为：

$$\sigma_1 = 0.014,\ \sigma_2 = 0.020,\ \sigma_3 = 0.032,\ \sigma_4 = 0.029,\ \sigma_5 = 0.025。$$

令：$\lambda = 1 - 93\% = 0.07$，根据以下公式，即：

$$\omega_1 = \frac{D}{Y} = \frac{\mu(1+1)(1-\lambda)(n+1)}{n+1-(1-\lambda)(1-\mu)\left[\sum_{i=1}^{n}(1-\sigma_i)+1\right]}$$

$$\omega_2 = \frac{D}{Y} = \frac{\mu(1+1)(1-\lambda)(n+1)}{n+1-(1-\lambda)(1-\mu)\left[\sum_{i=1}^{n}(1-\sigma_i)+1\right]}$$

$$C = \mu A + (1-\mu)B$$

其中：ω_1 为最佳报价在基础报价的最大降造幅度；ω_2 为最佳报价在基础报价的最小降造幅度；D 为最佳报价；Y 为投标人编制的基础报价；μ 为业主标底在复合标底中所占权数；n 为同标段其他投标单位的个数；λ 为最佳报价在复合标底基础上的降造率；C 为复合标底；A 为业主编制的标底；B 为投标单位各家报价的平均值；μ 为 A 在复合标底中所占权数，业主一般予以明确，多为 30%～50%。

计算出 ω_1、ω_2、复合标底 C 等值来，分别为：

$$\omega_1 = 0.841\,5;\ \omega_2 = 0.871\,1;\ C_1 = 0.904\,8Y;\ C_2 = 0.936\,6Y。$$

根据业主规定的评分细则来分析复合标底在 0.904 8Y～0.936 6Y 范围内，以及报价降造幅度在 0.841 5～0.871 1 范围内的最高得分期望值，如表 15－3 所示。

表 15－3

投标报价得分分析表

投标报价		0.841 5Y	0.845Y	0.85Y	0.855Y	0.86Y	0.865Y	0.87Y	0.871 1Y
C＝0.904 8Y	0.92	67.82	66.98	65.78	64.57	63.37	62.17	60.97	60.71
	0.93	69.99	69.16	67.97	66.78	65.59	64.41	63.22	62.96
	0.94	68.94	69.35	69.94	68.94	67.77	66.59	65.42	65.16
C=0.91Y	0.92	68.97	68.14	66.94	65.75	64.55	63.36	62.16	61.90
	0.93	69.43	69.85	69.13	67.94	66.76	65.58	64.40	64.14
	0.94	68.38	68.78	69.37	69.95	68.92	67.76	66.59	66.33
C＝0.92Y	0.92	69.42	69.83	69.15	67.97	66.79	65.60	64.42	64.16
	0.93	68.35	68.76	69.35	69.93	68.97	67.80	66.63	66.38
	0.94	67.31	67.71	68.29	68.87	69.44	69.95	68.80	68.54
C＝0.93Y	0.92	68.35	68.76	69.35	69.93	68.97	67.80	66.63	66.38
	0.93	67.29	67.70	68.28	68.86	69.43	69.98	68.82	68.57
	0.94	66.26	66.66	67.23	67.80	68.38	68.95	69.52	69.65
C＝0.936 6Y	0.92	67.66	68.07	68.65	69.23	69.81	69.23	68.07	67.81
	0.93	66.61	67.01	67.58	68.16	68.73	69.31	69.88	69.99
	0.94	65.58	65.98	66.55	67.11	67.68	68.25	68.82	68.94
得分期望值		68.08	68.24	68.29	68.18	67.74	67.17	66.35	66.16

由表 15－3 得知投标报价在编制的基础报价降到 15％时，得分期望值最大，为最优报价方案。最后，该 IT 公司依此报价在本合同投标中获得了报价最高分，为最终中标奠定了良好的基础。

15.5 基于决策树法的 IT 项目投标决策

15.5.1 概述

相对于所有投标备选项目而言，企业资源总是有限的，因此承包商们必须有计划、有目标地选择项目，在资源可承受前提下，尽量获得最大利润。

目前，IT 企业的投标还处于以“拍脑袋”和以定性分析为主的初级决策阶段。随着 IT 投标竞争的日益激烈，IT 项目的招投标决策方法变得越加重要。

决策树法是风险决策常用的方法之一，其优点是能够使决策问题形象直观，思路清晰，便于思考与集体讨论。特别在多级决策活动中，能起到层次分明、一目了然、计算简便的作用。基于决策树法的 IT 项目选择，可合理确定投标报价，使 IT 投标企业的投标活动更趋科学与合理。

15.5.2　基于决策树法的投标决策和报价策略分析

投标决策和报价策略是指承包商在投标竞争中以报价为中心构建的投标指导思想、系统的工作部署及参与投标竞争的方式与手段，目的是以模式化的问题解决思路，指导投标者在复杂、多目标、多层次博弈中，以最有利的条件中标。

在对 IT 项目进行投标决策时，需要考虑 3 个方面：第一，是否投某项 IT 项目的标；第二，应选哪个 IT 项目投标；第三，以何种报价投标。第一个问题用定性办法即可解决，后两个问题将采用决策树法予以解决。

1）基于决策树法的风险决策模型

为获得最优投标效果，投标方首先应围绕招标相关条款，采用定性方法设计投标报价策略；其次运用决策树法进行风险分析；最后做出投标决策。

基于决策树法建立风险决策模型的前提条件为：投标目的是尽可能地扩大近期利润；最低投标报价者中标；标价提高则中标概率降低；落标则利润为零。在此前提下，估算各行动方案在不同自然状态的预期损益值 E。

$$E = BP_i$$

其中：E 为预期损益值；B 为估算 IT 项目造价；P 为估算不同报价的利润比例；i 为拟定的行动方案数（$i = 1,2,3,\cdots$）。

通过逐步计算各“分枝”的预期损益值，确定出期望利润最大者，即为拟投标项目的报价策略。

2）基于决策树法的风险决策步骤

在采用决策树方法进行风险决策时，依照以下步骤实施：

第一步：明确目标。由于目标是决策的前提，因此目标的设定要具体、明确、全面，并且要把整体与局部、长期与近期、实际和可能的利益结合起来考虑。

第二步：拟定多个行动方案。根据确定的目标，拟定多个行动方案，这是科学决策的关键。

第三步：探讨并预测未来可能的自然状态。所谓自然状态，是指那些对实施行动方案有影响而决策者又无法控制和改变的因素所处状况，如政策、物价、市场状况、企业经营状况，竞争对手情况等。影响决策问题的客观因素可能很多，但通常只选择对行动结果有重大影响的因素，这些因素的集合状态作为该决策问题的自然状态。

第四步：估计各自然状态出现的概率。可以采用主观概率估算或根据历史统计资料直接估计。

第五步：估计各行动方案在不同自然状态下的损益值 E。

第六步：决策分析，即选择出满意的行动方案。

15.5.3 基于决策树法的投标决策注意事项

在用决策树法进行投标决策时，预测未来可能的自然状态（或自然状态集合）及自然状态（或自然状态集合）出现的概率是非常重要与关键的。因此，在采用决策树方法进行投标报价时应注意以下几点。

1）慎重考虑中标概率

投标报价是一种以期望利润值为依据的风险决策，期望利润值又是由投标报价的中标概率与可获得直接利润相乘计算出来的，即：

$$期望利润 = 投标报价的中标概率 \times 直接利润$$

当期望利润为一固定值时，直接利润大，则中标概率小；直接利润小，则中标概率增大。若招标文件的评标办法为“最低价（或经评审的合理低价）中标”，则应根据企业当期的经营状况确定中标概率和直接利润。企业经营状况不同，投标目标也不同，有的是保本确保中标，有的把中标看作是获取利润的前提，有的是欲取得利润必须努力中标等。因此，企业应综合考虑企业经营状况后确定满足本企业投标方针的中标概率。

2）注意把握自然状态

影响自然状态的因素有很多，如产品、方案和竞争的不同、合同条件的差异、市场行情与物价指数的波动、承包商当期的经营状况、竞争对手情况、业主和项目情况等。因此，在具体投标时，应注意综合与分类，在自然状态集合形成基础上确定相应的中标概率和利润期望值。

3）注意把握 IT 项目规模、投标者数量和中标概率的关系

对 IT 项目规模、投标者数量与中标概率的正确把握，将有效地帮助投标决策者预见竞争形势，从而对投标机会和报价方案进行正确设定。一般情况下，IT 项目规模大，可望的利润丰厚，吸引的竞争者数量相对较多，综合实力也强，在确定中标概率时就应低估中标概率；反之，则可以高估中标概率。

4）注意收集和积累资料，形成本企业招投标数据库或模板库

通常情况下，投标周期均较短，若要在有限时间内收集大量资料、掌握足够信息、编制技术文件、计算 IT 项目造价、设计投标方案、测算利润水平和中标概率等是不可行的。对此，企业应注意平时资料的积累，建立企业自身投标数据库，形成不同类型 IT 项目的投标模板（不要依赖购买的软件），同时定期组织相关技术经济人员分析投标备选项目、预测自然状态及状态出现的概率等，及时充实、更新模板库和数据库，从而尽可能保证投标优化工作的准确性和可行性。

复习思考题

1. 投标决策需要考虑哪些方面的信息？
2. 决策风险有哪几种？
3. 标价策略有哪几种？

第 16 章

投 标 管 理

本章学习要求

- 掌握如何制作投标书
- 了解撰写成功标书摘要的具体要求
- 掌握标书的编辑要求
- 了解投标评审程序和具体参数

16.1 如何制作投标书

前面分析了投标决策及方案撰写过程中需要注意的一些问题。如果用户认可某一方案，但金额较小、服务商已经按流程选定或者流程允许，可直接签约或者直接执行。然而大多数情况下，对类似电子政务等监督比较完善的项目，在选定服务商阶段，需要公开招标或者邀标，对此，需要制作标书投标。

16.1.1 标书和方案

1) 标书与方案的区别

标书属于一种特殊的正式的方案，从要求来讲，不仅应该符合方案的一般要求，同时还要注意以下问题。

2) 方案与标书的目的不同

(1) 标书：赢得认可，中标。

(2) 方案：可完成客户的需求。

3) 标书与方案的对象不同

(1) 标书：评标人是专家，他们对项目背景情况不是很了解。目前的 IT 评标过程一般为 5 个左右的专家花半天到 1 天的时间对投标文件进行专家评判，有的评标允许甲方参加评分，有的不允许甲方参加评分，有的甚至不允许甲方参加，即使参加也不能发表倾向性意见。在这种情况下，没有很充分的沟通环境，一切之前的技术准备都浓缩在投标文件中了，且对象是具备评标经验但对情况未必了解的专家。

(2) 方案：对象是客户，对项目背景非常了解。

4) 标书与方案的条件不同

(1) 标书：只有一次机会。标书是用户需求基本明确后选择服务商的最后机会，因此，用户的着眼点不仅在于方案的优异，更在意谁中标，因此一般不会给修正的机会。

(2) 方案：一般可多次修正。方案的交互过程其实是一个用户明确需求的过程，需求还有待进一步斟酌，一般用户会要求再次调整方案。

5) 标书与方案的评定标准不同

(1) 标书：靠评标人的专家经验，以及观、读、感，综合判定。由于标书的评审是专业的评审专家或者各方人士，因此评审标准更多的是公正和没有异议，标书的正式、专业、清晰、符合要求是非常重要的。另外，标书的评分会严格按照预先设定的评分标准进行，专家的权利有限。

(2) 方案：客户根据实际情况加以分析判定。方案主要是甲方根据需求进行判断，这个时候的标准就比较模糊，有时候一个非常粗糙的方案，如果有过人的亮点，也会吸引用户进行重新考虑。

6) 投标书的基本要求

(1) 帮助与标书读者沟通。从这个角度上来讲，标书是一篇针对用户需求的论文，逻辑结构和语言一定要清晰、可读。考虑到评标专家一般都具有较好的学术经验，其中很多还是教授、博导，投标的语言要针对读者的阅读习惯为好。

(2) 表现你整理过后的思路和想法。如果对整个方案的思路不清晰，是不能写好一份标书的。在投标之前一定要理清楚整体思路及各部分的关系，必要的头脑风暴和预评审也是需要的，以便更加清晰地表示。对于没有结论或者困惑争议的地方，不要指望能够糊弄过去，如实地分析甚至放在重要的地方，重点把可能的困难和解决方案以及选择的过程描述出来，往往会增加胜算。

(3) 对招标书做出反应。要非常注意投标需求书的细节要求，一般甲方不会随便写出某种要求的，出现这种情况一般是甲方非常需要或者有竞争对手说服甲方提出这种需求。对于特别的、违反常规的要求尤其要注意，在标书中一定要有回应。回应的时候不要直接反驳，应该用比较委婉的态度和明确的结论给出建议和意见。

(4) 对客户需求做出反应。有很多客户的需求并没有体现在标书文件中，这个时候如果说明非常详细和具有针对性，对于评标专家是非常具有说服力的。

16.1.2 商务投标书的主要内容

投标书分为商务部分和技术部分，有些投标要求分为商务投标书和技术投标书。

1) 商务投标书的组成

(1) 投标的主体内容(按邀标书格式)。需要提醒的是，评标专家在现场进行评标，需要阅读大量的文字，这个时候一定要严格按照邀标书的格式进行，必要的时候要专门以不同纸张或者标签的形式进行部分区分，以便于专家在不同服务商之间进行对比。

(2) 投标报价及产品清单。如果邀标书给定了投标报价单，按照标准报价单进行填写；如果没有，则需要仔细进行设计。一个好的报价单有助于专家进行对比和筛选，也有利于服务商进行价格谈判。比如，比较细致合理的报价就不容易在价格谈判的时候被大幅度降价。另外，如果报价单比较复杂和篇幅长，需要对各部分报价进行小结，需要有一个明晰的各部分报价总计。报价单要注意核算，不要计算错误和重复、缺项，尤其是用 Excel 进行自动计算的时候，一定要用另外的办法验算。

(3) 资质证明。仔细阅读邀标书要求的资质证明，另外，可能的竞争对手所提供的用户报告、资质、案例等要仔细对待；尽可能提供高于邀标文件的资质；对于联合投标，需要提供双方或者多方的资质；对于要求具有“本地服务队伍”要求的，需要提供证据文件；对于设计的产品，要提供必要的证书和文件；对于使用关联公司(例如集团公司)的资质，要特别注意法律一致性的要求。

(4) 项目团队介绍。项目团队的介绍要实事求是，不一定非要公司高管介入项目过程；对于团队中人员资历的介绍，要注意角色分工、年龄搭配和资质要求；要突出团队成员类似项目的成功经验。

(5) 公司简介。公司简介要针对性地进行缩写或者改写，将与项目密切相关的内容突出出来。

(6) 公司售后服务体系及培训体系简介。一般这一条比较容易和技术表述中的相应部分混淆，要非常注意放在哪个部分，如果商务部分和技术部分都需要，那么要注意侧重点各是什么，往往评分标准中一般都有这一条。因此，应该仔细描述自己公司的项目管理、售后服务和培训体系，要符合用户的标书要求，还要符合主流的国际、国内标准。

(7) 设备简介。设备简介要将设备的案例、使用情况、证书等进行提交。

(8) 行业典型(成功)应用案例。成功案例中要特别注意将类似的项目经验放在比较前面的位置。

(9) 一切对本次投标有利的资料。有些单位会提交获奖证书、专利、知识产权证书、横向和纵向课题承担证明等与项目关联的证明信息。

2) 技术投标书的组成

(1) 标书摘要说明。摘要说明不仅仅是各个部分的概括,更应该是投标方体现自己思想的首页阐述,应该花很大的精力去重视,也是争取专家非常重要的地方。

(2) 背景介绍。项目背景要从行业、用户基本情况等方面论述和解释项目的必要性及考虑,这是体现标书针对性非常重要的地方。

(3) 主要设计标书。项目的设计是标书的主要部分,考虑到专家未必对所牵涉的标书的技术非常清楚,这一部分的逻辑关系非常重要,应该从技术方向、产品方向、产品选型、性能价格比较等多方面进行逻辑论述,站在中立的立场上为甲方选择适合的解决方案的"示意"非常重要。

(4) 项目实施计划。项目实施计划要可行、符合要求。这也是经常的打分点,实施计划尽量使用专业工具(比如 project),项目管理的体系架构要非常清晰,比如 ISO9000、CMM 等,标书要求的资质要和项目实施的技术体系相吻合,比如资质特别要求 CMM,项目管理的计划就应该根据 CMM 来进行计划。

(5) 风险控制和质量控制计划。风险控制措施要实在,质量体系要清晰和符合邀标书要求。

(6) 售后服务计划。售后服务计划往往是评分点,应该尽可满足邀标要求;对于重要的服务承诺和期限,应该以黑体或者表格的形式突出出来。

(7) 产品介绍。产品介绍应该放在不突出的地方,比如附录;产品的重要性能可以提前或者突出;必要的时候,可以将厂家的产品说明彩页裁减放进标书装订。

16.1.3 如何设计一个漂亮的标书

1) 整体上的一般要求

(1) 标书各个部分自成体系又相互依托。

(2) 技术可行,叙述简洁明了。

(3) 产品清单正确。

(4) 目录结构清晰。

(5) 整篇文字叙述条理分明,风格统一。

(6) 既迎合读者心理习惯又有创新性。

例如,如果一个综合的解决方案标书需要很多部分,可以再画一张各个部分的逻辑关系图并进行简要论述,便于专家评审。图 16-1 就是一个具有 6 部分的标书的逻辑结构图。

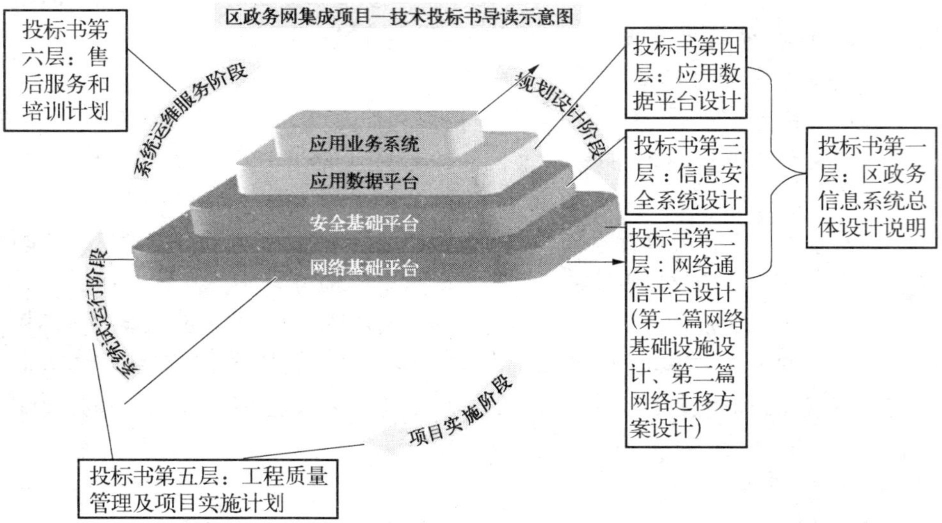

图 16-1 标书逻辑结构图

2）摘要说明

摘要说明是一个标书的整体说明。它不仅仅要反映各个部分的简要内容，更要反映投标方的整体思路和思想，有时候叫做总经理摘要或者特别阐述。它包含以下内容：标书目标、战略建议、注意事项、标书优点以及其他需要吸引读者眼球的东西。

3）目录结构

目录不仅仅要自动生成，更重要的是要反映整体的逻辑结构，评标专家也往往通过目录来得到标书的第一印象。一个好的目录应该反映缜密的思维和清晰的内容，专家还可从中得到重要的特色和投标方的主要知识技能等基本信息。因此，投标方如果整合多个厂家的方案，在目录上就要重新进行融合和调整。

4）标书编写禁忌

（1）标书中出现其他项目或其他客户名称。很多标书采用其他案例的资料，忘记了改正用户，这在评标现场非常容易被排斥和认为不认真，因此需要专人进行检查。

（2）拓扑设计错误。拓扑图和逻辑图是专家评审重点关注的地方，千万不要出现结构性错误，更不要出现名称上的错误(例如很多投标方将逻辑图写成拓扑图)。图的标志要清晰，最好制图人、审定人要明确标记。

（3）标书叙述前后矛盾。很多标书由不同的人完成，出现前后叙述不一致一定要改正。最好安排有关人员在投标之前阅读统稿，安排专门的评审会议。

(4) 目录结构混乱。无逻辑，各自为政。

(5) 套话、废话太多，语言啰唆、言之无物。这种情况很容易出现在摘抄网络上的信息的时候，应予以注意。

(6) 遣词造句，用语不当。错别字是小事，但很容易引起专家反感，尤其在摘要、重要场所和多次出现的时候。

16.1.4 投标书制作的几个阶段

1) 准备阶段

(1) 仔细阅读邀标书(招标文件)。

(2) 按照招标文件制作标书，内容可以增加，不能减少。

(3) 制定标书编写日程安排表，严格遵守，注意预留标书审查修改时间。

绝大多数公司容易犯的一个错误就是不遵守项目的日程，总是加班到最后一个晚上，这样反而容易出错误。另外，更多的单位还在最后一天晚上由销售员收集用户或者竞争者的信息，继而仓促调整犯下致命错误；这样的错误还容易出现投标迟到现象。最好的方式是预定好时间和标书调整策略，严格按照策略执行。这个时候，召开项目启动会达成共识，非常重要。

2) 标书制作阶段

(1) 在投标书中，最重要的是价格、服务和一切可以吸引用户眼球的内容(即使邀标书上没有要求的内容)。

(2) 投标书中最大的忌讳是出现诸如错字、错页、漏印、价格不统一、价格大写错误、太过时的内容及出现与项目不相干的内容(如A项目的投标书的页眉还是B项目的名称)。

3) 收尾阶段

(1) 印刷标书。包括关键图表的印刷，报价单的打印。

(2) 如何装订标书。包括封面的设计，使用标签页，整体的观感。

(3) 标书封装(或遵照邀标书要求)。包括采用投标专用袋。投标专用袋上标明投标编号、包号、投标设备名称及投标单位名称。投标专用袋封口处注明："××××年×月×日 yy：zz分前不得启封"字样或使用带有上述字样的小纸条封住袋口，加盖公章。

(4) 投标书的正本或副本。包括按照邀标书要求准备相应的正本及副本的数量(正本1份副本多份)。投标书的封面必须标明正本或副本。正本必须采用原章(非复印件)。正本每页必须有投标授权人的签字(全名或姓氏)。副本的封面必须是公司(平台)原章。

16.1.5　标书中图形的使用

有些类型的信息用图形方式表达比用文字方式表达更直接、更有力，在IT项目中更加注意图形的使用，以至于把图形统称为IT语言。

图形信息基本上用来表达相互之间的关系。例如，一系列相关的行为组成了网络图中的一条路径，两个相关的变量组成了一个图形。网络图能表示项目活动之间的逻辑关系；团队投入的柱状图能说明资源（人员）使用和工作日历（时间）之间的关系。这些关系也可以用文字表达，但往往需要很长的篇幅，并且效果一般。

即使信息是可以直接用文字表述的，图形仍具有文字所不能带来的效果和直观性。它们比文字更为经济，能够直接而彻底地精简和压缩信息；同时作为设计的要素，它们也是有价值的，能够给页面带来趣味和变化，能够使段落排列和页面不显得过于单调。标书的每一部分都有可以用图形来表示的内容。无论是描述关键标准、因果模式，还是项目和活动之间的关系，都可以使用图形，它们能够清晰且直观地表达这些内容。

1）标书的封面

业主在查看投标人的标书时第一眼见到的便是标书的封面，这是展示投标人身份和服务质量的第一次机会。业主同样要从封面了解递交文件公司和集团的身份等关键内容。这些内容应当通过徽标或者其他效果明显的版式突出地显示在封面上。

像标书中的其他部分一样，对于封面信息的要求业主已经在投标须知进行了说明。除了投标人的名字外，标书封面还包括招标公告和投标邀请函中所使用的项目名称，指明合同和投递日期的有关资料。

在制作封面时，避免使用与业主类似的徽标或者显而易见的说明；应当使自己的封面与众不同且令人过目难忘；要明了业主希望在标书中看到哪些特征。封面上所使用的任何画面都应当是富有吸引力的，并且是高质量的；至于如何合理运用精选的版式和色彩来设计一个简洁的封面，需要说明的内容有很多。

切记标书也很有可能放在业主的桌面下。请将投标人的名称或徽标或者两者一起同样都标注在标书封底上。如果标书装订得非常好，还可以在书脊上注明自己的身份和投标项目名称。

2）标书中可采用的图形类别

标书中可采用的图形包括以下几类：

（1）用来说明工作程序的结构和逻辑的流程图或者网络图。

（2）表示行动和专业投入的甘特图和柱状图。

(3) 表示项目任务之间层次关系的工作树。

(4) 用来说明技能和经验的矩阵。

(5) 用来说明作业的系统、工艺、数学模拟程序、检测程序、设计要素以及其他技术特征的平面图和图形。

(6) 用来标示地址、研究区域等的地图、平面图和布局图。

(7) 截面图、正面图和剖面图等。

(8) 描述团队结构、管理层次、机构和其他单位的组织结构图。

另外,还有一些与特定的与工作项目相关的图没有列举出来。投标人可以通过商业软件、电子制图程序、项目管理软件包、计算机辅助设计软件和图形设计程序引入图形。

3) 图形编制指南

不管这些标书图形是计算机生成的、专业制图人绘制的,还是徒手画出的,都有一些通用的指导方针可以遵循。

(1) 一般要求。包括:① 给每一个图形编一个供查阅的序号和一个概括其要点的简明标题。标题要简洁有力;利用这个机会将图形所提供的信息和文字内容联系起来。② 标题应紧扣图形内容。请不要使用那些为业主指明方位的多重标题。

(2) 内容。包括:① 确保图形所示和文字的内容相一致,但是不要赘述。② 不要在图形上加载过多的信息。请考虑它们的可读性和效果。不要将那些与图形要求相冲突的不同范畴信息加载在同一个图形上面。③ 避免图形的内容不够充实。图形的页面尺寸应当与它的信息量相一致。

(3) 说明。包括图例说明、比例尺、曲线图、其他等。

(4) 位置。包括:① 请尽量把图形设置在靠近相应文本部分的地方。尽量不要让连续几页的图形破坏了文本的流畅性。② 如果有些图形像网络图一样需要参照整个标书的内容,请将它们作为插页放在标书的最后部分。

(5) 易读性。包括:① 尽可能避免让读者横着翻阅文档。如果在保持图形清晰的同时能够缩小图形的尺寸,请让它们保持竖直。② 如果业主希望影印投标人的图形或者通过传真将它们发送给其他部门,请牢记保持图形清晰。③ 需要牢记的另一个设计要点是,假如业主要求做演示,图形应当适合演示。

(6) 使用图片。如果图片与项目技术相关,并且拍摄质量和视觉效果都不错,这些图片就适合放在标书中。不要忘记将图片进行适当的编辑处理。仔细挑选图片的部位;利用图片编辑软件改变图片的默认属性;应用特殊的效果从根本上改变图片的每种特征,这样就可以使一张枯燥的图片的局部内容变成一幅很有意思的插图。如果投标人在挑选一张演示图片或者35毫米的幻灯片图片,那么请至少将图片放大5倍(最好10倍)来查看其可读性,判断图片在这样的放大程度下是否失真。如果失真了,那么这些图片不适合被放大使用。

(7) 应用色彩。用一个单独的方格或者方框将信息分离出来,或者用另外一种色彩再加上淡色的阴影,这些表现手法都可能是标注标书重点材料的有效表达方式。这种方式在新闻作品和杂志中很常见,但是在投标文件中却很少见。用另外一种颜色的横线强调标题,突出专栏,能够给人一种焦点和权威的感觉。

16.2 标书摘要

摘要的目的是为了使用户决策者一眼就能看出投标人的投标能给他们带来的利益。摘要其实应该是标书中最先出现的部分,且应该出现在主要技术章节之前。它有自己的逻辑流程和结构,应该是一个对标书的有力说明。概括来说,成功的标书摘要应该符合以下要求。

16.2.1 简练

摘要必须简练,因为用户决策者即最终批准或认可究竟采用哪份标书的人的时间有限。如果想吸引决策者的注意力,投标人的陈述就要简短,以使决策人能快速读完。有些决策人甚至可能只看摘要,因此这部分内容就显得尤为重要。摘要需简明扼要、提纲挈领。对任何摘要而言,不管标书内容有多详细或有多复杂,一般不超过4页纸,2页比较合适。

16.2.2 突出优势

编制一份优势摘要而不是"投标摘要",这是很多公司采取的有效方法。除了能把用户的注意力吸引到将实现的目标上去外,优势摘要还说明投标人能站在用户的角度来看待此项目,并且和用户的考虑是一致的。例如,投标人通过调查发现,用户特别关心如果项目需求发生变化而导致工作方法也要相应改变,由此而对原定的工作时间表和预算造成影响。如果此时投标人能够提供一套监控程序把超预算和工期延误控制在最小范围内,那他就应该强调这种优势。要考虑评标过程中的一些信息,如果投标人已经获悉在标书评分中,投标人的队伍质量的得分占很大的一个比例,那就要在摘要中突出强调他们队伍的能力和经验。

16.2.3 要点突出、逻辑清晰

摘要可以简短地强调投标人的提议与用户要求的相符性,陈述投标背后的论证过程,反映从对用户要求的理解到工作队伍的组成结构和工作计划的提交

等之间的逻辑进程。

在编写摘要前，首先要把标书中每一节的必要之处列出来，这样投标人就有了一套和标书结构相对应的要点；接着决定哪些要点是要保留的，哪些是要剔除的。仅保留那些有力的支撑点，摘要中不必对任何问题进行详述或讨论。保留那些提议的主体部分。这些要点之所以能保留下来，是因为它们每一个都能增加摘要的价值。每一个要点陈述都应该和关键信息保持一致，它们共同构造了一个有明确目的和方向的轮廓形象。

给摘要一个有力的表达风格。以一种简明易读的方法把它列出来。那些最有效的摘要通常都是一系列的核心点，其陈述风格活泼有力。在摘要中使用一些标题和图表也不失为有效之举，可以考虑在其中使用一个表格，例如，把专家技术、当地经验、交付成果以及其他关键特征都结合在此表中进行描述。

摘要提供了一种框架，如果对投标人的陈述也是投标程序要求的一部分，那么就可以在此摘要框架的基础上构建标书，可以利用摘要中的要点作为陈述的标题。

16.2.4　表达准确

(1) 表达同一种意思的方法通常不止一种。设想投标人还可以表达得更直接些。撇开单词，把注意力集中到想要表达的句子上来，句子表达得越清晰越简单，对标书的价值就越大。

(2) 投标文件里的语法、拼写和句子都要准确无误，这样才能体现投标人的专业水平。

(3) 变换句式结构，不要采用单一的陈述方式。

(4) 不要让标书看起来犹豫不决、含糊不清。用户不喜欢那种不能给人以安全感的投标人。

(5) 要点陈述要有力、清晰。不要采用"应该是……"，而应该采用有力的短语来表达强调的语气。

(6) 如果用户认为标书中有些评论和措辞不得体，那么他就不大可能会接受它。

(7) 确保标书中表格里所出现的内容和标书中所陈述的内容相一致，每个图表都有一处文字参考。另外，不要采用过多的图表。

16.3　标书的编辑

标书常常是不同来源的资料的组合，但要避免给人留下由一些风格完全不同的片段笨拙地拼凑而成的印象。与此相反，投标人所要构造的标书应当完整、和谐如一。

在起草稿件前，投标人就应告诉撰稿人应采用的风格。如果有必要，他们提供一个标书模板或样例，这样可以减少很多重写或改写的工作。

16.3.1 标书的表述

编辑标书的人员必须确定自己已经完全理解了所要写的内容，当正文内容涉及一个非常专业化的领域时尤其如此。如标书要讨论的中心思想是什么？自己是否完全理解了它？能用简单的术语来帮助业主理解标书的中心思想吗？如果撰稿人没有理解标书所要阐述的中心思想，那就回去请教专家对此做出详尽的解释。撰稿人要善于沟通，确保编写的方式能被各方认可。

标书的编辑并不仅仅是翻译，它将一些专业问题用通俗的语言表达出来以便非专业人士也能理解它。编辑一定要尊重原意，注意不要使标书丧失技术原有的精确度，歪曲其本意或把自己的想法强加进去。

在编辑标书时必须做到：准确、一致、简明、连贯和协调。

标书正文起草完后，应先仔细地通读一遍，并把冗长部分、重复的地方、矛盾之处、毫无前提的推断、草率的假设，以及明显的疏漏都找出来。一类容易发现的错误就是，在一个列表中条款项的编号的错误。可能在文章中某一处写道“有5项关键因素”，但当在打印文稿上时，加起来却共有6条。这种草率的、肤浅的陈述实在不是一个好的宣传手法。

当标书编辑工作结束时，邀请最初起草此标书的专家看一遍。此时专家提出的关于为什么有些地方重复而有些地方却忽略的问题，常常会帮助投标人对标书的重要方面做出澄清。

16.3.2 标书的排版

如果投标人能让人很容易就明白其标书的重要方面，并很容易在标书中找到它的位置，那么这就表明投标人已经了解了业主的实际需要，并且他们提出的是一种有用的、系统的方法。这标志着他们将是最佳的合作伙伴。如果投标人让业主只有借助于段落和线条才能查询到他们需要的信息，甚至是遗漏了标书页数，那么他们可能会被看做忽视了客户的需求。

标书正文的基本单元就是段落。从理想的角度说，应该给每一段落都贴上一个唯一的参考编号，这样就能够提供一种直接获取详细信息的方法。段落编号的方法有两方面的优势：第一，它把标书内容由于缺乏足够的参考信息而不被认可的可能性降到最低；第二，它展示了标书的结构及标书的编制过程。

对大多数的标书来说，章节和段落能有一个简单的二级编号系统就足够了。对于那些主题较多的章节来说，也可以采用三级编号，分别表明章节和段落。如果对章节编了号，那么相应地对其段落进行编号也是可取的。应避免使层次的编号超过三级，如“3.4.1.1段”这种表达就因为太细了而不可取。此时，就要重新构建标书，使它处于一种易于管理的结构下，或是从此参考系统中删除一些带来问题的项目（小节编号）。在正式打印标书之前，要检查一下其他条款的段落编号。

16.4 投标评审

16.4.1 使用邀标方反馈信息

不管结果如何，如果不努力了解成功或者失败的原因，那么IT投标的过程就是不完整的。如果在公共采购项目中投标失败了，投标人有权要求发布机构解释自己标书落选的原因及其所选中标书的优势，但是如果该机构认定这样做有损有关方面的利益或者不利于公平竞争，也可拒绝提供这些信息。

有些时候邀标方会乐于主动告知投标人失败的原因。倘若邀标方不这样做，则需要投标人主动获取反馈信息并鼓励邀标方公开其评价结果。投标人不必对此感到羞愧，邀标方也不应当对此表示反对：如果投标人的标书在某些方面存在技术缺陷或者没有达到标准，了解这些原因对他来说是非常重要的，它能够使投标人在今后的工作中不再犯类似的错误。大部分邀标方会认为这种做法是敬业精神的体现，并且会意识到由此而产生的更富竞争力的投标对自己来说是非常有利的。

如果没有这些信息，投标人就很难正确分析影响自己在特定市场领域的优劣势因素。如果投标失败了，也许这种分析会招来批评，但其好的意图是不应当被指责的。请把它看成是吸取经验、提高自身标书质量和竞争力的一种有益的尝试。

16.4.2 经验教训的总结

投标人应善于从成功或者失败的标书中学习，并且利用所得经验增强自己的投标技能。导致成功的关键因素可能是对于问题复杂性的充分认识或者是勇于处理困难问题的决心；投标人所用的独创性方法、工作计划的结构、项目管理的设想、价格的竞争力水平或者是对于工作质量的重视，均可以让邀标方相信投标人能够提供最好的结果。所有这些都可以是获胜的因素，投标人需要在以后的投标中继续发扬。

如果投标人的标书结构不清晰、团队经验不足或者成本太高，则需要及时纠正这些问题，并且将其落实到标书的制作过程中。如果未能按要求采用适当的技术规模或者在陈述时留下了不好的印象，投标人一定不希望再犯同样的错误。投标人往往从分析失败的标书的过程中获益最多。倘若投标人不能从以前的标书的制作过程中学到经验，那么这次投标就真的会失败。

16.4.3　评审程序

投标人要不断完善自身标书的质量和编制程序，使标书制作中的每一个人都意识到质量和竞争力的关系，并且承担其在标书制作方面的责任。

用以增强自身竞争力的最有益事情是进行一次系统的评审练习。这种评审当然需要考虑到与其他工作之间的优先次序，但是如果采用本章所建议的方法，评审将是件非常容易的工作，投标人不会为其投入时间感到后悔。评审的目的并不是为了判断投标的方式是否符合规定的标准和程序（尽管它可以被用于这种目的），最重要的目的是站在邀标方的角度审视标书，确定标书留给“邀标方”的有关竞争力和职业化等方面的印象。

评审可以包含自查、内部评审和外部评审，自查主要是专门角色的人员按照项目过程的程序进行检查，包括时间点、内容、错误、领导检查等；内部评审主要是阶段性评审，包含技术、售前、营销、管理各个部门的评审，是 pdca 非常重要的组成部分；外部评审是针对一定重要性或者金额的项目，采用与评标专家类似的专家的模拟评审，主要是从评审专家的角度进行审查的校正。

16.4.4　评审的具体参数

1）与投标须知的符合性

（1）标书完全符合要求吗？如果不是，存在哪些不一致的地方？

（2）文件的结构是否便于邀标方根据投标须知进行对照检查？

（3）是否对邀标方所强调或者准确说明的问题做出了响应？比如，可用的核心人员的保障承诺、人员所必需的能力、按期投入和移交的计划等方面。

（4）在技术内容和分析全面性方面是否完全响应了邀标方的要求？

（5）标书是否将主要精力集中在项目上，并严格按照邀标方要求开展团队方面工作？

（6）如果标书提出了一种备选方案或可变方案，是否对其进行了令人信服的论证？这个备选方案有确定的结果吗？

（7）如果允许投标人对投标须知或者参考资料发表评论，投标人是否合理地利用了这次机会？

2）对价值和收益的预期

（1）标书是否让人觉得自己的响应将为邀标方提供其他竞争对手所不能提供的附加值？

（2）标书是从邀标方的收益角度，还是仅仅从投标人所提供的服务角度对工作成果进行了描述？

（3）标书是否给人一种创新且可靠的感觉？

（4）标书是否清楚地确定了团队的组成人员？它是否强调了团队的核心竞争力、经验和其掌握的知识？

（5）履历是否指出了专家人员与工作要求紧密相关的专业和管理优势？

（6）标书是否提供了所指派的专家具备所要求的能力的证明？是否优化了团队的技术能力资料和管理技能资料的比重？

（7）是否有证据证明团队成员曾经在类似的合同中成功地合作过？标书是否给人一种团队的整体感和责任感？

3）对业主的问题和要求的洞察力

（1）对邀标方的问题和要求分析得如何？

（2）标书是否包含有投标人自己研究和了解的新资料，而不单单是重复或者解释邀标方所提供的资料？

（3）标书是否体现了对于邀标方价值和过程的认可，以及对于邀标方工作环境的理解？

（4）标书是否忽略了那些本应认识和讨论的社会和政治和用户方的不明确的潜在问题？

4）标书资料的可读性

（1）标书的内容是否在信息的传递方面进行了有效的组织？标书在逻辑上是否让人信服？

（2）标书的各个部分是否有帮助查阅的索引？是否有一个标书响应列表？

（3）存在多少不同部分之间的相互引用？如果有标书摘要，它是否有效？

（4）标题和副标题使用得如何？它们是突出了成果和收益还是投入和服务？在标题的使用中是否存在逻辑层次问题？

5）沟通方式的针对性

（1）标书中的用词是否统一并与邀标方文件保持一致？关键卖点是否放在前面并被重点指出？

（2）标书看起来是否是专为此次投标所编写的，而不是通过拷贝粘贴的方式拼凑而成的？

（3）是否对所有的技术要点和问题都进行了充分说明？

（4）是否存在语法、拼写、句子结构以及标点符号用法方面的错误？如果文本中存在数字，其计算是否正确？

（5）扩展的履历、经验摘要和具体的统计数据之类的材料是否有合适的附录？

（6）如果评标人员的第一语言不是英语，那么标书在编制方面是否考虑了这一点？

6）业务信誉

（1）标书是否给人一种条理感，使人能看出投标人曾做过类似的工作？

（2）工作得以顺利进行的后勤保障是否经过深思熟虑？

（3）是否对于可能出现的问题和困难进行了预测，并且做好了准备？标书中所描述的经验是否主要集中在那些与合同标的相关，而且具有可比性的近期项目方面？

7）方法质量

（1）对工作方法的解释是否具有逻辑性且易于理解？

（2）是否明确指出了工作计划中的每一项任务和行动的处理方法？行动和结果之间是否存在直接关系？

（3）对任务的说明是否达到了适当的详细程度？方法中具有创新性和挑战性的部分是否突出？标书是否过于以解决方案为中心？

8）管理能力的表述

（1）标书是否说明了投标人在团队和合同管理方面的优势？在绩效监控和进度监测方面是否给予了适当的强调？

（2）在内容上是否有效地指明了质量保证体系和风险管理机制？

9）表现形式的质量

（1）标书看起来是否像一个专业的文档和一个令人满意的业务报告？文档及其外观看起来是否像经过专人设计？

（2）页面的布局如何？栏宽、字号和行间距是否均衡？表格是否进行了有效设计？其标注和编号是否一致？图片内容是否合适？

（3）整个文档中的图片风格是否一致且让人满意？

（4）文字和图形是很好地结合起来的，还是互相矛盾的？

10）技术和价格、信誉的关系

（1）报价和标书的技术内容相符吗？

（2）如果邀标方要求单独的技术标和商务标，那么它们是一前一后编制的吗？

(3) 有些工作内容或投入的标价过低或者标价过高了吗？偶然事件包含在高风险因素里了吗？

11) 投标管理

(1) 对标书编制工作的管理效果如何？对标书内容的研究成果如何？

(2) 如果投标中投入了专业的技术资源，那么它们之间的关系协调得如何？

(3) 是否存在会使项目延期的因素？这些问题能够预知吗？是否有资源短缺或不足？如果有，为什么？

12) 实施

(1) 实施标书的准确程度如何？

(2) 编制标书时对于项目环境、工作成果、团队能力等所作的假设是否正确？

(3) 投标人能否收回投标中所花费的成本？

13) 用户反馈

(1) 从邀标方那里得到的关于中标或者未中标的原因是什么？

(2) 有没有再次收到邀标方所发出的投标邀请？如果没有，知道原因吗？

16.4.5 应用评审的结果

除非投标人牢记评审的结果并有意识地将其用来提高编制投标文件的水准，否则评审就失去了意义。投标人需要注意的一个重要的问题是要把注意力从评审的个别标书上转移到其他更为宽泛的投标领域中。投标人应编制一个有关标书优缺点的均衡表，并且考虑如何纠正自己已经意识到的问题。有时投标人可以将评审结果用于内部研讨会，其目的是制定出更为完善的措施，使标书更加清楚而且易于管理。通常研讨会半天就足够了，如果需扩展到一整天，那么研讨会可以包括一个实习案例研究，以此向大家展示如何将这些确保投标完善的措施付诸实践。

【案例】

某大学实验室管理平台标书结构

1. 目录

2. 结构和说明

项目将大学实验室开放式管理系统共分为四大功能模块：系统模块、管理员功能模块、教师功能模块、学生功能模块。

1）系统模块；实现和校园网的数据集成和服务集成，使用现有的ODI数据交换工具完成数据的集成，使用RDF规范作为服务集成的数据格式标准，并通过数据交换与应用接口实现与门户级实验教学平台的集成。

2）管理员功能模块：管理员在实验室开放式管理系统中的作用有：实验室信息管理、教学信息发布、实验室设备管理和实验室预约。其中实验室信息管理包括实验室基本信息、实验项目信息、课程安排信息和公告信息等；教学信息发布有首页信息发布、实验通知、新闻发布以及统计报表；实验室设备管理包括对设备名称、设备数量、使用说明进行的管理；实验室预约可以对教师的实验室预约进行审核，对从教务系统读取到的课程信息传送到预约系统中以及对预约的课程和人数进行查询。

3）教师功能模块：教师在此系统的作用有两部分：实验室预约和课程资源的上传。教师可以对某门课程进行实验室预约申请以及审批查询，以便决定自己的授课计划，另外教师还可以通过查询空闲实验室来确定在自己预约时此教室是空闲状态。

4）学生功能模块：学生可以对必修实验课和自主实验课进行预约，并且查询自己的预约结果。

3. 案例分析思考

(1) 通过以上案例，分析以上标书的优点与不足。

(2) 通过这则材料阐述成功的标书应具有哪些特点？

复习思考题

1. 标书和方案有何异同？
2. 投标书制作分哪几个阶段，各阶段的侧重点有何不同？
3. 简述商务投标书和技术投标书的组成。
4. 何谓标书摘要？如何撰写成功的标书摘要？
5. 如何编辑标书？
6. 分析投标评审的具体参数主要有哪些？

参 考 文 献

[1] 蒋元涛,魏忠. 电子商务管理[M]. 北京：人民交通出版社,2008.

[2] 林锐,等. IT企业研发管理：问题、方法和工具[M]. 北京：电子工业出版社,2007.

[3] 杨卫东. 网络系统集成与工程设计[M]. 2版. 北京：北京科海电子出版社,2005.

[4] 翔鸿. 项目投资管理全过程管理文书规范写作[M]. 南宁：广西人民出版社,2008.

[5] 哈罗德,刘易斯. 投标与标书[M]. 刘菁,译. 北京：人民邮电出版社,2005.

[6] 阎强,陈于仲. 招标投标概论[M]. 北京：中国财政经济出版社,2006.

[7] 张莹. 招标投标理论与实务[M]. 北京：中国物资出版社,2003.

[8] 兰定筠. 工程招标与投标百问[M]. 北京：中国建筑工业出版社,2006.

[9] 王俊安. 招标投标与合同管理[M]. 北京：中国建筑工业出版社,2003.

[10] 魏忠,张芳芳. 电子商务工程管理[M]. 北京：人民交通出版社,2009.

[11] 王达. 网管员必读：网络测试、监控和实验[M]. 北京：电子工业出版社,2008.

[12] 王达. 网管员必读：网络安全[M]. 北京：电子工业出版社,2008.

[13] 王达. 网管员必读：网络管理[M]. 北京：电子工业出版社,2007.

[14] 张建军,等. 信息安全风险评估探索与实践[M]. 北京：中国标准出版社,2005.

[15] 曹汉平,王强,贾素玲. 现代IT服务管理：基于ITIL的最佳实践[M]. 北京：清华大学出版社,2005.

[16] 曹汉平,王强,贾素玲. 信息系统开发与IT项目管理[M]. 北京：清华大学出版社,2006.

[17] 金江军. E企业：运营与管理[M]. 北京：中国经济出版社,2005.

[18] 吴达金. 综合布线系统工程设计标准实施指南[M]. 北京：电子工业出版社,2006.

[19] PETER B. IT服务管理指标[M]. 丰祖军,译. 北京：清华大学出版社,2008.

[20] 中华人民共和国招标投标法[M]. 北京：中国法制出版社,1999.

[21] 杨卫东. 网络系统集成与工程设计[M]. 北京：科学出版社,2002.

[22] 中国信息安全产品测评认证中心. 信息安全工程与管理[M]. 北京：人民邮电出版社,2003.
[23] 万兴平. CIO 在电子商务中战略作用研究[D]. 硕士毕业论文,2005.
[24] 董新宇. 电子商务环境下的业务流程重组研究[D]. 博士毕业论文,2001.
[25] 房婷婷. 基于知识的网络化组织设计研究[D]. 硕士毕业论文,2006.
[26] 李源. 信息化工程监理实务研究[D]. 硕士毕业论文,2005.
[27] 胡晓松. 软件项目监理机制[D]. 硕士毕业论文,2003.
[28] 李源. 信息化工程监理实务研究[D]. 硕士毕业论文,2005.
[29] 钟晓星. IT 项目定量管理方法研究[D]. 硕士毕业论文,2005.
[30] 李长征. IT 治理及其架构模型研究[D]. 硕士毕业论文,2004.
[31] 康壮. 软件开发项目管理方法研究[D]. MBA 学位论文,2003.
[32] 汤坚玉. 论电子商务组织形态的演进过程[J]. 创业月刊,2006(7).
[33] 王益锋,李继翠. 企业信息化建设与 CIO 人才战略[J]. 管理信息化,2006(12).
[34] 鞠志萍. 信息化促进企业管理创新[J]. 改革与战略,2006(3).
[35] 姜继忱,郭晓姝. ERP Ⅱ 与企业集团化的关系[J]. 东北财经大学学报,2007(9).
[36] 刘辉. 我国大型企业信息化现状与问题综述[J]. 商场现代化,2008(1).
[37] 张德伟,黎倩雯. 集团治理结构中外比较[J]. 中国电力企业管理,2007(11).
[38] 王锋. 企业集团管理与控制模式的选择[J]. 环渤海经济瞭望,2008(5).
[39] 王海旭,郭晓晨. 浅议集团型企业的管理信息化优化[J]. 科技管理研究,2008(5).
[40] 陈智. 网络环境下企业集团财务集中管理模式选择与构建[J]. 中国管理信息化,2007(9).
[41] 刘元洪,戴大勇,刘仲英. 信息系统工程监理与信息系统审计的关系[J]. 经济师,2004(5).
[42] 王梅源,鲁耀斌. 软件外包项目全过程管理分析[J]. 商场现代化,2006(1).
[43] 宋振晖,赵洋. 信息系统工程监理的目标体系[J]. 信息技术与标准化,2004(3).
[44] 郝晓玲,李明,胡克瑾. 信息系统工程监理中的进度控制[J]. 计算机工程与应用,2004(5).
[45] 何曙光,李钢,齐二石. 信息系统工程监理研究[J]. 天津大学学报(社会科学版),2004(4).

[46] 宋振晖，邓超. 信息系统工程监理实施模型[J]. 标准与技术追踪，2004(6).
[47] 朱琳. 信息系统工程监理简述[J]. 电脑知识与技术，2008(9).
[48] 李恰. 铁路信息系统工程监理工作的探讨[J]. 铁路计算机应用，2005(3).
[49] 李新荣. 解析信息系统工程监理[J]. 电脑知识与技术（学术交流），2006(32).
[50] 李勤，徐磊. 信息系统工程监理势在必行[J]. 计算机时代，2004(7).
[51] 张晓楠. IT 监理暗流涌动[J]. 每周电脑报，2004(43).
[52] 宋振晖，邓超. 信息系统工程监理的定义探讨：甲方乙方有话好好说[J]. 信息系统工程，2004(7).
[53] 姚世全. 信息系统工程监理系列讲座之一：信息系统盼望工程监理[J]. 中国计算机用户，2003(14).
[54] 聂彤彤，王强. 论 ERP 工程监理[J]. 管理科学文摘，2005(10).
[55] 闫英明. 信息系统工程监理的必要性与不足分析[J]. 通信世界，2005(30).
[56] 中华人民共和国国家标准 GB/T20282－2006，信息安全技术：信息系统安全工程管理要求[S]. 北京：中国标准出版社，2006.
[57] 中华人民共和国国家标准 GB/T19716－2005，信息安全技术：信息安全管理实用规则[S]. 北京：中国标准出版社，2005.
[58] 中华人民共和国国家标准 GB/T18208－2004，信息安全技术：系统安全工程成熟模型[S]. 北京：中国标准出版社，2004.
[59] 中华人民共和国国家标准 GB/T21282－2006，信息安全技术：IT 安全管理指南[S]. 北京：中国标准出版社，2006.